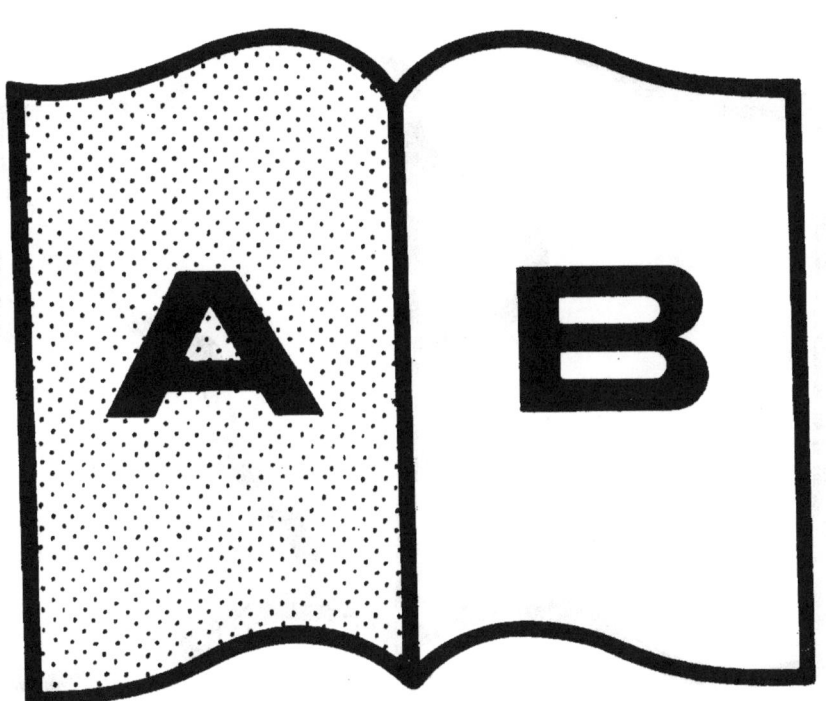

Contraste insuffisant

NF Z 43-120-14

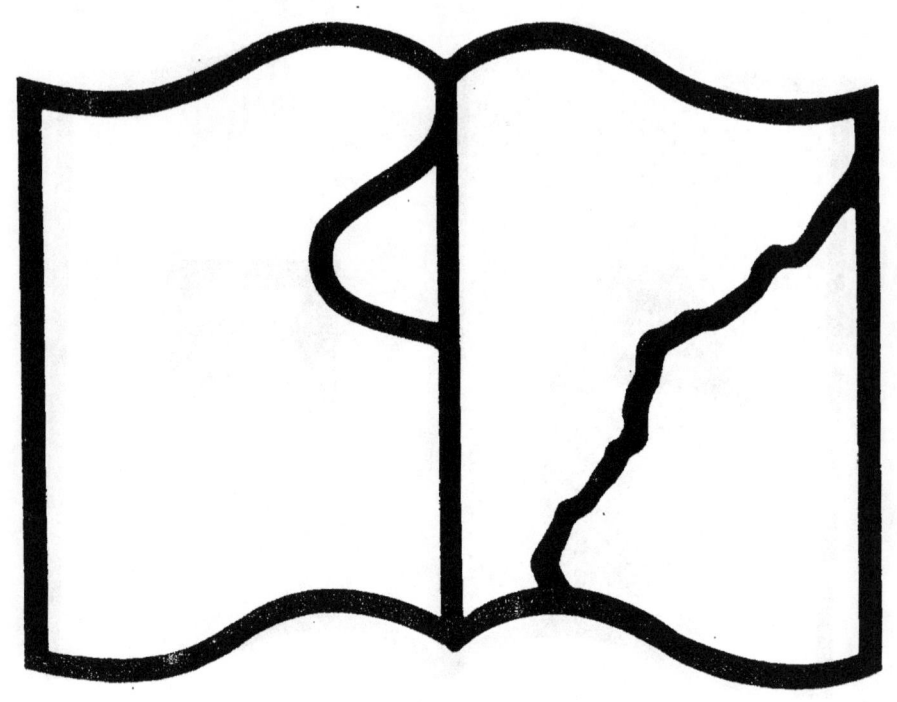

Texte détérioré — reliure défectueuse

NF Z 43-120-11

LE PILOTE

1re SÉRIE GRAND IN-8°

PROPRIÉTÉ DES ÉDITEURS

Le chapelain ouvrit son livre et commença à lire les prières du mariage.

LES CONTEURS ÉTRANGERS

LE PILOTE

DE

FENIMORE COOPER

ADAPTATION ET RÉDUCTION

A L'USAGE DE LA JEUNESSE

PAR

A.-J. HUBERT

ORNÉ DE 24 GRAVURES SUR BOIS

D'APRÈS LES DESSINS DE BRUN

TOURS

ALFRED MAME ET FILS, ÉDITEURS

M DCCC LXXXIV

AVANT-PROPOS

« Adaptation et réduction à l'usage de la jeunesse, » avons-nous écrit en tête de ce volume : ces quelques mots suffiraient, pensons-nous, pour donner une idée exacte de ce travail, et justifier les modifications forcément apportées par nous à l'œuvre du célèbre romancier.

Cela est vrai, mais pour ceux-là seuls qui connaissent à fond l'œuvre de Fenimore Cooper, et qui de plus l'ont étudié au même point de vue que nous, afin de pouvoir le mettre sans danger entre les mains de la jeunesse; dans les traductions ordinaires et plus complètes, il faut renoncer, en effet, à trouver une lecture qui puisse être faite en toute sécurité autour du foyer, le soir, en famille.

Ceux qui n'ont point songé à cela ne comprendront point l'*adaptation* ni la *réduction*, et peut-être nous accuseront-ils d'avoir défiguré à plaisir l'œuvre du maître, de lui avoir manqué de respect.

Défigure-t-on un tableau de Raphaël ou une statue de Michel-Ange en les réduisant à de moindres dimensions par la gravure ou la photographie? Manque-t-on de respect aux grandes productions du génie en leur donnant des proportions qui permettent à tous d'en avoir un exemplaire sous les yeux?

Nous avons eu entre les mains une édition de l'excellente traduction de Defauconpret, ayant appartenu à une femme très intelligente et très distinguée, qui se plaisait, devenue grand'mère, à lire à la veillée, — elle lisait admirablement bien, — à ses enfants et à ses petits-enfants Fenimore Cooper et Walter Scott; tous les volumes portent la trace de discrètes et habiles corrections; bien des parenthèses s'ouvrent qui suppriment à coups de crayon, là un mot ou une phrase, ici de longues pages et des épisodes tout entiers.

C'est là précisément ce que nous avons fait nous-même, en donnant toutefois une traduction entièrement nouvelle, qui ne laisse point soupçonner les coupures et rétablit l'équilibre entre les diverses parties du livre ainsi remanié.

Fenimore Cooper excelle dans le genre descriptif; mais, de l'aveu de tous, il en abuse quelquefois; il surcharge ses récits de trop de détails, de longueurs, disons le mot, dont souffre le jeune lecteur, — et nous pourrions bien ajouter : le lecteur français en général, accoutumé à des procédés plus courts et plus vifs, emporté par l'intrigue et désireux d'en connaître le dénouement. La mise en scène des situations et des personnages est trop considérable, surtout dans une traduction, qui ne saurait avoir ni le piquant ni le charme de l'original.

Plusieurs de ces ouvrages renferment aussi des discussions philosophiques, psychologiques, politiques même; la controverse religieuse et le parti pris s'y laissent entrevoir de temps en temps; on y rencontre, traitées parfois longuement, des questions commerciales, sociales aussi : toutes choses intéressantes pour l'Américain, mais que *saute* invariablement le jeune lecteur français.

L'*adaptation* et la *réduction* ont eu pour but de dégager le récit de ces longueurs, superfétations admirables, si l'on veut, comme œuvres littéraires, et dans le texte, mais entraves assurément à notre point de vue.

Je n'ajouterai point qu'il y a aussi par-ci par-là, dans ces livres, plus d'une situation particulièrement délicate et passionnée qu'il importait de remanier de fond en comble pour pouvoir les donner impunément à tous les enfants.

L'œuvre du maître reste donc entière; elle n'est point défigurée; nous n'avons point manqué de respect à l'auteur; nous avons gardé la forme originale, autant que nous l'avons pu, conservé la marche des événements, la façon de voir et les jugements de l'auteur; les caractères demeurent entiers; les situations sont les mêmes; avant tout nous nous sommes attaché à faire revivre l'émotion simple et vraie qu'excitent à chaque pas dans ces romans d'une école étrangère la sensibilité naturelle et la bonne foi de l'écrivain, en leur laissant le champ plus libre, en les isolant un peu et en les dégageant d'accessoires trop lourds et parfois encombrants.

Les enfants au moins nous sauront gré d'avoir mis à leur portée les œuvres de Fenimore Cooper et de Walter Scott, qu'une censure justifiée pouvait trouver trop longs, fatigants et parfois dangereux pour eux.

A.-J. H.

Une illustration nouvelle et soigneusement étudiée donnera aux récits du vieux conteur un charme nouveau, en rendant plus vivantes encore les scènes si dramatiques qu'on y rencontre à chaque pas. Le texte y gagnera, l'intérêt sera augmenté d'autant et le but final sera atteint : donner à la jeunesse un livre utile en même temps qu'agréable.

LE PILOTE

CHAPITRE I

La guerre que soutenait l'Amérique depuis plusieurs années déjà contre l'Angleterre venait de prendre des proportions plus considérables, grâce au concours donné aux colonies révoltées contre la mère patrie par les États européens. La lutte contre ces établissements lointains, situés à l'autre extrémité de l'océan Atlantique, suivie par les Anglais avec grand intérêt, ne leur avait point donné d'inquiétudes trop sérieuses jusqu'au jour où ils virent, avec la France, l'Espagne et la Hollande venir en aide aux rebelles et combattre avec eux pour l'indépendance de l'Amérique. Alors les préoccupations devinrent plus vives : dans les régions officielles, on décida d'employer tous les moyens et de pousser la lutte à outrance; pour cela il fallait des soldats; on eut recours à la *presse*, mode d'enrôlement fort usité à cette époque, et qui consistait à faire signer des engagements, pour l'ordinaire, après boire, et dont le peuple, bien que la guerre fût assez populaire, se mit à se défier avec raison. Du canal Saint-Georges à la mer de la Manche, de l'île de Wight au pays des Highlanders, il n'était plus question que des colonies en lutte avec la métropole et des divers modes de recrutement employés par les racoleurs du gouvernement pour se procurer des volontaires plus ou moins enthousiastes, surtout quand les fumées de l'ivresse étaient dissipées.

C'était le sujet de conversation de cinq ou six paysans groupés en haut de la falaise sur la côte orientale de la Grande-Bretagne, vers les limites des comtés de Durham et de Northumberland; la journée, — une froide et triste journée de décembre, — s'achevait; après leur travail, ces hommes s'étaient réunis au bord de la mer avant de reprendre le chemin de leurs demeures, situées dans l'intérieur des terres, et discutaient sur les événements du jour.

« Ces nègres, disait l'un d'eux, — car pour lui tous les Américains étaient des nègres, — n'auraient certes pas donné grand embarras à la vieille Angleterre; pourquoi faut-il que ces Français et ces Espagnols s'en soient mêlés? Qui les en priait? je vous le demande. Il n'y a pas de quoi les en remercier, et il faut bien veiller sur soi pour ne pas boire un coup de trop si l'on ne veut pas courir le risque de se trouver tout à coup soldat sans s'en douter. »

C'était un ouvrier irlandais qui parlait ainsi, et la façon dont il exprimait ses craintes trahissait bien sa nationalité; un Écossais lui répondit, non sans jeter un regard significatif à ses auditeurs :

« Vous autres Irlandais, vous n'entendez point le son du tambour; pour lever une armée dans votre île, il faut battre le rappel sur des tonneaux de whiskey; dans nos pays du nord, la cornemuse n'a qu'à se faire entendre, et vous voyez accourir de toutes parts les Cameron, les Mac-Donald, les..... Mais qu'est-ce que j'aperçois là-bas? dit-il tout à coup, s'interrompant et montrant du doigt la haute mer. Voilà, ce me semble, un bateau qui a trop de goût pour la terre; si le fond de la mer ressemble à sa surface, il est bien sûr d'échouer. »

Tous les regards se tournèrent du côté indiqué par l'Écossais. Un petit bâtiment doublait alors avec mille précautions la pointe de la baie justement opposée au promontoire sur lequel ils étaient placés. Ce spectacle, en dehors même des inquiétudes dont nous venons de parler, était bien fait pour les surprendre. Toute la côte était bordée de brisants, et le petit golfe était partout semé de bancs de sable et de rochers cachés sous les eaux; la navigation y était extrêmement dangereuse : à peine les barques et les bâtiments les plus légers pouvaient-ils s'y aventurer à marée haute par le beau temps, et sous la conduite d'un pilote expérimenté; on n'avait jamais vu de navire, sauf quelque aventureux sloop de contrebandier, s'approcher si près de la terre.

Les hardis marins dont l'apparition surprenait si fort nos indigènes montaient un schooner à bords très bas, et dont les proportions semblaient peu en rapport avec la hauteur des mâts; ce qui exagérait encore aux yeux de nos paysans, — tous les paysans de la côte sont un peu marins, — ce vice de construction, c'est que les mâts de ce petit navire étaient surmontés de petits mâtereaux terminés en pointe et dont les extrémités, semblables à de longues perches, portaient à une grande hauteur de légères banderoles que la brise, tant son souffle était faible, parvenait à peine à déployer dans les airs.

La nuit allait venir; les rayons du soleil couchant, rasant déjà les flots, donnaient encore à ce spectacle un aspect plus étrange; le vent de terre soufflait, fort doucement à la vérité, et néanmoins le bâtiment s'approchait toujours, porté par les derniers efforts de la marée montante; sa grande voile seule était tendue, avec un léger foc déployé bien au delà de la proue, et cependant il voguait avec une grâce et une agilité qui tenaient du prodige; pas un homme ne se montrait sur le pont ni dans les agrès, si bien que nos villageois émerveillés se regardaient sans oser rompre le silence, se demandant s'il n'y avait pas là-dessous quelque magie diabolique.

« Le matelot qui tient la barre, dit enfin l'Écossais d'une voix basse et grave, doit être un hardi coquin! Voilà un bâtiment, certes, qui s'expose à de grands dangers. Tenez, il passe précisément auprès de ce gros rocher qui montre sa tête à marée basse; il l'a évité; encore une fois, la main qui le dirige dans une pareille rade est bien habile, si c'est la main d'un homme. »

Le schooner continuait à s'avancer à travers les bancs de sable et les récifs, faisant de temps à autre de petites déviations qui montraient bien qu'on avait l'œil ouvert à son bord. Arrivé vers le milieu de la baie, il s'arrêta; sa voile parut se carguer d'elle-même; il courut encore quelques courtes bordées sur les longues lames qui montaient de l'Océan, puis bientôt, appuyé sur ses ancres, il se mit à se balancer gracieusement obéissant au mouvement des vagues.

Pendant ce temps, les conjectures allaient leur train; les plus sages, voire les plus braves, imaginaient, — et c'était l'opinion prédominante, — qu'on était en présence d'un navire de la couronne venu dans ces contrées un peu désertes et abandonnées afin d'y recruter, de gré ou de force, des soldats pour la guerre d'Amérique. Les plus pusillanimes et les plus superstitieux déclaraient que c'était un contrebandier, ou se demandaient tout bas si leurs yeux n'étaient point dupes de quelque fantôme imaginaire conduit par l'esprit malin; tous tombaient d'accord, et en cela n'étaient pas loin de la vérité, pour affirmer qu'un marin prudent et avisé ne se serait point hasardé sans raisons graves sur une côte aussi dangereuse à pareille heure, quand le temps, — mille symptômes en faisaient foi, et il n'était pas nécessaire d'être du métier pour les reconnaître, — pouvait d'un moment à l'autre devenir menaçant.

« Sur ma parole, s'écria tout à coup l'Irlandais, en voici un second! un grand et un petit. Les esprits de la mer, comme les chrétiens, aiment sans doute à voyager de compagnie.

— Deux! reprit l'Écossais; vous avez raison, et le second est un superbe et grand vaisseau. Que ce soient des navires de la couronne ou d'autres, nous ferons bien de nous mettre à couvert. »

Cet avis parut rallier toutes les opinions; nos villageois ramassèrent en toute hâte leurs outils et s'enfoncèrent dans l'intérieur du pays.

Le navire qui avait déterminé la retraite prudente des laboureurs était une belle et magnifique frégate; ses mâts élevés et l'immense carrure de ses vergues lui donnaient dans le crépuscule l'aspect d'une haute montagne émergeant des flots. Elle ne portait que peu de voiles, et bien qu'elle dût se maintenir à une plus grande distance de la côte que le schooner qui l'avait précédée, on reconnaissait à leurs mouvements simultanés qu'ils marchaient de conserve. La frégate s'arrêta à l'entrée de la baie, et, ses voiles disposées de façon à se neutraliser les unes par les autres, elle resta en panne; mais les longues vagues venant de l'Océan, aidées par les courants, la poussèrent vers l'une des pointes de cette petite rade, vers le pied des falaises où se montraient les crêtes noires de plusieurs gros rochers. Alors les marins, qui par prudence sans doute n'avaient point paru d'abord vouloir employer ce moyen, jetèrent l'ancre, carguèrent les voiles, et pendant que le navire se balançait sur ses amarres, obéissant à la marée, ils arborèrent à la grande vergue le pavillon de l'Angleterre.

L'instant d'après, une chaloupe fut mise à la mer; elle reçut un équipage nombreux à la tête duquel fut placé le premier lieutenant accompagné d'un jeune aspirant; l'embarcation, parée en quelques instants, fit force de rames et entra dans la baie; comme elle se rapprochait du schooner, celui-ci détacha une petite barque montée par quatre vigoureux rameurs qui l'amenèrent en quelques minutes dans les eaux de la chaloupe.

« Qu'est-ce à dire? s'écria l'officier qui commandait la barque, dès qu'il fut à portée, le capitaine croit-il que l'*Ariel* est doublé en fer? Voilà des pointes de rochers qui ouvriraient fort bien une voie d'eau dans sa quille.

— Le capitaine vous connaît trop bien, Barnstable, répondit le jeune lieutenant, étendu pour lors assez mollement sur les écoutes de la poupe; vous êtes trop prudent pour couler votre vaisseau. Combien avez-vous d'eau sous la quille?

— Ne m'en parlez pas, Griffith; quand je vois ainsi les rochers sortir de la mer comme des marsouins qui veulent respirer l'air, je n'ose seulement pas mettre la main à la sonde.

— Vous êtes pourtant à flot! » Et le lieutenant se leva avec une vivacité dont on ne l'aurait pas cru capable tout d'abord, comme en proie à une véritable inquiétude.

« A flot! s'écria Barnstable; ne savez-vous pas que l'*Ariel* flotterait sur les nuages! »

Et le jeune homme, en parlant ainsi, debout au milieu de sa barque, releva son chapeau, repoussa ses cheveux en arrière, et, contemplant le petit navire qu'il commandait, il reprit avec cet air de complaisance ordinaire aux marins fiers du bâtiment qu'ils montent :

« Et pourtant ce n'est point chose aisée que de tenir sur une seule ancre en face de ces rochers, avec de semblables courants et une pareille soirée. » Puis, en se retournant, il ajouta :

« Quels sont les ordres ?

— Voici, dit Griffith : j'avancerai autant que possible, je jetterai le grappin ; vous prendrez alors à votre bord M. Merry, et il désignait le jeune aspirant placé près de lui, et vous tâcherez de gagner le rivage.

— Vous nommez rivage ce rocher perpendiculaire haut de cent pieds ?

— Je m'embarrasse peu du terme, reprit l'officier en souriant, mais vous vous arrangerez de manière à gagner la terre. Nous avons reconnu le signal ; le pilote que nous venons chercher est là, il vous attend. »

Le jeune capitaine de l'*Ariel* secoua la tête, et, comme se parlant à lui-même, il dit :

« Singulière manière de naviguer ! Nous entrons dans une baie fort dangereuse, hérissée de rochers, de bancs de sable, pleine de bas-fonds, et, quand nous y sommes, après avoir couru mille dangers nous prenons un pilote ! — Votre pilote, au fait, comment le reconnaîtrai-je ?

— Merry vous donnera le mot d'ordre. Si mes instructions ne s'y opposaient, je descendrais moi-même à terre, mais je vous soutiendrai ; au premier signal : trois rames en l'air et un coup de pistolet, et ma fusillade est à votre service ; sur un signe pareil de la chaloupe, le canon de la frégate se mettra de la partie.

— Merci bien, dit Barnstable d'un air plein d'insouciance, je me sens de force à me défendre tout seul...

— Allez donc, fit le lieutenant avec un salut familier qui montrait assez quelle intimité unissait ces deux jeunes officiers ; vous devez trouver là-haut un homme en jaquette,

Merry vous donnera le mot, et s'il sait y répondre vous nous le ramènerez. »

Merry avait déjà sauté dans la barque; Barnstable reprit sa place à l'arrière, et les rameurs conduisirent rapidement le léger esquif au fond de la baie; il côtoya un instant les rochers du rivage et découvrit bientôt un endroit qui lui permit d'aborder.

La chaloupe suivit lentement la barque; quand il ne lui fut plus possible d'avancer plus loin, Griffith fit jeter un grappin à la mer, et ses hommes d'équipage prirent leurs fusils, prêts à tout événement.

Le lieutenant, remonté vers la poupe, s'étendit de nouveau sur ses coussins, rabattit son chapeau sur ses yeux, et son esprit parut bientôt s'envoler à des idées fort étrangères aux circonstances présentes; néanmoins il levait la tête de fois à autre, jetait un regard vif sur la barque amarrée au pied de la falaise, puis, comme ses marins assis à leur poste, il regardait du côté de la haute mer, interrogeant les pronostics du temps chaque fois que les vagues de plus en plus menaçantes imprimaient à sa chaloupe un choc plus rude.

CHAPITRE II

Le jeune lieutenant Barnstable, auquel on donnait souvent le nom de capitaine, parce que dans l'expédition on lui avait confié le commandement du schooner, arrivé auprès des rochers, sauta à terre suivi par Merry, le midshipman descendu avec lui dans la barque.

« Il n'est pas impossible de grimper là-haut; mais qui sait ce que nous allons y trouver, et quel ennemi peut nous y attendre?

— Ne sommes-nous pas sous le feu de la chaloupe et de la frégate? C'est plus qu'il ne faut pour nous mettre à l'abri de tout danger, répondit l'aspirant, tout petit de taille, grêle, sans barbe, et qui semblait plus jeune encore qu'il n'était réellement.

— Bah! reprit Barnstable, vous comptez sur le vieux fer éparpillé de si loin? Tout cela, à cette distance, c'est du bruit et de la fumée, rien de plus. Tenez, Tom Coffin avec son harpon nous sera plus utile que la meilleure bordée d'un trois-ponts de quatre-vingt-dix canons. » Et se tournant vers son contremaître, assis dans la barque, il lui cria : « Allons, Coffin, allons, secouez-vous un peu; êtes-vous capable de marcher sur la terre ferme? »

Le marin interpellé se leva lentement de son siège, étirant successivement tous ses membres, assez semblable à un serpent qui déroule ses anneaux; debout, sa taille prenait des proportions colossales, il avait plus de six pieds, mais l'habitude de marcher dans les entre-ponts le repliait sur lui-même, le renfonçait et courbait sa tête encadrée dans de gros favoris grisonnants; il tenait à la main un harpon luisant et bien affilé, qu'il appuya sur le rocher pour sauter à terre.

Après avoir donné ses ordres aux marins qui restaient dans la barque, le lieutenant se mit en devoir d'escalader la falaise; malgré son ardeur et son agilité, il eut plus d'une fois recours à l'aide de son contremaître, dont les longs bras et les grandes jambes lui fournissaient un utile appoint. Arrivés presque au sommet, les trois ascensionnistes s'arrêtèrent sur une petite plate-forme pour reprendre haleine et délibérer quelque peu.

« Qu'allons-nous trouver derrière cette muraille? dit Barnstable avec une certaine inquiétude, sans toutefois rien perdre de son insouciance et de sa bonne humeur; mes amis, la retraite ne sera point aisée. Monsieur Merry, c'est là que nous devons trouver notre pilote; comment le reconnaîtrons-nous? Il faudrait être sûr de n'être pas trahi.

— Vous trouverez là le mot d'ordre et la question que vous devez lui poser, dit le jeune aspirant en présentant à son chef un papier cacheté. Nous avons vu de la frégate le signal du pilote sur le haut de ce roc, et comme il a pu voir nos bâtiments s'approcher de la côte, il doit être là; quant au degré de confiance qu'il mérite, le capitaine Munson paraît être fixé, car depuis que nous avons la terre en vue il n'a cessé de chercher des yeux le signal convenu.

— Enfin c'est lui qu'il faut chercher des yeux maintenant, c'est lui qu'il importe de trouver; j'avoue que j'ai

« Allons, Coffin, dit Barnstable, secouez-vous un peu;
êtes-vous capable de marcher sur la terre ferme? »

peine à avoir confiance dans un traître; n'est-ce pas votre avis, Coffin?

— Mon capitaine, répondit gravement le contremaître en se redressant, avec la pleine mer et de bonnes voiles on n'a jamais besoin de pilote; je suis né à bord d'un *chebec*, aussi je n'ai jamais pu comprendre à quoi sert la terre; quelques petites îles par-ci par-là, pour sécher le poisson et récolter des légumes frais, c'est plus qu'il n'en faudrait. Il y en a qui ont le mal de mer; des grimaces, quoi! rien que de voir la terre, je me sens mal à l'aise.

— Ce que vous dites, mon vieux Tom, ne manque pas absolument de raison, » murmura Barnstable. Puis, regardant l'horizon: « Hâtons-nous, ajouta-t-il, voilà le soleil qui va disparaître complètement, et je n'aimerais guère à passer la nuit dans un pareil ancrage. »

Les dernières difficultés furent vite surmontées; nos explorateurs, au haut de la falaise et au niveau de sa crête, découvrirent tout à coup une vaste étendue de pays bien cultivé et divisé partout par des haies vives; d'ailleurs aucune trace d'habitation, si ce n'est, à un demi-mille dans les terres, une pauvre chaumière à moitié minée; les vents, le brouillard et l'humidité avaient rejeté plus loin les maisons occupées par les colons.

« Je ne vois point apparaître notre pilote, dit le capitaine après plusieurs minutes d'examen; remarquez-vous quelque chose, monsieur Merry? Qu'en dites-vous, Tom, vous qui voyez de si haut?

— J'aperçois là-bas, capitaine, une bouchée de viande qui fournirait aisément double ration à l'équipage entier de l'*Ariel*, et si vous voulez, avec mon harpon... » et il se dirigeait déjà du côté d'un bœuf superbe couché sur l'herbe.

« Nous ne sommes pas ici pour faire la maraude, dit vivement Barnstable.

— Il me semble pourtant que nous sommes bien en pays ennemi, » murmura l'intraitable et pratique contremaître, cédant bien à regret aux injonctions de son chef. « Mais silence! je vois quelqu'un qui se dirige de notre côté et qui cherche à se dissimuler derrière cette haie.

— Préparez vos armes, monsieur Merry, » dit le lieutenant.

Le jeune midshipman allait se mettre en défense quand, ayant regardé plus attentivement l'étranger qui s'avançait vers eux bien qu'avec mille précautions, il s'écria :

« Nous n'avons point d'abordage à redouter, capitaine, nos forces sont trop considérables; ce croiseur me paraît peu à craindre; voyez quelle petite taille! Il est encore plus jeune que moi!

— C'est vrai, dit Barnstable, je vais le héler. Il est vêtu de toile, bien qu'il ne porte pas précisément une jaquette. Serait-ce notre homme? Attendez-moi ici. »

Quand l'étranger vit le lieutenant se diriger vers lui, il s'arrêta comme pris de peur, ne sachant s'il devait avancer ou reculer; il chercha même à se dissimuler davantage derrière la haie. L'officier courut vivement à lui, et, arrivé à quelques pas, lui cria :

« Veuillez me dire, Monsieur, quelles eaux nous avons dans cette baie. »

A cette étrange question, le nouveau venu parut être en proie à une vive émotion; son corps de si chétive apparence était secoué convulsivement de la tête aux pieds; il cacha son visage dans ses mains, et, tout en se détournant, répondit d'une voix faible et presque inintelligible :

« J'imagine, Monsieur, que ce sont les eaux de la mer du Nord.

— Vraiment, répliqua le marin, vos connaissances sont fort complètes. Mais, dites-moi, savez-vous combien de temps nous vous garderons, si je vous fais prisonnier? »

L'étranger ne parut point se mettre en peine de cette menace, mais son agitation s'accrut encore, et à tel point que Barnstable dut reconnaître que ce qui lui avait paru l'effet de l'émotion n'était, chez son interlocuteur, que le résultat d'un violent effort pour ne pas rire aux éclats.

« Par toutes les baleines de l'Océan! s'écria le capitaine poussé à bout, votre gaieté, jeune homme, me semble bien hors de saison. Ah! j'aurai jeté l'ancre dans une pareille baie, à cette heure, quand l'orage se prépare, et cela pour qu'on vienne me rire au nez! Mais je saurai bien vous montrer à mon bord ce que valent vos plaisanteries. »

Disant ces mots, l'officier s'avançait vers le jeune homme, étendant le bras pour le saisir, quand celui-ci, se reculant un peu, se prit à dire sur un ton moitié joyeux, moitié tremblant et inquiet :

« Barnstable! mon cher Barnstable! vous voulez m'emmener à votre bord! est-ce bien sérieux ? »

Le marin tressaillit au son de cette voix; il parut se demander s'il ne rêvait pas, s'il était bien éveillé; il se retourna vers la mer, il vit l'*Ariel* et la frégate; plus de doute, il ne rêvait pas : c'était bien Catherine Plowden qui venait de lui parler.

Revenu à son interlocuteur, le lieutenant vit que l'étranger, qui n'avait point cessé de rire, s'était assis sur le revers d'un fossé; sa pose et sa tenue, malgré son déguisement, pleines de modestie et de réserve, encore plus que les accents si connus de sa voix, lui prouvèrent qu'il ne s'était point trompé : c'était bien Catherine Plowden.

Il s'assit aussitôt à côté d'elle, mais l'insouciant marin, le hardi aventurier avait fait place à l'homme grave et sérieux. Il n'osait d'abord ni la regarder ni lui parler. Le devoir de l'officier, la frégate et les ordres du capitaine Munson, l'*Ariel* même, qu'il aimait tant, dont on venait de lui confier le commandement, bien qu'il ne fût que second lieutenant, cédant hiérarchiquement le pas à Griffith, Griffith son ami, presque son frère, Griffith qui l'attendait dans sa chaloupe, tout fut oublié en un instant. Il revoyait les riches et belles campagnes de la Caroline; ses souvenirs pressés et tumultueux revenaient en foule et lui ôtaient la notion du temps et du lieu; il retrouvait tout son passé, son passé d'hier et pourtant déjà si loin de lui. Ah! il n'avait rien oublié!

A cet appel inattendu de Catherine Plowden, il se voyait de nouveau, dans cette chère province de Caroline qu'il aimait tant, admis dans une famille honorable, poursuivant une union désirée avec une jeune fille dont l'esprit, la vivacité, l'énergie plus encore que la grâce l'avaient attiré; il revoyait le jour béni des fiançailles dans la joie et l'allégresse de tous, et Griffith était là, il avait sa part de bonheur, un bonheur tout pareil au sien; Griffith, son ami, presque son frère, devait épouser la cousine de Catherine.

Il revoyait la guerre de l'Indépendance éclatant tout à coup; une famille divisée: quelques-uns de ses membres prenant parti pour la vieille Angleterre, pour la mère patrie; les autres, épris de liberté, voulant faire à la jeune Amérique une nationalité qui lui fût propre; ceux-ci courant aux armes, prêts à mourir pour l'autonomie des États; ceux-là invoquant à grands cris des droits déjà anciens; les deux partis se jetant l'un sur l'autre, la guerre civile désolant le pays tout entier; les défaillances, les entêtements, les rêves brisés; les carrières à jamais détruites, les projets les plus sûrs devenus irréalisables.

Il revoyait encore une fois ce vaste et beau domaine de la Caroline, abritant tant d'espérances, et menant, comme une couvée qui vient d'éclore, tant de promesses si sincères pourtant, et qui ne seraient point tenues : un chef de famille se souvenant de sa vieille origine britannique, abandonnant tout à coup sa maison, trop âgé pour prendre les armes, regagnant l'Angleterre, emmenant avec lui ses deux pupilles, les deux fiancées de Griffith et de Barnstable, Catherine et Cécile, qui s'en allaient l'âme déchirée, mais qui ne voulaient pourtant pas abandonner leur vieux tuteur, leur vieil oncle, le colonel Howard; les deux jeunes gens, lancés dans la mêlée, portant à l'Anglais une haine plus ardente, parce qu'en combattant l'ennemi de la patrie ils songeaient à venger leur propre infortune.

Barnstable, enjoué, insoucieux, quoique ayant le cœur bien placé et l'âme noble, avait moins senti le coup que Griffith, d'une nature tout aussi virile, mais plus tendre et plus mélancolique. Là-bas, où nous l'avons laissé, en face des falaises, le jeune lieutenant, étendu sur les écoutes de la poupe de son bateau, avait été hanté par les mêmes idées que son ami; mais il ne savait pas les jeunes filles si près de la côte; il n'avait pas, comme Barnstable, entendu la voix de Catherine Plowden.

Tout cela avait traversé l'esprit du lieutenant en beaucoup moins de temps qu'il ne nous en a fallu pour le dire : néanmoins la jeune fille, étonnée du silence de Barnstable, s'était levée; elle lui disait :

« N'êtes-vous point fâché, mon ami, de me revoir? Peut-être voulez-vous que je vous explique d'abord comment il se fait que vous m'ayez trouvée ici? C'est sans doute ce déguisement qui vous surprend? Vous n'ignorez pas qu'en Angleterre les jeunes filles jouissent d'une grande liberté d'allures, et vous savez bien que les Américaines, — nous sommes toujours Américaines, Cécile et moi, — plus libres encore, ne reculent devant aucune crainte, et je puis vous donner les raisons...

— Je devine tout, ne me dites rien, s'écria le jeune capitaine, repris tout à coup par la vivacité et l'enjouement de son caractère, je devine tout; vous avez su que nous étions sur cette côte, et vous êtes venue tenir la promesse que vous m'avez faite en Amérique. Je ne veux pas d'autres explications; venez, le chapelain de la frégate...

— Peut continuer ses sermons, repartit vivement la jeune fille; la bénédiction nuptiale n'était point le but de ma périlleuse expédition. Vous n'êtes point égoïste, Barnstable; songeons d'abord au bonheur des autres.

— Je ne vous comprends point.

— Avez-vous donc oublié ma cousine? Elle souffre, elle est malheureuse; notre tuteur à toutes les deux, son oncle, toujours bon pour nous, voudrait lui faire épouser l'un de ses neveux, un Américain qui a pris parti pour l'Angleterre; nous désirons nous replacer sous la protection du pavillon des États-Unis. Vos vaisseaux ont été signalés; depuis huit jours, grâce à ce déguisement, j'ai pu suivre tous vos mouvements; je vous ai vus aujourd'hui vous rapprocher de la terre, j'ai vu vos embarcations se diriger vers la côte, et voilà mon entreprise couronnée de succès.

— Le capitaine Munson est-il déjà prévenu de votre dessein? Sait-il que vous souhaitez vous rendre à bord de son vaisseau?

— En aucune façon; nous avons pensé que si vous et Griffith vous pouviez connaître notre situation, vous n'hésiteriez peut-être pas à faire quelque chose pour nous en tirer. Voici d'ailleurs une note rédigée pour vous dans le cas où, ne pouvant vous voir, nous aurions pu vous la faire parvenir; c'est l'histoire de notre vie sur cette terre étrangère, et le récit des chagrins de Cécile, avec un plan détaillé des lieux que nous habitons et qui pourra servir à régler vos mouvements.

— Mais pourquoi retourner auprès de votre cousine? Vous

voilà libre, nous marcherons à sa délivrance; vous nous conduirez vous-même; vous serez notre pilote.

— Il y en a donc deux? » cria la rude voix de Tom Coffin, dont ils n'avaient point remarqué l'approche.

Catherine poussa un léger cri, et Barnstable, se retournant vivement, jeta un regard courroucé sur son contremaître et lui dit :

« Retournez à votre poste, et priez M. Merry d'attendre mon bon plaisir. »

Le marin obéissant salua son chef; mais avant de se mettre en marche il étendit un de ses bras vers l'Océan, et dit gravement :

« Capitaine Barnstable, je vous ai appris à nouer le point de ris et à passer une garcette quand vous arrivâtes à bord du *Spalmacitty*. C'est une chose qu'on apprend vite; mais il faut toute la vie d'un homme pour apprendre à prévoir le temps : regardez ces deux raies tracées dans le firmament; n'entendez-vous pas aussi la mer mugir sourdement? elle va se réveiller.

— Vous avez raison, Tom, dit le lieutenant radouci après avoir jeté un coup d'œil vif sur le ciel et sur l'Océan. Mais ne faut-il pas que nous trouvions ce pilote, et...?

— Le voici, dit Coffin, montrant un homme qui s'approchait d'eux avec assurance, et plaise à Dieu qu'il connaisse assez sa côte pour nous tirer d'un pareil ancrage! »

L'inconnu s'arrêta à quelques pas.

« Quelles eaux avons-nous dans cette baie, Monsieur?

— Des eaux dont on sort avec sûreté quand on y est entré avec confiance, répondit le nouveau venu.

— Vous êtes l'homme que j'attendais. Êtes-vous prêt à partir?

— Je suis prêt; il n'y a pas de temps à perdre; d'ailleurs, je donnerais volontiers deux cents guinées pour avoir encore deux heures de ce soleil qui vient de nous quitter, ou même de ce crépuscule qui va disparaître.

— Notre situation est-elle si mauvaise? M. Merry va vous conduire à notre barque; je vous rejoins moi-même à l'instant, et j'ajouterai un homme à l'équipage.

— Un homme de plus ou de moins dans la barque, il n'importe; mais quiconque nous fera perdre une minute sera responsable des conséquences.

— Je prends cette responsabilité, dit Barnstable avec hauteur, vis-à-vis de ceux qui ont le droit de me demander compte de ma conduite. »

CHAPITRE III

Le pilote, le midshipman et Coffin se mirent à descendre les rochers; le jeune capitaine courut à l'endroit où il avait laissé Catherine; il la trouva pâle, atterrée, mais résolue. Il passa son bras sous le sien et chercha à la rassurer, imaginant que les pronostics de son contremaître l'empêchaient seuls de se décider à le suivre; mais elle se dégagea doucement et dit :

« Vous avez le papier que je vous ai remis, Barnstable, il vous donnera tous les renseignements; suivez-les de point en point, et vous pourrez ainsi nous rendre notre liberté.

— Qu'est-ce à dire? N'êtes-vous pas libre et comptez-vous retourner...?

— Je vais retourner auprès de Cécile. La démarche que je viens de faire m'a-t-elle fait descendre à ce point dans votre esprit que vous me jugiez capable d'abandonner ainsi ma cousine?

— Mais nous la délivrerons ensemble... Venez, mon vaisseau vous protégera jusqu'à ce que Cécile ait pu vous rejoindre.

— Je vous remercie, Barnstable, je n'abandonnerai point

ainsi mon amie et mon tuteur; je souhaite, autant que vous pouvez le désirer vous-même, d'être rendue à notre patrie, mais il convient que cela se fasse dans des circonstances qui ne laissent pas le moindre doute sur mes intentions; si aujourd'hui j'ai fait plus qu'on ne permet d'ordinaire à la faiblesse de mon sexe, la pureté de mes motifs me justifiera, je l'espère du moins.

— J'étais digne de cette marque de confiance, dit Barnstable, je vous remercie de me l'avoir donnée. »

Un vif éclat de lumière les saisit instantanément, le bruit d'un coup de canon suivit de près :

« Va, va! vieux radoteur, je t'entends; le danger arrive, et tu es aussi pressé de nous en faire sortir que tu étais obstiné à nous y mettre : ce n'est pas moi toutefois qui m'en plaindrai. Encore une fois, Catherine, vous n'avez rien à redouter, venez sur notre vaisseau. »

Le signal de rappel de la frégate lui avait fait détourner les yeux; quand il voulut revenir à la jeune fille, elle était déjà loin; il l'aperçut dans l'obscurité longeant une haie; il allait peut-être la poursuivre; trois coups de mousquet tirés de la chaloupe l'avertirent qu'il était attendu, et que le temps devenait de plus en plus menaçant.

Il commença à descendre rapidement la falaise, au risque d'être précipité; il faisait nuit noire, et la mer grondait d'une façon effrayante quand il sauta du rocher dans la barque en criant :

« Poussez au large! Force de rames, vous dis-je, force de rames, il faut absolument quitter la côte, le ressac nous perdrait. »

La manœuvre fut exécutée avec assez d'habileté; le jeune capitaine retrouva tout de suite sa gaieté, et sans prendre garde au pilote, assis silencieusement auprès de lui, il dit à Coffin :

« Décidément, maître Tom, je suis de votre avis; il y a trop de terre, trop de rochers surtout; quelques petites îles par-ci par-là suffiraient.

— Voilà que vous parlez tout à fait raison, capitaine, reprit le grave contremaître; il faudrait peu de terres; un fond de vase et de sable partout pour que l'ancre puisse y mordre, et peu de rochers surtout pour nous faire perdre nos sondes; un fond enfin qui garde l'ancre et lâche la sonde. Mais j'aperçois une barque en avant de l'étrave...

— C'est la chaloupe, s'écria Barnstable; Griffith nous a attendus, et nous allons pouvoir travailler bientôt à tirer le schooner de cet affreux ancrage.

— Est-il possible que vous ayez tant tardé! leur criait déjà le premier lieutenant. Vous ne savez donc pas quels dangers nous courons? J'obéissais au signal de rappel de la frégate quand j'ai entendu le bruit de vos rames; j'ai viré de bord pour prendre le pilote. Avez-vous au moins réussi à le trouver?

— Le voici: et s'il parvient à reconnaître son chemin par une obscurité pareille et un aussi gros temps, à travers tous ces rochers, il méritera véritablement le nom de pilote. Mais ne vous fâchez pas, Griffith; quand vous saurez qui j'ai rencontré là-bas derrière cette falaise, vous comprendrez mon retard; Merry vous contera la chose. »

Merry voulut plaisanter; mais Barnstable ne l'entendait pas ainsi :

« Paix, bavard! lui cria-t-il d'une voix de tonnerre; voulez-vous encore retarder le départ de nos barques? »

Le jeune midshipman sauta légèrement dans la chaloupe, où le pilote l'avait déjà devancé. Les deux embarcations arrivèrent bientôt dans le voisinage de l'*Ariel*, et comme la chaloupe, faisant force de rames, allait dépasser le petit bâtiment :

« Sciez! cria le pilote, prenant la parole pour la première fois depuis son arrivée. Sciez, vous dis-je. »

Les marins obéirent; se tournant alors vers le schooner, il continua sur le même ton d'autorité :

« Mettez à la voile à l'instant, capitaine Barnstable, afin de gagner le large aussitôt que possible; au sortir de la baie ne passez pas trop près du promontoire du nord, et approchez-vous assez de la frégate pour qu'elle puisse vous héler. »

Le jeune capitaine, surpris de ce ton de commandement, répondit avec fierté et non sans une pointe de dépit :

« J'ai là une excellente carte de la côte; elle me suffira, j'espère. Je ne puis lever l'ancre sans l'ordre du capitaine Munson; l'*Ariel* n'est pas précisément sur un lit de plumes, mais il ne fendra pas une vague avant le signal donné par mon chef.

— Malheureux! vous voulez donc périr ici? Par une nuit pareille vous ne sauriez résister longtemps aux lames furieuses. »

Barnstable allait répondre; Griffith intervint :

« Levez l'ancre, monsieur Barnstable, et sortez sur-le-champ de la baie.

— Merci, monsieur Griffith, merci! Allons, mes enfants, nous voilà en règle, et, s'il plaît à Dieu, l'*Ariel* ne laissera pas ses os sur un lit si dur. »

Le jeune commandant n'eut pas plus tôt prononcé ces quelques mots, que son équipage y répondit par une acclamation; ces braves marins, malgré son insouciance apparente et ses bizarreries, avaient en lui la plus grande confiance, et la suite de ce récit montrera bien qu'elle n'était point mal placée. Quelques instants après, l'*Ariel* s'éloignait de la côte et disparaissait dans l'obscurité. La chaloupe, plus lente, ne tarda pourtant guère à entrer dans les eaux de la frégate; car tout le monde sentait la nécessité de se hâter.

Le pilote s'était rassis sur son banc, et d'une voix calme et douce, qui contrastait étrangement avec l'accent impératif et presque violent qu'il avait pris en s'adressant tout à l'heure à Barnstable, il demanda au lieutenant le nom de tous les officiers qui composaient l'équipage de la frégate.

Griffith les lui fit connaître tous, puis il ajouta :

« Ce sont de braves gens, monsieur le pilote, ce sont des hommes d'honneur; si délicate que soit, pour un Anglais, l'affaire que vous entreprenez, vous pouvez compter que nul ici n'est capable de vous trahir; je vous en donne l'assurance.

— Pourquoi imaginez-vous que j'en aie besoin? Je suis sans inquiétude, entendez-vous; » et il ajouta froidement : « Qu'importe où l'homme est né? Ce qui importe, c'est qu'il fasse son devoir avec honneur et bonne foi.

— Vous avez raison, dit le jeune lieutenant, il suffit de remplir son devoir avec bonne foi. » Puis après un instant de silence, il ajouta : « Il faut que vous connaissiez bien votre route à travers ces écueils pour nous conduire en pleine mer par une nuit comme celle-ci. Savez-vous combien nous tirons d'eau?

— Ce que tire d'ordinaire une frégate. Je pense pouvoir vous conduire avec quatre brasses; il ne faut pas moins, mais cela suffit.

— La frégate est excellente, souple, légère, obéissant à son gouvernail avec la plus grande docilité; mais il lui faut de la place en avant, elle ne fend pas l'eau, elle vole : charmante frégate, aussi rapide que le vent! »

Le jeune homme se laissait entraîner, comme tous les marins, par cet enthousiasme qu'ils ressentent pour leur navire; le pilote, qui n'était point novice, le laissait aller;

il écoutait, sachant qu'il avait affaire à un vrai marin, jeune, à la vérité, mais rompu déjà aux difficultés de son métier; il avait à tirer la frégate d'un mauvais pas, tout se réunissait pour rendre la situation plus grave et plus inquiétante, et il était bien aise qu'on lui fît l'entière énumération des qualités du bâtiment dont il allait prendre la direction; il se renseignait ainsi sans paraître rien demander; quand Griffith cessa de parler, il exprima ainsi son opinion avec ce sang-froid singulier qui était l'un des côtés les plus saillants de son caractère.

« Dans tout cela il y a du bon et du mauvais: le chenal entre les récifs est bien étroit; quand il nous faudra marcher à la lisière des roches, la souplesse de la frégate, si sensible au gouvernail, peut nous être d'un grand secours; mais sa vitesse peut amener notre ruine.

— J'imagine qu'il nous faudra toujours avoir la sonde à la main.

— Il faudra la sonde et surtout de bons yeux si les courants nous entraînent. Voilà des rafales qui augmentent beaucoup mes mauvaises chances. » Il ajouta, comme se parlant à lui-même, assez haut néanmoins pour être entendu de Griffith : « Je suis sorti de cette baie par des nuits plus noires que celle-ci; mais jamais avec des embarcations tirant plus de deux brasses et demie.

— Pilote! pilote! s'écria l'officier américain, qui cachait sous des dehors d'une certaine mollesse un tempérament de feu, s'il en est ainsi, vous ne sauriez manœuvrer la frégate au milieu de ces rochers et de ces brisants; vous ne devez rien laisser au hasard. Entre ennemis ce serait là un jeu dangereux; prenez-y garde! »

La réponse du pilote fut faite sur un ton froid, mais qui laissait percer quelque aigreur :

« Jeune homme, dit-il, vous ne savez pas à qui vous

parlez. Vous avez un chef, et moi je n'ai pas de supérieur ici! Mais, voilà le vaisseau; trêve à toute discussion; montons à bord. »

La frégate, portant ses voiles du grand et du petit hunier, était encore relativement tranquille; de toutes parts la tempête s'annonçait; les yeux les moins exercés la devinaient; les vieux marins pressentaient qu'elle serait terrible.

Le plus grand silence régnait à bord; le sifflet du contre-maître en second se fit entendre à l'arrivée de la chaloupe; il appelait sur le tillac tous les hommes de quart pour se ranger en file au haut de l'échelle, afin de faire honneur au premier lieutenant rentrant à son bord. A la lumière d'une douzaine de lanternes suspendues un peu de tous côtés, les hommes d'équipage qui formaient la double haie, ceux qui étaient massés au pied du grand mât, aussi bien que ceux qui étaient sur les boute-hors, sur les vergues inférieures ou dans les hunes, jetèrent un coup d'œil mêlé de curiosité et d'inquiétude sur le nouveau venu. Mais la figure du pilote resta ferme et froide, et il se dirigea, sans affectation comme sans trouble, vers le gaillard d'arrière, réservé aux seuls officiers.

Là aussi régnait le silence le plus profond, et l'attention était aussi vivement éveillée. En avant se tenaient plusieurs marins portant le même uniforme que Griffith; ils avaient le même grade que lui, bien qu'il fût le premier parmi eux; Barnstable, détaché au commandement de l'*Ariel,* sur la frégate prenait rang immédiatement à la suite de son ami. A droite on apercevait, à moitié dissimulés et formant un groupe plus nombreux, de tout jeunes officiers qui devaient être les compagnons de M. Merry. Auprès du cabestan, trois ou quatre hommes debout portaient l'uniforme bleu à revers et parements écarlates; auprès d'eux, un autre, en habit noir, paraissait être le chapelain du navire. Derrière eux enfin, près de l'escalier descendant à la grande cabine, se tenait le vieux commandant Munson, redressant avec une grande dignité sa taille haute et encore ferme.

Griffith, passant au milieu de ses collègues, leur fit un signe de tête amical, et conduisit le pilote à l'endroit où les attendait le capitaine. Le lieutenant se découvrit, et, saluant son chef avec plus de cérémonie que de coutume, il lui dit :

« Nous avons réussi, Monsieur ; il est vrai, avec un peu plus de peine et de temps que nous n'avions pensé.

— Vous avez réussi : cela suffit. Mais où est ce pilote? je ne le vois pas, et néanmoins, par le temps qui se prépare, il est plus nécessaire que jamais.

— Le voici, dit Griffith en s'écartant et montrant l'homme qui le suivait, et qui souleva alors son large chapeau rabattu jusque sur ses yeux.

— Lui ! s'écria le capitaine, c'est une méprise; ce n'est pas l'homme que j'attendais, l'homme qu'il me faut.

— Qui attendiez-vous donc, capitaine Munson? dit l'étranger d'une voix basse et tranquille; l'emblème de la tyrannie flotte sur votre poupe : avez-vous donc oublié un autre pavillon plus noble et plus beau? Ne vous souvenez-vous plus de la main qui l'arbora pour la première fois?

— Une lanterne! » dit vivement le vieux commandant. Il l'approcha du visage du pilote, tressaillit et s'écria en découvrant ses cheveux blancs :

« C'est lui! mais qu'il est changé! »

Le pilote, se redressant, prit le bras de Munson et l'entraîna à l'écart en disant :

« Si changé, que ses ennemis ne l'ont pas reconnu; et, ajouta-t-il plus bas, ses amis ne doivent pas le reconnaître avant que le moment opportun soit venu. »

Leur entretien fut long, malgré les menaces de tempête

Le vieux commandant approcha la lanterne du visage du pilote et tressaillit.

multipliées autour d'eux. Les officiers et les matelots, sachant dans quelle situation délicate se trouvait la frégate, donnaient tous les signes d'impatience compatibles avec l'austère discipline du bord; mais nul n'osa intervenir directement. Toutefois Griffith, auquel son grade permettait d'oser davantage, jugeant que le vent de terre qui régnait encore dans les régions élevées pouvait seul les tirer d'une situation plus que hasardée et d'ailleurs devenant de minute en minute plus critique, se résolut à faire arriver indirectement cet avis à son chef :

« Ohé ! de la hune, sentez-vous du vent là-haut ? D'où vient-il ?

— Je sens encore de temps en temps quelques bouffées de vent de terre, mais il tombe de plus en plus. »

Le capitaine et le pilote s'interrompirent pour écouter cette réponse, mais reprirent immédiatement leur conversation.

« Est-il possible, dit alors à demi-voix le capitaine des soldats de l'infanterie de marine, qu'un officier supérieur ne comprenne pas un avis donné si délicatement ! Puisque vous ne pouvez pas prendre ce pilote par les oreilles, prenez-le par le nez, monsieur Griffith.

— Silence, répondit ce dernier, nous avons déjà eu maille à partir en route; il a l'air doux et paisible, mais je n'imagine pas qu'il soit homme à demander des conseils. »

Le chapelain, comme l'officier de marine, peu au fait de ce qui concernait la navigation, s'exagérant encore, par conséquent, le danger, s'irritait et proposait les moyens les plus invraisemblables pour décider le capitaine et le pilote à remplir leur devoir. Une remarque plus ingénue et plus extraordinaire encore provoqua un grand éclat de rire dans le groupe des midshipmen; cette circonstance fortuite, comme il arrive souvent, parut produire le résultat désiré;

au bruit de cette hilarité, la conférence mystérieuse se termina brusquement; le capitaine Munson s'avança vers le groupe des officiers et dit avec le plus grand sang-froid :

« Faites déployer les voiles et lever l'ancre, monsieur Griffith; il faut partir. »

Sur un mot du lieutenant, une demi-douzaine de midshipmen appelaient déjà à grands cris le contremaître et ses aides; un coup de sifflet aigu et prolongé retentit au loin sur la surface des flots, et ces mots: « A l'ouvrage, mes enfants, à l'ouvrage ! » déterminèrent un mouvement général sur le navire. Une sorte de tumulte, une agitation extraordinaire succéda ainsi à l'attente prolongée; mais la discipline réglait ces allées et venues, ces courses impétueuses, ces efforts multipliés : le désordre n'était qu'apparent. Le silence se rétablit bientôt; tout le monde était à son poste.

Le capitaine et le pilote étaient seuls restés inactifs; le premier semblait jouir de l'obéissance, de la promptitude et de l'agilité de ses matelots; le second, toujours impassible, laissa pourtant paraître comme un léger sourire de satisfaction : il augurait bien pour l'heure du danger d'un pareil équipage.

Griffith, le porte-voix à la main, monté sur un canon pour dominer la manœuvre, dit à son commandant :

« Nous sommes en panne, Monsieur.

— Faites virer. »

L'ordre fut aussitôt transmis et répété par une douzaine de voix; un fifre exécuta immédiatement un air vif pour régler l'action et animer la scène. Le pas des marins tirant le cabestan marqua la mesure, et bientôt la voix d'un officier cria qu'on était à pic.

« Qu'allons-nous faire maintenant? demanda Griffith, qui attendit de nouveaux ordres. Si nous levons l'ancre avec si peu de vent, n'avons-nous pas à craindre que la mer ne nous jette à la côte? »

Cette inquiétude, tous les marins la partageaient, et ils essayaient, en sondant du regard l'obscurité, de se rendre compte de la situation, que beaucoup considéraient comme désespérée.

« C'est au pilote à répondre, dit le capitaine. Donnez vos ordres, monsieur Gray. »

CHAPITRE IV

L'homme dont le capitaine Munson venait de prononcer pour la première fois le nom sur le navire était appuyé sur le couronnement de la poupe, occupé lui aussi à scruter les mystères de cette nuit profonde et menaçante; une grosse lanterne était auprès de lui; interpellé par le capitaine, il se redressa et montra à tout l'équipage, qui avait tourné les regards de son côté, un visage si calme et si tranquille, que la chose parut tenir du prodige : un pareil sang-froid avec une responsabilité si grande!

« Nous n'aurons pas facilement raison de cette houle, dit-il avec lenteur et réfléchissant sur les idées qu'il énonçait; mais, si l'ouragan qui se prépare à l'est nous surprend dans cet ancrage, nous serons inévitablement broyés sur ces rochers. S'il est au pouvoir de l'homme de le faire, essayons, Messieurs, de gagner le large et le plus vite possible.

— Le dernier des mousses en pourrait dire autant, murmura Griffith entre les dents. Ah! Messieurs, j'entends le schooner. »

Les longs avirons du petit *Ariel* battaient les flots, et bientôt on put le distinguer dans l'obscurité, et Barnstable, de sa voix enjouée, malgré la gravité des circonstances, cria au capitaine Munson :

« Il faut de bonnes lunettes pour y voir cette nuit ! J'ai entendu, je crois, votre fifre, ce qui veut dire que vous n'allez pas rester à l'ancre jusqu'à demain.

— Cet ancrage ne nous paraît pas plus sûr qu'à vous ; mais nous n'osons trop faire quitter le fond à notre ancre, de peur d'être mis à la côte. Quel vent avez-vous ?

— Du vent ! il n'y en a pas assez pour soulever une papillote sur la tête d'une Anglaise. Je ne sais pas comment j'ai fait jusqu'ici pour tirer ma coquille d'œuf de cette carrière de rochers noirs. Mais dites-moi, Monsieur, que dois-je faire maintenant ?

— Prenez les ordres du pilote, monsieur Barnstable, et suivez-les à la lettre. »

Le silence le plus profond régnait sur les deux navires, et il n'y eut pas un marin qui ne tendît l'oreille pour entendre la réponse de l'homme sur lequel reposait tout espoir de salut.

« La mer s'élève, dit le pilote toujours du même ton tranquille, vos avirons ne peuvent donc vous servir longtemps, mais vos petites voiles suffiront à vous faire avancer. Si vous pouvez marcher est-quart-nord-est, tout ira bien, et vous n'aurez qu'à continuer ainsi jusqu'à la hauteur de ce promontoire dont vous apercevez au nord la masse sombre. Là vous mettrez en panne et tirerez un coup de canon. Mais il est probable que vous ne pourrez atteindre ce point ; usez alors de la sonde et courez des bordées de bâbord, mais gardez-vous bien de présenter votre proue au sud.

— Pourquoi ne pas courir aussi des bordées de tribord, avec des enjambées de même longueur ?

— N'en faites rien. Si, pour gagner le large par est-quart-nord-est, vous déviez d'un point de compas, vous vous enclouerez dans les pointes des rochers. Évitez donc les bordées de tribord, usez de la sonde, et surtout tâchez d'avoir de bons yeux. Déployez vos voiles, Monsieur; si le vent vous pousse, nous lèverons l'ancre. »

En un instant l'*Ariel* fut couvert de toile; le vent était bien faible; il se fit sentir d'abord dans les régions supérieures; son action parut s'augmenter graduellement; bientôt la distance qui séparait les deux navires devint plus appréciable, et un quart d'heure ne s'était pas écoulé que le léger bâtiment disparaissait dans l'obscurité.

Griffith avait suivi avec le plus vif intérêt l'épreuve tentée par Barnstable; quand il vit s'éloigner l'*Ariel*, il s'écria, s'adressant au capitaine Munson :

« Il vogue, le suivons-nous? Faut-il que je donne l'ordre de lever l'ancre?

— Il n'y a pas autre chose à faire, répondit le commandant; n'est-ce pas votre avis, monsieur Gray?

— Tout à fait; le peu de marée qui nous reste suffira peut-être à nous mettre hors de danger; » et il ajouta tout bas : « Je donnerais cinq années de ma vie pour que la frégate fût à un mille plus avant dans la mer. »

Le fifre se fit entendre de nouveau, ainsi que les pas cadencés des matelots autour du cabestan. Pendant que ceux-ci levaient l'ancre, ceux-là hissaient les voiles; le lieutenant, armé de son porte-voix, réglait tous les mouvements. Bientôt on entendit de tous côtés les voix des chefs d'équipe faisant connaître les résultats de la manœuvre commandée.

« La voile de perroquet est parée! » criait une voix de fausset qui semblait descendre des nuages.

« La misaine est parée! » grondait une voix rauque.

« Tout est prêt à l'arrière! » annonçait un autre marin.

Aussitôt l'ordre fut donné de laisser tomber les voiles. Les lanternes prirent un éclat plus vif, cette quantité de toiles interceptant le peu de lumière qui restait encore, et le tillac prit un aspect plus sombre et plus lugubre.

« L'ancre est dérapée! » dirent encore cinquante voix en même temps, avec un accompagnement de bruit de chaînes et de grincement de poulies.

Les voiles fixées aux mâtereaux les plus élevés se gonflèrent; les voiles plus pesantes et plus basses suivirent, quoique faiblement; enfin la frégate s'ébranla.

« Elle marche! elle marche! s'écria Griffith joyeusement. Il paraît qu'il y a là-haut un courant d'air; j'avoue que je n'y comptais guère.

— C'est la brise expirante, » dit derrière lui, soudainement et à voix basse, le pilote toujours impassible.

La frégate n'avait pas fait un quart de mille que ce reste de brise tomba tout à fait, et le quartier-maître annonça que le gouvernail ne mordait plus. Le lieutenant communiqua cette nouvelle au commandant, qui lui répondit encore une fois :

« Adressez-vous à monsieur Gray, c'est notre pilote.

— Le connaissez-vous bien? reprit le jeune homme; toutes nos vies sont dans sa main, et il reste aussi indifférent que s'il n'avait aucune responsabilité.

— Je réponds de lui, de sa science aussi bien que de son honnêteté. Mais le vent ne souffle-t-il pas de ce côté?

— S'il nous vient du nord-est, il nous pousse sur ces rochers et nous sommes perdus. »

Les voiles s'agitaient, mais faiblement, et d'une façon si confuse, que le plus habile marin n'eût pu déterminer en ce moment de quel point soufflait la brise; toutefois le navire ne tarda pas à faire son abatée, et il devint évident qu'il s'en allait en dérive à la côte.

Les caractères les plus vaillants ont de ces défaillances; à cette heure suprême, Griffith se sentit envahi par une sorte de prostration désespérée; appuyé sur un canon, il défendait ses yeux avec sa main de la lumière trop vive d'une lanterne placée près de lui; il devait jusqu'au bout donner l'exemple de l'action et soutenir le courage des autres; à cette heure, il se sentait vaincu, tout prêt à céder à la fatigue; il allait peut-être s'endormir.

« Une vilaine musique, dit Merry derrière lui; n'entendez-vous pas, lieutenant, ces sons exécrables?

— Quels sons? Tout me semble tranquille à bord, personne ne songe à crier. Regardez ce pilote qui se promène là-haut sur le gaillard d'arrière, comme un amiral; il ne se plaint pas du bruit, et la musique ne le dérange point.

— Riez, si cela vous plaît, monsieur Griffith; mais ceux qui s'endormiront tout à l'heure au son de cette musique dormiront d'un bon somme.

— Ah! vous voulez parler du grondement du ressac, là-bas sur la côte?

— Pensez-vous que nous ayons beaucoup reculé, lieutenant, depuis quelques instants? »

Cette question parut réveiller le jeune homme; il reprit une idée plus nette de la situation.

« Lofez, cria-t-il au quartier-maître, nous prêtons le flanc à la mer. Lofez, vous dis-je. »

Mais la frégate n'obéissait plus au gouvernail.

« Tâtons le vent encore une fois, dit à son tour le vieux capitaine, déployez la grande voile. »

La grande voile tomba. Il n'y eut pas un homme dans tout l'équipage qui ne retînt sa respiration dans l'attente de ce qui allait se produire. Il y a souvent dans la vie du marin de ces heures suprêmes où l'homme le plus fort et le plus habile doit reconnaître son impuissance et son incapacité. Plus un souffle d'air, partant plus de voiles, plus de gouvernail; une côte hérissée de récifs menaçants, avec une tempête venant du nord-est, se taisant encore, encore sans action, mais inévitable.

Griffith prit une chandelle dans une lanterne, sauta sur un canon et exposa la petite flamme à l'air libre : elle hésita, s'inclinant à droite, s'inclinant à gauche, flottante, indécise, puis perpendiculairement monta vers le ciel : il n'y avait pas un souffle d'air !

Ce calme précurseur de la tempête, tous ces marins le connaissaient ; tous aussi connaissaient et entendaient dans l'obscurité de cette affreuse nuit le bruit du ressac sur les rochers de la côte.

Son expérience faite, Griffith allait descendre quand il sentit comme une fraîcheur sur sa main ; il tendit le bras de nouveau, la flamme légère fut agitée un instant, puis s'éteignit.

« Carguez la grande voile, monsieur Griffith, et brassez partout, cria une voix forte et puissante que le lieutenant ne reconnaissait point ; gardez seulement vos trois huniers, mais faites prendre tous leurs ris. Voilà l'heure de montrer ce que vous savez faire. »

A ce commandement si clair et si précis, le jeune marin resta une seconde immobile de surprise ; était-ce bien le pilote qui parlait ainsi, cet homme si calme, si indifférent jusqu'alors ? Mais, ayant jeté un coup d'œil sur la mer, le lieutenant bondit sur le tillac, et la manœuvre fut exécutée avec une promptitude et une fidélité sans exemple ; Griffith venait de retrouver son énergie, et il la communiquait à l'équipage tout entier.

Une masse sombre et blafarde, flottant à l'horizon, se rapprochait d'eux : c'était le nœud de la tempête ; depuis longtemps la mer en ressentait les effets, l'atmosphère allait à son tour en être troublée. La frégate pourrait-elle résister à tant d'ennemis conjurés contre elle ? Un seul homme regar-

Griffith prit une chandelle dans une lanterne, sauta sur un canon et exposa la petite flamme à l'air libre.

dait venir l'orage sans inquiétude, sans trouble apparent : c'était le pilote; sorti un instant de son calme et de sa placidité, il n'avait pas tardé à reprendre le même aspect d'indifférence qui lui était habituel.

« Le schooner doit essuyer maintenant le plus grand effort de la tempête qui nous arrive, dit Griffith; plaise à Dieu que l'ouragan lui laisse assez de voiles pour s'éloigner de la côte !

— Il est probablement déjà hors de danger, dit le capitaine Munson; malheureusement il n'en est pas de même pour nous. Faut-il jeter la sonde, monsieur Gray?

— Cela n'est pas nécessaire, ce qui importe c'est de savoir de quel côté le vent nous atteindra.

— Nous allons être fixés, dit le jeune lieutenant, car il nous arrive, et c'est tout de bon, cette fois. »

Il parlait encore et déjà, au milieu d'un vacarme effroyable, le souffle impétueux de la tempête atteignit le vaisseau par le travers et le jeta sur le côté. Il se releva promptement, et, avant qu'une minute se fût écoulée, il redevint docile au gouvernail et fendit les vagues, avançant dans la direction voulue autant que le permettait le point d'où soufflait le vent.

Les voiles carguées et les ris des huniers pris, selon l'ordre donné par le pilote, les marins avaient abandonné les vergues pour descendre sur le pont; on avait éteint les lanternes, et une certaine clarté apportée peut-être par l'orage, jointe à l'éclat des flots couverts d'écume blanche, permettait à ces hommes expérimentés, maintenant tous penchés sur la mer du côté des récifs, de se rendre à peu près compte de la situation; mais aucune parole n'était prononcée, tous savaient trop bien quels dangers ils couraient, et le silence le plus complet régnait sur le pont.

Griffith le rompit le premier.

« Le vent fraîchit, pourquoi ne pas lui offrir plus de voiles? Il n'est pas aisé de manœuvrer la frégate sans ses voiles, avec trois huniers seulement et tous les ris noués.

— Croyez-vous, dit le pilote assez vivement, qu'elle ne puisse virer avec ses trois huniers?

— Elle fera tout ce qu'on peut raisonnablement attendre d'elle; mais avec ses voiles vous la feriez pirouetter comme un maître de danse.

— Voyons d'abord quelle est la force du vent. »

Le pilote se dirigea vers le passavant du côté du vent et se mit, lui aussi, à regarder la mer; il appuya sa tête sur sa main et parut s'abandonner à des pensées éloignées de l'objet qui devait alors l'occuper tout entier.

« Monsieur, dit le capitaine Munson, enverrai-je quelqu'un dans les chaînes pour prendre la profondeur de l'eau? »

Le pilote parut ne pas entendre; tout l'équipage s'était tourné de ce côté, attendant la réponse avec anxiété.

« Monsieur, dit Griffith, qui se trouvait près de lui, — et il y avait un peu d'impatience dans le son de sa voix, — le capitaine Munson désire savoir s'il faut jeter la sonde. »

Cette interpellation plus directe ne parvint point encore à tirer cet homme étrange de sa rêverie, et le lieutenant dut lui poser sans cérémonie la main sur l'épaule. Quand il releva la tête, son visage était si profondément bouleversé, il portait les traces d'une émotion si singulière, que le jeune lieutenant se prit à redouter la révélation la plus inquiétante, et il cria d'une voix rude aux matelots réunis auprès d'eux :

« Retirez-vous, allez à votre poste, et tenez-vous prêts à virer. »

Puis, se tournant vers le pilote :

« Monsieur, lui dit-il, l'heure n'est plus à la méditation.

Songez plutôt à la responsabilité qui pèse vous. N'est-il pas temps de virer? A quoi rêviez-vous donc? »

Le pilote eut un instant d'abandon, peut-être de défaillance; il prit le bras de Griffith, et le serrant fortement :

« Mon rêve est une réalité. Vous êtes jeune encore, Monsieur, je passe à peine l'âge de la maturité; vous ne verrez ni n'éprouverez jamais ce que j'ai vu et éprouvé.

— Qu'importe? Songez que la frégate va grand train, que, dans cette obscurité, on reconnaît mal les obstacles; je dois croire que vous avez une grande expérience des dangers de cette côte, et je ne crois pas que nous devions marcher longtemps dans cette direction. »

Une nouvelle transformation s'était faite brusquement dans l'attitude du pilote; il se rapprochait à pas lents du capitaine, et, chemin faisant, il disait doucement à Griffith :

« Tout est pour le mieux. J'ai passé ma jeunesse sur cette côte; ce qui vous semble ténèbres et obscurité est plus clair pour moi que la lumière en plein midi. Monsieur, dit-il tout à coup en s'arrêtant brusquement, virez de bord, virez. Il faut pourtant que je voie manœuvrer cette frégate avant d'arriver à l'endroit où il faut qu'elle manœuvre bien ou que nous périssions tous. »

Si surprenantes que fussent ces paroles pour le jeune lieutenant, il ne s'y arrêta point; il courut à son poste et donna l'ordre depuis si longtemps attendu de virer. La barre du gouvernail ne fut pas plus tôt placée sous le vent que le vaisseau, cédant avec grâce et promptitude, fit bien voir ses excellentes qualités; les lourdes vergues tournèrent comme des girouettes, et l'on commença à courir une autre bordée en s'écartant des écueils vers lesquels on s'avançait tout à l'heure si rapidement.

CHAPITRE V

La mer devenait de plus en plus terrible; la violence du vent allait toujours s'augmentant, et, sous l'effort de la tempête, qui rugissait dans le gréement, le navire était entraîné de temps en temps par l'orage, malgré les efforts surhumains de l'équipage pour le diriger dans l'étroit canal où il devait être maintenu sous peine d'être immédiatement brisé, soit à droite, soit à gauche.

C'est alors que le pilote inconnu se révéla complètement : son énergie fut tout à coup à la hauteur des circonstances ; sa taille parut grandir, son œil jeta des éclairs, et sa voix, si calme et si douce jusqu'alors, put dominer sans peine l'effroyable vacarme de l'ouragan déchaîné.

« Mettez votre meilleur quartier-maître entre les chaînes, et qu'un officier se tienne à ses côtés pour qu'il ne se trompe pas en annonçant la profondeur de l'eau. »

Le vieux vétéran Munson, à l'étonnement de tout l'équipage, déclara qu'il allait lui-même prendre ce soin. Chacun comprit que l'heure décisive approchait, et chacun, à son poste, retint son haleine sous le coup de la plus vive anxiété.

« Sept brasses ! annonça le cri perçant du marin qui sondait.

— C'est bien, » dit le pilote avec le plus grand calme.

La tempête faisait rage et emportait le vaisseau avec une rapidité effrayante.

« Cinq brasses et demie !

— C'est un bas-fond ! dit Griffith d'une voix étranglée, c'est un bas-fond ! Pare à virer !

— Ah ! dit le pilote d'un ton froid et en regardant le jeune lieutenant dans les yeux, c'est donc vous qui commandez maintenant ?

— Quatre brasses ! » cria encore celui qui jetait la sonde, toujours soigneusement contrôlé par Munson.

L'ordre de virer fut alors donné par le pilote, et Griffith se retrouva prêt à donner, avec le plus grand sang-froid, les ordres nécessaires à l'exécution de cette manœuvre.

Pendant que la frégate docile se relevait lentement, la voix du quartier-maître fit entendre ces paroles si redoutables, si effrayantes pour le marin le plus hardi :

« Des brisants ! des brisants en proue ! »

Ce cri de terreur retentissait encore qu'une autre voix criait sur un autre point du navire :

« Des brisants à bâbord !

— Dégagez la seconde ancre, s'écria Griffith, encore emporté par sa nature impétueuse, nous sommes sur un lit de rochers ! »

On entendit aussitôt s'élever une autre voix dont l'accent était si fort, si impérieux, que les matelots demeurèrent comme cloués sur place :

« Gardez-vous bien de toucher aux ancres !

— Après nous avoir exposés à un pareil danger, pouvez-vous bien avoir l'audace de donner des ordres contraires aux miens ? dit Griffith. Monsieur, si vous ajoutez un mot... » Le lieutenant, qui sentait tout l'équipage avec lui, parut sur le point de se porter envers le pilote à des voies de fait.

A ce moment, le vieux commandant montra son visage rude et soucieux; il remontait, une lanterne à la main, des chaînes où il surveillait l'opération de la sonde.

« Paix! monsieur Griffith, cria-t-il; donnez le porte-voix à M. Gray; il n'y a que lui qui puisse nous sauver. »

Plein de dépit, le jeune homme jeta son porte-voix sur le tillac, et on l'entendit murmurer :

« Alors tout est perdu : la frégate, et aussi l'espoir que j'avais conçu en venant sur ces côtes... »

L'hésitation avait été courte; mais telle est l'importance de l'unité de commandement à bord, que la frégate, déjà entraînée par le vent, perdit peu à peu son air, et en quelques secondes toutes ses voiles furent coiffées.

Mais le pilote avait déjà ramassé le porte-voix, et, avec le plus beau sang-froid et la plus grande précision, s'était mis à commander la manœuvre réclamée par une circonstance aussi critique. L'équipage, entièrement dominé, n'entrevit qu'à moitié le danger couru par la frégate; il était impossible d'ailleurs de résister à cette voix calme et forte, et dont l'autorité s'imposait absolument. Griffith lui-même, plein de générosité, malgré la vivacité de son âge et de son tempérament, subit l'ascendant de cet homme dont il dut d'ailleurs tout de suite reconnaître la supériorité; il se jeta au milieu des marins, les soutint et les entraîna par sa propre ardeur. Après une lutte qui fut longue, dont l'issue fut plus d'une fois douteuse, la frégate, déployant tous ses moyens, put reprendre le vent et sortir enfin du milieu des écueils où elle était affalée.

Longtemps encore, dans cette sorte de canal limité à droite et à gauche par des récifs que des montagnes d'écume désignaient seules aux regards, il fut nécessaire de continuer les mêmes efforts ; la bataille était loin d'être gagnée : la force de la marée se faisait alors sentir tout entière ; le vent, plus impétueux encore, s'acharnait sur le gréement du pauvre navire, pendant que les vagues déchaînées battaient sans relâche ses flancs meurtris ; l'Océan avait un grondement sourd et continu qui se mêlait au bruit particulier et sinistre des brisants.

Le calme et l'énergie du pilote, l'ardeur d'un équipage discipliné et luttant pour son salut, les qualités incomparables de la frégate parviendraient-ils à l'emporter ?

On entendit tout à coup M. Gray dire à haute voix, simplement, et aussi presque sans inquiétude :

« Voici le moment critique ! Si le vaisseau se comporte bien, nous sommes sauvés ; sinon, tous nos efforts auront été inutiles et nous sommes perdus sans ressource. »

Munson, qui l'avait entendu, reparut sur le pont ; il appela Griffith et s'en vint avec lui demander au pilote l'explication de ces effrayantes paroles.

« Regardez, Messieurs, leur répondit-il, cette lumière sur ce promontoire du sud. Bien, vous la voyez ; voyez-vous de même ce point noir un peu plus au nord ? c'est une montagne qui est dans l'intérieur des terres. Il ne faut pas que, pour nous, la lumière quitte l'ombre de la montagne, si nous voulons rester dans la voie, la voie unique et étroite qui nous permettra de doubler le Devil's-Grip ; au delà nous serons en sûreté, mais jusque-là nous sommes entre la vie et la mort. Le canal est si resserré, qu'il ne peut plus être question de virer de bord ; il nous faut marcher contre vent et marée. Les huniers ne nous suffisent plus pour tenir le vent : il nous faut le grand foc et la grande voile.

— Il est impossible de déployer les voiles avec ce vent épouvantable, ne put s'empêcher de dire le commandant.

— Il le faut pourtant, ou nous sommes perdus, reprit froidement le pilote. Voyez vous-même, la lumière quitte le centre de la montagne; nous dérivons à tribord, la mer nous entraîne. »

Le vétéran hésitait encore; Griffith répondit, plein de confiance cette fois, subissant entièrement l'ascendant de cet inconnu :

« Cela va être fait, » dit-il en saisissant le porte-voix.

Il fallut les efforts héroïques de plus de cent marins pour déployer la grande voile par un temps pareil; mais, quand elle fut tendue, le navire céda comme un roseau que courbe le vent. Le pilote jeta un grand cri où il avait mis toute son âme :

« Elle lofe! elle serre le vent! Voyez, la lumière se replace au centre de la montagne. Si la frégate peut porter ses voiles, nous sommes sauvés! »

On entendit comme un coup de canon retentir dans la mâture; un nuage blanc emporté rapidement par la tempête traversa le fond sombre du ciel.

« C'est le grand foc qui a été enlevé des ralingues, dit le vieux commandant; les voiles légères n'offrent pas assez de résistance. La grande voile elle-même pourra-t-elle résister!

— Elle résisterait au tourbillon le plus furieux, dit Griffith, mais le mât se fend déjà.

— Silence, Messieurs! ce n'est plus l'heure de discuter; nous allons vite connaître notre sort! Lofez! vous pouvez lofer. »

Les chefs et les simples matelots, sachant qu'ils avaient fait tout ce qui humainement était possible, attendirent l'événement dans un silence plein d'anxiété sans doute, mais plein de courage aussi, de résignation et de grandeur.

Un peu en avant de la proue, la mer était couverte de montagnes d'écume, et les vagues, au lieu de se succéder avec régularité, tournoyaient sur elles-mêmes, courroucées et affolées. Au milieu de ce chaos que l'allure de la frégate rendait de minute en minute plus visible, on pouvait distinguer, à certains moments, une raie d'eau noire de la largeur d'une demi-encablure, plus calme dans cette confusion des vagues. C'était l'étroit sentier que devait suivre, au milieu des rochers, la frégate marchant alors un peu plus pesamment, en pinçant assez le vent pour empêcher ses voiles de fasier. Tous les braves marins comprirent que le moment suprême approchait; ils tournèrent leurs yeux vers le pilote; celui-ci, s'étant approché du gouvernail, tenait lui-même la barre.

Une angoisse poignante s'empara de tous les marins; après tant d'alternatives, après tant d'efforts, n'allaient-ils pas enfin retrouver une mer plus profonde et des eaux moins perfides? L'ouragan ne leur semblait si terrible qu'à cause du voisinage des brisants. Cette passe étroite, qui ne permettait pas à la frégate de dévier d'une brasse, pour ainsi parler, allait-elle devenir leur tombeau ou leur ouvrir les routes larges et sûres de l'Océan? Vingt fois, après avoir heureusement franchi un obstacle, les matelots furent sur le point de battre des mains; ils étaient toujours arrêtés dans leur élan trop prompt par la nécessité d'éviter un autre danger encore plus menaçant. Ah! si la tempête avait voulu leur donner dix minutes de trêve! si les courants de foudre de la marée montante avaient cessé un instant de les pousser avec cette violence!

Le pilote serrait toujours à deux mains les rais de la barre; son œil allait constamment des voiles à la surface des flots; seul il était resté maître de lui-même; ses voiles orientées, il n'avait pas donné un ordre depuis qu'il s'était mis au gouvernail.

Tout à coup il parut évident que la frégate, poussée en

avant sous l'impulsion du vent dans sa grande voile, allait être inévitablement entraînée à sa perte.

« Carrez les voiles! ferlez la grande voile! » cria le pilote.

Un cri général lui répondit; la manœuvre fut exécutée avec la rapidité de la pensée, et déjà la frégate, sortie de l'étroit canal, flottait sur les vagues élevées d'une mer libre; le danger était passé.

Les matelots, se regardant les uns les autres, parurent sortir d'un rêve pénible; Munson se redressa, heureux de prouver ainsi que sa confiance avait été bien placée. Griffith, avec cette noblesse de cœur qui le caractérisait, s'approcha de l'inconnu, et lui serrant cordialement la main :

« Vous avez prouvé, lui dit-il, que vous êtes un pilote fidèle et le plus habile des marins.

— Je ne suis pas étranger à ces mers, » répondit le pilote, et il ajouta doucement et avec mélancolie : « Il est possible pourtant qu'elles me servent un jour de tombeau. Permettez-moi, jeune homme, de vous féliciter; vous avez agi bravement et noblement; aussi le congrès...

— Le congrès ? dit Griffith, voyant qu'il hésitait; que voulez-vous dire ?

— Le congrès est heureux s'il a bon nombre de vaisseaux comme celui-ci. »

Ces derniers mots dissimulèrent une pensée secrète qu'il avait été sur le point de trahir; il se détourna ensuite froidement et s'en alla rejoindre le capitaine, qui seul sans doute savait à qui il avait affaire.

Griffith le suivit des yeux, ne sachant que penser; mais l'accomplissement de son devoir ne lui laissait point de loisirs; il reprenait la direction de la frégate, et la tempête était loin d'être passée.

On entendit bientôt un coup de canon tiré par l'*Ariel*. Le petit schooner était donc aussi en sûreté; suivant la direction indiquée par le pilote, il avait gagné la haute mer par un chemin que n'aurait pu suivre la frégate.

Bientôt, le quart de nuit installé, le capitaine et le pilote se retirèrent ensemble; Griffith passa le commandement à un autre officier, et alla s'isoler dans son hamac. Ses pensées et ses impressions de la journée l'y suivirent : Qu'était-ce que ce pilote pris sur la côte ennemie? Qui Barnstable avait-il donc pu rencontrer à terre? Il regrettait de n'avoir pas interrogé Merry; mais comment l'aurait-il pu faire au milieu de pareils événements? Il pourrait sans doute s'entretenir avec Barnstable le lendemain. Et puis, Merry ne lui cacherait rien; quoiqu'il fût plus jeune que lui, le midshipman n'était-il pas le propre cousin germain de miss Howard et de Catherine Plowden!

Il entendait toujours la mer battre les flancs du navire avec violence; mais à la fin la tempête s'apaisa; les vents devinrent moins violents, et Griffith, cédant à la fatigue, s'endormit paisiblement.

Un coup de canon, tiré au-dessus de sa tête, l'éveilla brusquement le lendemain à une heure déjà assez avancée; il sortit en toute hâte de sa chambre, — la toilette d'un marin en pareil cas est vite faite; — trouvant sur son chemin l'officier des soldats de marine, il lui demanda ce que cela voulait dire.

« Ce n'est pas grand'chose : tout le monde semble dormir ce matin à bord de l'*Ariel;* ce coup de canon est destiné à attirer son attention : voilà dix minutes qu'on lui fait inutilement signe de se rapprocher.

— Barnstable est prudent; nous sommes sur une côte ennemie, il prend sans doute ses précautions. Au fait, il a plutôt peut-être fait comme moi, et ses gens auront profité de l'occasion. Je parie qu'il est aussi en panne.

— En pouvez-vous douter? Donnez à Barnstable la pleine

mer, un bon vent et quelques mètres de toile, et il enverra son monde sous le pont, placera ce drôle de Tom le Long au gouvernail, et ira se coucher lui-même.

— Faites-moi place, s'il vous plaît, reprit le lieutenant, nous aurons bientôt des nouvelles du schooner. »

La mer était loin d'être calme; le vent soufflait encore avec violence, et les vagues couronnées d'écume s'élevaient aussi de toutes parts; mais, après la tourmente effroyable de la dernière nuit, c'était plutôt un beau spectacle qu'un sujet de crainte ou d'inquiétude. La marche de la frégate était calme et régulière, le ciel pur, et le soleil brillant et assez chaud pour la saison. L'*Ariel*, obéissant au signal donné, se dirigeait vers la frégate.

Munson et le pilote étaient déjà sur le pont; Griffith profita du grand jour pour observer ce dernier, dont il n'avait guère aperçu le visage dans l'obscurité, au milieu des émotions de la nuit. C'était un homme d'une taille un peu au-dessus de la moyenne, et remarquablement fort et bien proportionné. Au lieu de cette fermeté opiniâtre qu'on pouvait, après la volonté dont il avait fait preuve, espérer trouver sur son visage, on lisait je ne sais quelle mélancolie pensive et douloureuse qui paraissait exclure cette fierté, ou plutôt cette violence constatée plus d'une fois par le jeune lieutenant depuis la veille. Il était vêtu d'une grande jaquette bleu foncé; la coupe et l'étoffe de ce vêtement le rendaient en tout semblable à celui des simples matelots; mais il le portait avec une aisance, une distinction peu ordinaires chez les hommes de cette profession.

L'*Ariel* arrivait sous la poupe de la frégate; Barnstable reçut l'ordre de quitter son bord et de venir rejoindre son chef; il descendit dans sa barque, conduite par les mêmes rameurs que la veille. Le schooner s'écarta un peu pour aller plus loin courir des bordées, et le jeune capitaine se rendit sur le vaisseau, suivi de ses hommes d'équipage.

L'entretien de Barnstable avec le commandant fut de courte durée; il revint vite vers le groupe des officiers; mais, au lieu de les aborder comme de coutume, il fit un signe rapide à Griffith, et prit avec lui le chemin de la grande chambre. On crut qu'un ordre du capitaine les obligeait à une entrevue sérieuse et secrète; c'est assurément ce que voulait Barnstable, car, arrivé dans la grande chambre, il s'effaça pour laisser passer le premier lieutenant et ferma la porte à double tour.

CHAPITRE VI

« Quelle tempête nous avons eue cette nuit! s'écria aussitôt le capitaine de l'*Ariel*; j'ai cru vingt fois que la frégate serait mise en pièces sur les rochers. Je n'ai été rassuré qu'en voyant vos lumières répondre à mon coup de canon. Mais, Édouard, j'ai bien autre chose à vous dire...

— Vous allez m'apprendre, Richard, que vous avez dormi ce matin, et qu'il a fallu tirer le canon pour vous éveiller?

— Pas tout à fait, reprit Barnstable en riant, j'avoue pourtant que j'ai eu une fière distraction; mais je ne dormais pas, j'étudiais un nouveau registre de signaux.

— Vous avez trouvé le livre des signaux anglais?

— Non, non. J'ai rencontré hier soir, sur ces fameux rochers, une personne que j'ai toujours crue ce qu'elle est réellement : une jeune fille dont le caractère est aussi résolu que la volonté est droite et pure.

— De qui voulez-vous parler?

— De qui? De Catherine Plowden. »

A ce nom, Griffith, assis sur l'unique chaise de la grande chambre, tressaillit tout à coup et se leva vivement.

« Était-elle seule? demanda-t-il, s'efforçant de maîtriser son émotion.

— Seule; mais voici une lettre et un cahier qui vous renseigneront, Édouard. »

C'étaient les papiers que Catherine avait remis la veille à Barnstable, pendant leur courte entrevue sur les rochers; un exposé rapide de la situation dans laquelle se trouvaient Cécile Howard et Catherine Plowden, fait dans le but de décider les deux amis à rechercher les moyens propres à leur venir en aide et à les délivrer.

La jeune fille trahissait dans son style et par l'originalité de ses remarques la vivacité de son caractère, un goût assez prononcé pour les aventures, — ce qui ravissait Barnstable, — une tendre commisération pour Cécile, plus douce, moins capable de résistance, et aussi plus tourmentée par leur tuteur, le colonel Howard, que Catherine, qui d'ailleurs n'était point sa nièce, mais seulement sa pupille.

Elle racontait à Barnstable que leur tuteur, tout dévoué à la cause des Anglais, prodiguait aux Américains les injures les plus vives : pour lui, c'étaient des traîtres et des pirates; il avait déclaré que sa nièce Cécile Howard, sa pupille et son héritière, n'obtiendrait jamais son consentement pour épouser un rebelle, un ennemi du roi, un jacobin. Catherine déclarait, avec une admirable naïveté et bonne foi, que, pour son compte, elle s'occupait assez peu des opinions de son tuteur, qu'elle serait majeure dans un an, et que certes elle n'épouserait pas un Anglais. Est-il nécessaire d'ajouter que Barnstable trouvait cette affirmation merveilleusement juste et de tout point conforme à ses propres sentiments?

Catherine ajoutait que leur tuteur avait toujours pensé à marier sa nièce à un certain Kit Dillon, son parent, Américain de naissance, et qui l'avait suivi en Angleterre.

« Édouard, dit Barnstable, voici une lettre qui vous renseignera.

Griffith le connaissait, et il trouvait ce projet monstrueux. La résistance qu'apportait Cécile aux désirs de l'oncle et aux empressements de Dillon ne faisait que confirmer Griffith dans son opinion.

La correspondance comprenait aussi la description détaillée du vieux manoir, sorte de couvent converti en forteresse, que le colonel avait choisi pour mettre ses pupilles en sûreté. Cette description était fort minutieuse; à tout événement, l'habitation des jeunes filles, dans une aile séparée, y était indiquée de la façon la plus précise.

Catherine avait pensé à tout; elle riait elle-même d'une invention dont elle avait longuement combiné tous les plans, et qui était digne de son imagination romanesque et aventureuse. A un mille du manoir, et en face des fenêtres de leur appartement, se trouvait une grosse tour au milieu des ruines d'un château fort; elle avait imaginé une série de signaux assez semblables à ceux dont se servent les marins, et dont elle envoyait la clef aux jeunes gens. C'était l'étude consciencieuse de ces signaux qui avait, le matin même, causé la distraction si étrange de Barnstable. Faut-il avouer que Griffith l'excusait maintenant? Le vieux Munson n'eut peut-être pas été de cet avis; mais on ne lui avait point confié ce secret.

La relation mentionnait encore que les deux vaisseaux américains avaient été signalés sur la côte, et que, les sachant dans le voisinage, le colonel, pour plus de sûreté, avait envoyé chercher à la ville un détachement de soldats, qui occupaient militairement son château.

« Ils sont ici, écrivait en terminant Catherine Plowden, pour nous garder jusqu'à ce que les pirates se soient éloignés de la côte, car tel est le nom mélodieux et flatteur que vous donnent les Anglais. Et lorsque leurs soldats débarquent sur nos terres, en Amérique, pour piller et voler, pour massacrer les hommes et insulter les femmes, ils les appellent des héros! C'est une belle chose que d'avoir le droit d'inventer des mots, de réglementer la grammaire et le dictionnaire!

« Lorsque je songe à la manière insultante et cruelle dont j'entends parler en ce pays de ma patrie et de mes concitoyens, je ne puis conserver mon sang-froid, et j'oublie jusqu'à la réserve de mon sexe. Il ne faut pourtant pas que ma mauvaise humeur vous porte à aucun acte de témérité; nous saurons souffrir, s'il le faut, et rester fidèles à notre pays. »

Les deux jeunes gens trouvaient ce patriotisme admirable; il leur allait droit au cœur.

La lettre était accompagnée du fameux livre de signaux. Barnstable déclarait avec la bonne foi la plus entière à Griffith, perdu dans ses réflexions, que l'amirauté anglaise elle-même n'aurait pu faire mieux.

« Saviez-vous qu'elles étaient sur cette côte, Richard? dit le premier lieutenant. Je le savais, moi; voilà pourquoi j'ai préféré cette expédition à tout autre commandement; mais je ne me doutais pas que nous serions mis aussi vite en présence...

— Et en devoir d'agir, s'écria le capitaine de l'*Ariel*. Édouard, songez un peu à ce qu'elles doivent souffrir.

— Ne m'avez-vous pas dit, Barnstable, que Merry avait seul surpris le secret de votre entretien avec miss Catherine? Il importe que le silence soit bien gardé.

— En trahissant Catherine, Merry trahirait aussi sa cousine miss Cécile; et puis, quoique plus jeune, ne nous est-il pas complètement dévoué? Il ne tiendra pas à lui de favoriser nos projets; il nous aidera. Mais ce qui importe, Griffith, c'est d'agir promptement, avant que notre vieux

L'abbaye de Sainte-Ruth.

commandant se mette en tête de quitter la côte. Vous a-t-il fait connaître ses intentions?

— Au contraire. C'est la première fois, depuis que nous faisons voile ensemble, qu'il ne me communique pas le but de la croisière; il ne m'en a pas dit un seul mot.

— Nous l'apprendrons sans doute tantôt; vous savez qu'il m'a fait venir ici pour une consultation à laquelle tous les officiers du bord doivent prendre part.

— C'est la première nouvelle que j'en ai. Que peut-il avoir à nous communiquer?

— Je ne sais; mais j'imagine que le pilote pourrait nous renseigner. Munson paraît être à sa discrétion. »

A ce moment même, le capitaine Manuel, chef des soldats de l'infanterie de marine, vint les chercher pour assister au conseil; ils s'y rendirent en toute hâte, mais non sans prendre l'engagement de se revoir avant que Barnstable retournât sur son bâtiment.

Le cérémonial ordinaire fut suivi ponctuellement pour la tenue du conseil. Le vétéran Munson prit place au milieu de la table de la salle du conseil; Griffith s'assit à sa droite, et Barnstable à sa gauche; les autres officiers, chacun selon leur rang, prirent place autour de la table, en ayant bien soin d'observer l'ordre de préséance.

Quand tout le monde fut assis, le commandant prit la parole en ces termes :

« Messieurs, mes instructions m'obligent, après avoir gagné les côtes de l'Angleterre... »

Griffith ayant aussitôt fait respectueusement un signe, Munson s'arrêta et lui demanda la cause de cette interruption.

« Nous ne sommes pas seuls, » dit le jeune lieutenant désignant du regard le pilote assis dans un coin, et en apparence occupé à consulter une carte marine.

L'étranger ne leva pas les yeux et parut ne pas entendre.

« C'est M. Gray, dit le capitaine; comme nous ne saurions rien faire sans lui, il est nécessaire qu'il assiste à la conférence. »

Griffith salua, et son chef reprit aussitôt :

« J'avais l'ordre d'attendre certains signaux; je les ai aperçus; j'ai pu y répondre avant d'entrer dans la baie où nous attendait notre pilote. Vous savez maintenant ce qu'il vaut : il a fait ses preuves. »

Les officiers inclinèrent tous la tête à la ronde en signe d'assentiment; le capitaine continua :

« La question des représailles a été agitée par le congrès; il importe que nous nous emparions de quelques individus marquants en Angleterre dont nous avons besoin comme otages. Je vous ai réunis pour vous consulter sur les moyens de mettre à exécution les ordres que j'ai reçus. »

Après ce court exposé, le capitaine se tut et parut vouloir laisser à ses compagnons le temps de réfléchir.

« Que vous en semble? et quel plan proposez-vous, monsieur Boltrop? » ajouta-t-il après une courte pause.

Le vieux marin ainsi interpellé occupait le dernier rang dans l'assemblée; il étendit gauchement sa grosse main sur la table, regarda à droite et à gauche, puis d'une voix rauque et enrouée prononça ces étonnantes paroles :

« Si vous voulez, capitaine Munson, faire des prisonniers, il faut envoyer à terre vos soldats de marine, à moins que vous n'aimiez mieux tromper vos ennemis par de faux signaux et les attirer sur la frégate. Quant à moi, capitaine Munson, je ne parle que pour moi, je vous prie de le remarquer, je ne saurais débarquer. Si vous voulez faire entrer la tête de la frégate par la fenêtre de la salle à manger du roi, j'en suis; mais, pour mettre le pied sur ces côtes sablonneuses, je ne le saurais faire, dussé-je être damné. »

Les jeunes officiers ne purent s'empêcher de sourire en entendant ce vieux marin s'exprimer de cette façon rude et franche. Munson, qui appartenait comme lui à la vieille école, le comprit fort bien et ne s'étonna point de sa manière de dire; et, sans hésiter, il consulta le dernier lieutenant.

C'était un jeune homme timide; il ne hasarda rien de bien précis, mais il fut aisé de comprendre qu'il n'avait pas la même horreur que Boltrop pour la terre ferme.

Les opinions des autres officiers devinrent plus claires et plus nettes, en raison du rang qu'ils occupaient dans le conseil, soit expérience plus complète, soit hardiesse plus grande à exprimer leurs propres pensées.

Le tour du capitaine d'infanterie de marine arriva; étranger à la manœuvre du bord, il donna libre champ à son éloquence sur un sujet qui rentrait davantage dans ses attributions.

« Il me semble, Monsieur, dit-il en manière d'exorde, que le succès de l'entreprise dépend entièrement de la manière dont elle sera conduite. Il faut choisir pour le débarquement une belle plage; il devra s'opérer sous le feu de la frégate, avec l'aide éventuelle du schooner. L'ordre de marche dépendra surtout de la distance à parcourir; il me semble pourtant qu'un détachement de marins pourrait partir en avant pour éclairer le corps des soldats de marine, un autre le suivre pour porter les vivres et les bagages, et au besoin assurer la retraite en cas d'insuccès. Il faudra aussi sur les flancs deux corps moins nombreux, sous les ordres des plus anciens midshipmen; les mousses pourraient composer un corps d'infanterie légère. Les marins, armés de mousquets et de piques d'abordage, seront placés sous la direction de M. Griffith, et mes connaissances dans l'art militaire me désignent, je pense, sans conteste pour le commandement général de l'expédition.

— Bravo, maréchal de camp! s'écria Barnstable, dont la gaieté ne perdait jamais ses droits, bravo! votre place serait sous la propre tente de Washington! Dommage que l'eau salée se permette de rouiller vos boutons. Croyez-vous, Monsieur, que nous ayons envie d'envahir l'Angleterre?

— Je ne sais qu'une chose, monsieur Barnstable, c'est que tout mouvement militaire doit être exécuté avec précision. Je suis accoutumé aux sarcasmes des officiers de marine; mais si le capitaine me confie l'expédition, je me charge de montrer ce que valent l'ordre, la discipline et la tactique de mes soldats. »

Puis, tournant le dos au jeune commandant de l'*Ariel*, il affecta de ne parler qu'au capitaine Munson.

« Je juge prudent de faire d'abord une reconnaissance; je voudrais aussi avoir sous la main, pour cette expédition, une compagnie d'ouvriers munis d'outils; il peut être nécessaire d'élever des retranchements, de creuser des lignes de circonvallation, de construire des redoutes. Il est vrai qu'on pourrait à la rigueur mettre en réquisition pour ces travaux les paysans de la contrée. »

Pour le coup, Barnstable partit d'un bruyant éclat de rire; Griffith, qui eût souhaité plus de retenue chez son ami, détourna pourtant la tête pour cacher un sourire, et il rencontra l'œil froid du pilote impatiemment fixé sur Barnstable; sans savoir comment interpréter ce regard, il fit signe à celui-ci de se contenir. Alors Munson demanda avec le plus grand calme au commandant du schooner ce qu'il trouvait de si plaisant dans la communication du capitaine Manuel.

« Mais c'est un plan de campagne tout entier, répliqua le jeune et incorrigible officier. Il faut l'envoyer au congrès par un exprès.

— Avez-vous, Monsieur, quelque chose de mieux à pro-

Le conseil à bord de la frégate.

poser? continua le capitaine Munson avec sa tranquillité ordinaire; c'est à votre tour de proposer un plan.

— Assurément; j'ai un plan meilleur, plus prompt, plus facile et entièrement naval.

— Pardon, monsieur Barnstable, dit le capitaine Manuel, s'il s'agit d'un service de terre, j'en dois réclamer l'exécution.

— Tant qu'il vous plaira, reprit l'ardent jeune homme; mais que faire d'une poignée d'hommes qui ne savent pas distinguer la proue d'un navire de sa poupe? Pensez-vous que pour manœuvrer un navire ou même une simple chaloupe il suffise de dire de temps en temps : Demi-tour à droite, demi-tour à gauche? Capitaine Manuel, j'honore votre courage, je vous ai vu à l'œuvre, mais quand il s'agit...

— Nous attendons votre plan, monsieur Barnstable, répéta froidement le capitaine Munson.

— Veuillez m'excuser, Monsieur; mais je n'ai besoin d'aucun plan. Dites-moi où je puis trouver les gens dont vous voulez vous emparer, et je me charge de l'affaire. Vous serez de la partie, monsieur le pilote; il n'y a point de carte marine, si bien faite qu'elle soit, qui vaille la connaissance que vous avez du fond de la mer; nous chercherons un bon ancrage; je prendrai ma barque avec Tom Coffin et un équipage complet, et je marcherai droit au but. Vous pouvez compter, capitaine, que je vous ramènerai sûrement les hommes que vous voulez avoir en votre possession. Je ne demande que deux choses pour l'exécution de cette manœuvre : un temps calme et les ombres de la nuit.

— Monsieur Griffith, je n'attends plus que votre avis. »

Malgré l'intérêt qu'il devait apporter à cette discussion, le premier lieutenant s'était tout le temps abandonné à ses rêveries; il dit simplement :

« Je prends la responsabilité de cette affaire, Monsieur;

j'emmènerai avec moi le capitaine Manuel et vingt de ses soldats; à l'aide du cutter de la frégate et de son équipage ordinaire, je passerai à bord du schooner, et, quand le vent sera favorable, nous nous approcherons de la côte pour exécuter vos ordres. »

Barnstable, tout en approuvant vivement le projet, ne put s'empêcher de se plaindre de l'encombrement qu'occasionnerait sur le pont de l'*Ariel* la présence de vingt soldats de marine. Manuel défendit énergiquement ses hommes; mais, comme au fond ils étaient parfaitement d'accord, ils finirent bien par s'entendre, et la séance fut levée. Selon la coutume, les membres du conseil, avant de se séparer, vidèrent une bouteille de rhum. Le quartier-maître Boltrop, s'autorisant sans doute de ce qu'il avait parlé le premier, s'adjugea avant tout le monde un bon verre de cette liqueur chère aux marins; le capitaine du schooner fit un mélange judicieux d'eau et de rhum; Griffith porta seulement le verre à ses lèvres; Munson et le pilote s'abstinrent de boire et continuèrent à discuter un peu à l'écart des autres officiers, qui se servirent tous avec la plus grande modération. Cette conclusion obligée de toute bonne délibération sur la frégate était le signal du départ; Munson et le pilote restèrent seuls avec le premier lieutenant, qu'ils retinrent comme il allait sortir le dernier.

« Monsieur Griffith, dit aussitôt le pilote, les événements de la nuit dernière doivent nous prouver à tous les deux quelle confiance nous pouvons avoir l'un pour l'autre, et il est nécessaire qu'elle soit complète, sans quoi notre entreprise ne saurait réussir.

— Vous avez raison, Monsieur; mais les risques ne sont pas les mêmes. Vous pouvez aisément savoir qui je suis et quelles opinions me mettent les armes à la main; vous n'avez rien à craindre en vous fiant à moi, ma vie et celle

« Je vous suivrai, dit Griffith avec enthousiasme, dussiez-vous me conduire à la mort! »

de ces braves gens qui nous aideront sera entre vos mains, sur une terre ennemie, et ni eux ni moi ne vous connaissons.

— Votre observation, reprit assez vivement le capitaine Munson, voyant le visage du pilote s'assombrir, n'est pas dénuée de raison; cependant, sans qu'il soit nécessaire de vous rappeler à quelle obéissance absolue j'ai droit, ne puis-je vous dire que le congrès m'a confié le commandement de la frégate et que je n'ai pas hésité...?

— N'insistez pas, capitaine, je vais détruire les doutes de ce jeune homme; il a raison, après tout. Lisez ceci, Monsieur, nous verrons ensuite si vous pouvez encore vous défier de moi. »

Il déploya un parchemin sous les yeux de Griffith, et du doigt lui indiqua ce qu'il devait y lire.

« Vous voyez, ajouta-t-il pendant qu'un feu extraordinaire brillait dans son regard, qu'une tête couronnée a bien voulu rendre témoignage en ma faveur; le nom de ce monarque a de quoi rassurer un Américain. »

Louis XVI avait signé ce papier; après l'avoir lu, le jeune homme, frappé d'étonnement et peut-être de respect, tendit sa main à l'étranger et lui dit avec enthousiasme:

« Je marcherai sur vos pas avec confiance; je vous suivrai, dussiez-vous me conduire à la mort! »

CHAPITRE VII

La délibération du conseil devait sans doute être tenue secrète; elle transpira pourtant assez vite : on sut bientôt dans tout l'équipage qu'il s'agissait d'une expédition sur les côtes, ordonnée par le congrès lui-même; sauf le premier quartier-maître Boltrop et le contremaître de l'*Ariel,* Tom Coffin, dont l'horreur pour la terre ferme était connue, tous les matelots furent dans l'enchantement à l'idée de dangers à braver et d'aventures à courir.

Le capitaine Manuel, le brillant stratégiste si vivement contrecarré par Barnstable, passa immédiatement la revue de ses hommes sur le tillac; il prononça ensuite quelques paroles chaleureuses et termina en annonçant qu'il lui fallait vingt hommes de bonne volonté pour un service dangereux. La troupe tout entière, ils étaient quarante, fit avec ensemble un pas en avant. Manuel eut un fier sourire; il eût voulu que Barnstable fût là pour modifier son jugement sur les soldats de marine; malheureusement il était occupé à l'extrémité du gaillard d'arrière. Le capitaine se mit à choisir vingt hommes, prenant avec soin les plus braves et les plus robustes.

Griffith avait de son côté fait ses préparatifs et désigné les marins qu'il voulait emmener avec lui sur le schooner;

cette tâche achevée, il fit un signe à Barnstable et descendit de nouveau avec lui dans sa chambre.

« Nous pouvons laisser souffler le vent, dit aussitôt le capitaine de l'*Ariel :* avec une aussi grosse mer, nous ne saurions débarquer sur la côte orientale d'Angleterre. Mais, Édouard, regardez donc ce recueil de signaux, et convenez que Catherine Plowden est née pour devenir la femme d'un marin.

— J'espère que l'événement se chargera de démontrer cette assertion, et je conviens volontiers qu'elle a fait preuve en cela d'une habileté surprenante.

— Que pensez-vous, Griffith, reprit Barnstable, qui sentait le ton légèrement moqueur de son ami, que pensez-vous de l'expédition projetée sur la côte?

— Je pense que si nous n'arrivons pas à nous emparer de certains personnages politiques visés par le congrès, nous pourrons probablement travailler à la délivrance de deux jeunes Américaines de notre connaissance.

— Avez-vous réfléchi, Édouard, que ce pilote, s'il venait à nous trahir, à se laisser corrompre, pourrait nous faire pendre tous à la grande vergue d'un vaisseau anglais?

— Ne lui eût-il pas été plus facile de faire échouer notre frégate hier soir sur les rochers?... Mais n'ayez nulle inquiétude, j'ai confiance en lui; nous n'avons rien à craindre, Richard, et il nous sera très utile.

— Qu'il vous guide donc à la poursuite des ministres d'État, amateurs imprudents de chasses de renards; — car c'est, je crois, le but de l'expédition. — Je compte, moi, me diriger vers de vieilles ruines d'où j'apercevrai...

— Silence, étourdi! reprit le premier lieutenant redevenu sérieux, on pourrait nous entendre. D'ailleurs, nous ne devons, vous et moi, songer qu'à notre devoir. »

Barnstable ne se laissa pas persuader si aisément; il parlait d'aller trouver Munson et de lui faire les propositions les plus étranges au sujet de certains prisonniers qu'il s'engagerait personnellement à ramener à la frégate; il voulait entreprendre seul cette campagne avec Tom Coffin et l'équipage de sa barque, pendant que le pilote et Griffith conduiraient l'expédition générale.

Son ami lui fit comprendre qu'il s'agissait de six personnages importants : deux pairs du royaume, deux membres de la chambre des communes, un général et un officier de marine, qui devaient se réunir pour une partie de chasse dans une maison voisine de la côte.

« Néanmoins nous pouvons toujours, ajouta le lieutenant, examiner le plan de miss Plowden; qui sait? les événements nous conduiront peut-être de ce côté; il arrive souvent dans une croisière qu'on s'empare d'un navire autre que celui qu'on chasse. »

Les deux jeunes gens ne tardèrent guère à remonter sur le pont. La mer était encore fortement agitée, mais il était aisé de voir que le calme allait reparaître, et le beau temps succéder à l'orage. Le capitaine Manuel exerçait à la manœuvre les soldats qui devaient l'accompagner; pâles, malades et désespérés pendant la tempête de la nuit dernière, ils prenaient maintenant des airs vainqueurs, dont ils essayaient d'écraser les pauvres marins, incapables de comprendre quelle moisson de gloire les soldats de la marine allaient rapporter de cette campagne sur la côte d'Angleterre. Les matelots désignés pour faire partie de l'expédition, — l'équipage entier du cutter qui portait le nom formidable de *Tigre*, — se promenaient tranquillement, les mains passées dans leur veste bleue, regardant par moments le ciel ou montrant du doigt à un camarade les signes annonçant un changement favorable dans le temps.

Sur un geste du capitaine Munson, un midshipman transmit un ordre, et l'on entendit aussitôt la voix rauque du contremaître crier :

« Allons, les *tigres!* allons, à l'œuvre ! »

Six matelots, avec une grande adresse et un sang-froid merveilleux, lancèrent l'embarcation à la mer. Les soldats de l'infanterie de marine furent aussitôt conduits à bord du schooner, où le capitaine Barnstable les avait devancés. La petite traversée fut rapide, et bientôt on annonça sur la frégate que le cutter de retour attendait les officiers.

Le vieux Munson et le pilote s'entretenaient encore à l'écart, échangeant une dernière communication. Avant de se séparer de l'étranger, le commandant se découvrit devant lui et, à la surprise générale, lui tendit la main. Le pilote répondit assez froidement à cette politesse; il tourna sur ses talons et rejoignit les officiers prêts à partir. Merry, que Griffith emmenait, se laissa glisser dans le cutter; le lieutenant et le capitaine Manuel attendirent, l'ordre des préséances voulant que le plus digne s'embarquât le dernier.

« Nous vous attendons, monsieur Gray, » dit le méticuleux capitaine.

Le pilote s'était arrêté, regardant au loin la surface des flots; il se retourna lentement, faisant signe aux deux officiers qu'ils pouvaient passer devant et qu'il allait les rejoindre. Griffith, au grand scandale de l'officier de marine, n'hésita point, il descendit dans le cutter. Le pilote, comme s'il eût reconnu son manque de courtoisie, se hâta de le rejoindre; mais Manuel le laissa passer devant pour protester contre cette infraction aux règles de la discipline navale.

Il présenta ses excuses à Griffith pour ne l'avoir pas devancé; mais il se glorifia longtemps, — en secret, à la vérité, — d'avoir humilié l'orgueil du présomptueux pilote.

Cette seconde traversée fut encore plus courte que la première; le cutter placé sur le pont du schooner, Barnstable annonça qu'il était prêt à mettre à la voile.

L'*Ariel* convenait merveilleusement au genre de service qu'on allait lui demander; il appartenait à la plus petite classe des vaisseaux de guerre, et sa construction semblait faite pour diminuer encore ses proportions; son pont, très bas, était constamment balayé par les vagues, les marins exercés n'y pouvaient marcher qu'avec de grandes précautions. L'ordre et la propreté y étaient poussés à l'extrême; tout y était disposé pour gêner le moins possible la manœuvre.

Six légers canons de bronze étaient amarrés sur le pont de l'*Ariel;* au centre, entre les deux mâts, se trouvait un autre canon deux fois plus long, monté sur un affût qui permettait de le pointer dans toutes les directions.

Le pilote d'un seul regard se rendit compte de l'état du navire et de la valeur de l'équipage.

« Vous avez un bâtiment très bien tenu, dit-il à Barnstable, et des hommes pleins d'ardeur. Tout cela promet un bon service à l'occasion; il est possible qu'elle ne tarde guère.

— Tant mieux! répondit le jeune marin; M. Griffith peut vous dire que mes petites pièces de six peuvent parler presque aussi haut que les canons de dix-huit de la frégate. »

Les canons de l'*Ariel* portaient tous leur nom; celui qui était entre les mâts s'appelait *Tom-le-Long,* à cause d'une vague ressemblance dans la longueur de la pièce et sa raideur avec le brave contremaître, Tom Coffin.

Le vent étant favorable, Griffith fit signe à Barnstable qu'il était temps de partir; l'*Ariel* se rapprocha bientôt des côtes, et, le soir venu, sans craindre les rochers et les brisants contre lesquels il avait failli se jeter la veille, il s'abrita dans un petit détroit donnant accès dans un bassin où les marins avaient coutume de chercher asile pendant la tempête.

CHAPITRE VIII

Nous laisserons l'*Ariel* caché sous l'ombre des rochers, et, si le lecteur veut bien le permettre, nous nous introduirons dans la salle à manger de l'ancienne abbaye de Sainte-Ruth, où nous ferons connaissance avec de nouveaux personnages qui doivent tenir une grande place dans ce récit.

Cette pièce, éclairée par de bonnes lampes et chauffée par un grand feu de charbon, bien que l'ameublement en soit sévère, n'a point pour l'heure un aspect trop triste. Autour de la table sont assis trois convives; au haut bout, ayant devant lui et à sa portée plusieurs flacons de belle apparence, est placé le maître de la maison, le colonel Howard. Sa tête soigneusement poudrée trahit un âge assez avancé; mais sa taille droite et ses gestes vifs montrent bien que la vieillesse est venue sans son cortège habituel de misères. Il porte un costume soigné, et qui appartient à la génération précédente, soit culte du passé, soit horreur du changement. L'ensemble dénote la franchise, la loyauté; il a d'ailleurs grand air avec son large front découvert et ses yeux expressifs.

A sa droite est Christophe ou mieux Kit Dillon, — un point noir dans l'horizon de Cécile Howard! — Il est jeune encore, petit de taille et déplaisant à première vue avec sa figure chafouine, sa mine sèche et ses yeux inquiets.

En face des flacons, le colonel se conduisait bravement et tenait tête au troisième convive. Kit Dillon ne faisait que tremper ses lèvres dans son verre toujours plein. C'était un savant, un jurisconsulte, disait son oncle.

Le capitaine Borroughcliffe, placé à la gauche du colonel, commandait la petite garnison chargée depuis quelques jours de défendre le vieux château contre les incursions prévues des pirates qui menaçaient alors la côte.

L'officier trouvait le campement fort à son goût; il appréciait surtout la cave de son hôte, sans dédaigner son excellente cuisine. Son visage écarlate rivalisait avec son habit; la teinte du premier était certainement plus foncée; Borroughcliffe était bavard, surtout à la fin du repas; plein de confiance en lui-même, facile pour ses hommes, qu'il voulait toujours voir bien traités; point dur à l'ennemi, sauf dans la mêlée, et fort brave avec cela; au demeurant le meilleur soldat du monde.

Au moment où nous pénétrons dans la salle à manger de Sainte-Ruth, un paysan se tient debout derrière la chaise du colonel et paraît achever un rapport des plus intéressants.

« Ainsi cet Écossais, conclut le maître de la maison, vous affirme avoir vu les deux vaisseaux de ses propres yeux? »

Le paysan, ayant répondu affirmativement, reçut l'ordre de se retirer.

« Si le fait est vrai, continue le colonel en se tournant vers ses hôtes, et que nos deux étourdis aient décidé leur vieux commandant à s'approcher de la côte hier soir par un temps pareil, leur situation doit être désespérée à l'heure présente. L'ouragan a dû les jeter à la côte. Puisse la Pro-

Borroughcliffe était passé du Porto à d'excellent vin mûri aux rayons
du soleil de la Caroline.

vidence châtier ainsi tous les rebelles! J'en suis pourtant désolé à cause de ce jeune homme qui commandait la frégate en second; j'ai beaucoup connu son père: c'était un brave et galant homme, fort lié avec mon frère, le père de Cécile et marin comme lui. Le fils a hérité de sa bravoure, mais non de sa loyauté; je serais pourtant fâché d'apprendre qu'il est noyé.

— Il n'est pas certain, Monsieur, reprit Kit Dillon de sa voix aigre et trainante, que les bâtiments observés hier soir par l'Écossais soient la frégate et le schooner; nos vaisseaux parcourent la côte: les rebelles oseraient-ils bien s'approcher ainsi?

— Ce sont nos concitoyens, bien que rebelles, reprit avec une certaine vivacité le colonel; ils sont braves et entreprenants autant qu'aucuns soldats du monde.

— Je suis fâché de cette noyade, dit Borroughcliffe entre deux verres de Porto, j'en suis fâché; ma mission va sans doute prendre fin, et je confesse que votre hospitalité me plaisait. »

Le maître de la maison salua poliment, voulant dire par là que dans la circonstance le plaisir était réciproque.

Borroughcliffe était passé du Porto à d'excellent vin mûri aux rayons du chaud soleil de la Caroline; il jugea à propos d'ajouter :

« Je regrette également une aussi belle occasion d'acquérir de la gloire. J'aurais voulu voir en face ces misérables Yankees et les mettre en fuite, comme font les cavaliers de la garde avec la populace de Londres.

— Changez de sentiment, dit le colonel, redressant sa haute taille; ils sont égarés, trompés, trahis, mais ils ont fait preuve souvent du plus mâle courage et de la plus noble intrépidité.

— A la vérité, reprit le capitaine, toujours prêt à flatter

les opinions d'un hôte qui avait une si bonne cave, le plus grand lâche du monde deviendrait un héros dans un pays produisant un cordial pareil à cet excellent vin. Oui, les Américains sont de bons soldats! Monsieur, je bois à leur santé, et, plutôt que de déplaire à un hôte aussi aimable que vous, avec un nectar comme celui-ci je boirais à celle de toute l'armée de Gates, régiment par régiment, compagnie par compagnie, et, pour peu que vous vous donniez la peine d'insister, homme par homme.

— Je ne voudrais pas mettre votre bonne volonté à une pareille épreuve, monsieur Borroughcliffe, reprit en souriant le colonel radouci, je vous ai trop d'obligations. Votre service ici...

— A été fort doux et fort agréable, mon cher hôte; néanmoins j'ai une plainte à vous faire; oui, il faut que je la fasse, ce serait une honte pour mon régiment et pour moi que de garder plus longtemps le silence.

— Parlez, dit le colonel surpris, et je m'empresserai...

— Oui, c'est une honte, une honte pour nous deux : pour vous comme ancien soldat, pour moi comme jeune officier; nous vivons là tous les trois, bien nourris, j'en conviens, encore mieux abreuvés, et il y a, à cent pas d'ici, dans l'aile en face, dans votre propre maison, deux jeunes demoiselles à qui nous n'avons pas rendu nos devoirs une seule fois. Partirai-je donc sans leur présenter mes hommages? »

Le colonel avait d'abord froncé le sourcil; mais, se ravisant sans doute, il répondit au bout d'un instant :

« Il y a quelque raison dans l'observation que vous me faites, monsieur Borroughcliffe.

— Je vous le dis très clairement, colonel; c'est une plainte en forme que je vous adresse.

— La plainte est motivée, capitaine. Il n'est pas juste que

la crainte des pirates dispense mes pupilles de remercier elles-mêmes leur brave défenseur. Kit, ne vous semble-t-il pas raisonnable que ces dames nous admettent au moins ce soir au thé? Je vais de ce pas me rendre au cloître, — on avait conservé ce nom à l'aile du château, bâti en carré, avec une vaste cour au milieu, où les jeunes filles avaient leur habitation, — et vous pourrez les voir ce soir même. »

Le colonel sorti, Borroughcliffe proposa d'abord à Dillon de boire à sa santé; puis il lui demanda s'il était vrai que la crainte des pirates pût inspirer une telle frayeur aux habitantes du château.

« Le nom de Paul Jones a répandu la terreur dans tous les environs, Monsieur, répondit froidement Dillon.

— Ah! ce pirate s'est fait une fameuse réputation, et ses hardis coups de main... »

La brusque entrée d'un sous-officier interrompit la conversation; il annonça laconiquement que la sentinelle venait d'arrêter trois hommes qui passaient sur la route, et qu'à leur costume on les prenait pour des marins.

— Eh! laissez-les passer! nous n'avons pas mission d'arrêter ceux qui voyagent sur le chemin du roi. Faites boire ces drôles et renvoyez-les.

— Il est bon pourtant que vous sachiez, mon capitaine, qu'on les a vus rôder pendant une demi-heure dans les environs; ils ont attendu la nuit pour s'approcher, et Downing, les croyant suspects, a cru devoir les arrêter.

— Downing est un imbécile! Qu'avez-vous fait de ces trois hommes?

— Ils sont au corps de garde, et je me permettrai de vous faire observer que l'un d'eux a la taille si droite et l'air si militaire, que nous pourrions peut-être l'enrôler. Si j'en juge d'après sa marche, il a déjà servi.

— Déjà servi! s'écria le capitaine en essayant de se lever

et en lui prenant le bras; je vais moi-même aller donner un coup d'œil à cette affaire. Excusez-moi, monsieur Dillon, le service me réclame. »

L'aile occidentale de l'abbaye de Sainte-Ruth, comme on nommait généralement l'habitation du colonel, après avoir cessé d'être l'asile des religieuses, était devenue la demeure des châtelaines, une fois appropriée à sa nouvelle destination. Dans une pièce assez vaste, qui avait été le réfectoire des recluses, les deux jeunes filles, privées elles aussi de leur liberté, passaient leurs journées occupées à de longues conversations ou à des travaux qui convenaient à leurs habitudes ou à leur rang. Ce jour-là, un peu avant l'arrivée du colonel, qui depuis trois semaines ne les avait vues qu'en passant et pour s'informer de leur santé, un grand feu de bois pétillait dans l'âtre de la cheminée; — Catherine Plowden avait déclaré qu'elle ne pouvait souffrir un feu de charbon; — les grands rideaux de damas bleu étaient rabattus, et deux grosses lampes éclairaient la salle. Cécile Howard était assise sur un sopha, et sa compagne, agenouillée sur le tapis, mettait en ordre une foule de petits carrés de soie de toutes les couleurs; elle apportait le plus grand soin à ce jeu, à moins toutefois que ce ne fût une occupation plus sérieuse.

« Oui! dit-elle tout à coup, je suis aussi habile que l'officier chargé des signaux du grand amiral de ce royaume, et je voudrais bien, Cécile, trouver l'occasion de mettre ma science en pratique.

— Le succès de votre folle expédition au bord de la mer vous a troublé la tête; voudriez-vous qu'ils s'exposassent à ce point : venir à un demi-mille du château quand nous avons ici toute une garnison?

— Je voudrais pourtant bien n'avoir point taillé inutilement tous ces morceaux de soie, » dit Catherine en jetant un regard sur ses signaux dispersés de tous côtés sur le tapis.

A ce moment, la porte du salon s'ouvrit lentement, et le colonel entra, gardant dans sa pose un air de sévérité mêlé de respect chevaleresque et de courtoisie empressée.

« Je vous demande pardon, dit-il dès le seuil, de vous déranger ainsi, Mesdemoiselles; mais j'ai lieu de croire que ma venue chez mes pupilles ne saurait être indiscrète. »

Il alla s'asseoir sur le sofa auprès de sa nièce; celle-ci, qui s'était levée en le voyant entrer, attendit, pour reprendre sa place, que son tuteur fût assis lui-même.

Le colonel jeta un regard satisfait sur l'ameublement du salon, et fit aussitôt remarquer qu'on pourrait fort bien y recevoir la plus honorable compagnie, plutôt que de s'y condamner à la solitude et à la reclusion.

« Vos attentions nous charment vraiment, mon cher oncle; mais cette reclusion est-elle tout à fait volontaire?

— Que voulez-vous dire, Mademoiselle? Cette maison est celle de nos ancêtres; il me semble que je ne vois ici rien qui doive nous faire rougir d'y recevoir nos amis.

— Ouvrez donc les portes, mon oncle, et votre nièce tâchera d'en faire les honneurs d'une manière digne de vous.

— A la bonne heure! je reconnais la fille d'Harry Howard, dit le vieillard en se rapprochant de sa pupille. Ah! si mon frère, au lieu de choisir la marine, était resté dans l'armée de terre, il conduirait peut-être à cette heure les armes victorieuses de Sa Majesté dans les colonies révoltées! Mais il n'est plus, Cécile; il vous a laissée seule pour représenter la famille et posséder notre bien, hélas! fort diminué par les malheurs des temps.

— Oh! dit Cécile émue en baisant la main de son oncle, nous n'avons pas sujet de nous plaindre au point de vue de la fortune; que de gens sont plus malheureux que nous!

— Non! non! s'écria tout à coup Catherine d'une voix agitée, relevant la tête pour la première fois depuis l'entrée du colonel, que vraisemblablement elle n'avait point encore aperçu; non! non! Alix Dunscombe s'est trompée! Le Ciel n'est pas si dur pour les braves gens.

— Alix Dunscombe n'est pas loin, et elle est prête à reconnaître ses erreurs, dit une voix douce et tranquille, mais dont les intonations gardaient quelque chose de l'accent provincial. J'ai dit que la tempête... » puis, apercevant le tuteur de ses amies, elle le montra à miss Plowden, et n'acheva pas sa phrase.

Un silence embarrassant suivit cette interruption soudaine; Catherine parut couverte de confusion, et d'un brusque mouvement se mit à ramasser ses morceaux de soie, encore étendus çà et là sur le tapis de la chambre.

La nouvelle venue, Alix Dunscombe, salua le colonel avec une grande dignité, et les deux jeunes filles avec une nuance d'aménité douce et protectrice; si elle se tenait un peu sur la réserve avec le maître de la maison, il était aisé de voir qu'elle entretenait avec ses pupilles des relations journalières et d'une grande intimité. Elle pouvait avoir trente ans; ses manières, son costume surtout, annonçaient, — chose rare chez une femme, — l'intention de paraître plus avancée en âge. Son regard était doux, mais profondément triste; son sourire ne manquait pas de charme, et l'expression entière de son visage dénotait une douleur cachée. L'orage des passions humaines avait courbé cette tête encore belle; le souci d'une vie meilleure et délivrée des souffrances de cette terre avait seul pu la relever. Alix Dunscombe traversa l'appartement et alla s'asseoir sur un sofa en face de celui qu'occupaient Cécile et le colonel.

Catherine Plowden, agenouillée sur le tapis, mettait en ordre
une foule de petits carrés de soie de toutes les couleurs.

« Miss Plowden, dit ce dernier, vous n'avez pas plus tôt évoqué miss Alix qu'elle paraît pour se défendre contre vos accusations.

— Je n'accuse point miss Dunscombe, répondit avec humeur la jeune fille, qui ne perdait pas une occasion de montrer à son tuteur combien la reclusion lui était pénible, et qui attendait impatiemment sa vingtième année pour retourner en Amérique, et sans doute aussi se marier selon son gré; je n'accuse point miss Dunscombe, et ne souhaite pas que personne essaye de jeter un désaccord entre mes amis et moi, fût-ce le colonel Howard.

— Le colonel Howard n'aura jamais à se reprocher une faute pareille, dit le vieillard en saluant avec cette grâce raide et un peu guindée dont il ne se départait jamais avec les dames, pas même avec ses pupilles; mais, miss Plowden, puis-je vous demander quel parti vous comptez tirer de cette prodigieuse quantité de morceaux de soie si bizarrement taillés?

— Ne parliez-vous pas de réception, Monsieur? j'en veux faire une coiffure pour le prochain bal que nous donnerons à Sainte-Ruth. »

Et ses doigts agiles, rattachant en hâte ces lambeaux sans formes déterminées, en composèrent une sorte de diadème qu'elle sut adroitement fixer à sa chevelure. Si l'attention du colonel fut détournée par cette plaisanterie, la perspicacité de miss Dunscombe ne fut point mise en défaut.

Cependant le colonel, reprenant sa première idée, continuait sa conversation interrompue :

« Je disais, miss Alix, que, malgré mes pertes, je souhaitais que ma maison, dont je n'ai point à rougir, pût s'ouvrir, avec l'agrément de ces demoiselles, à quelques-uns de nos compatriotes; je ne veux pas qu'elles renoncent ainsi complètement au monde.

— Vous n'avez, mon cher oncle, dit Cécile, qu'à nous faire connaître votre volonté.

— Nous seconderons toujours, Monsieur, vos projets qui auront pour but de diminuer l'ennui que nous cause ce séjour, dit assez méchamment miss Plowden.

— Eh bien! pour commencer, je vous prie, Mesdemoiselles, de me permettre d'aller en votre nom inviter Kit Dillon et le capitaine Borroughcliffe à venir prendre le thé ce soir chez vous. Si vous voulez vous mettre en mesure... »

Cécile garda le silence; il était aisé de voir que la proposition ne lui plaisait point; sa cousine répondit pour elle :

« Ce serait à eux de s'inquiéter d'abord s'il nous sera agréable de les recevoir. Mais, Monsieur, que ne faites-vous préparer le thé dans votre grand salon? votre nièce pourrait s'y rendre pour en faire les honneurs à vos invités.

— Je vous répète, Mademoiselle, dit-il d'une voix ferme et qui ne souffrait point de réplique, que vous devez, par prudence, demeurer dans cette aile du château, mieux défendue, plus éloignée de tout danger, tant qu'on signalera sur nos côtes des navires suspects.

— Pourquoi disiez-vous donc tout à l'heure que nous demeurions trop renfermées? Avouez, Monsieur, que nous sommes prisonnières.

— Est-ce que je suis un geôlier? » reprenait vivement le vieillard; mais miss Dunscombe l'interrompit :

« Les précautions sont désormais inutiles, dit-elle mélancoliquement; le vaisseau et le schooner, entrés hier soir si témérairement dans la baie de Devil's-Grip par un vent contraire et dans l'obscurité, n'en sont pas sortis sans un miracle de la Providence divine. Il n'existe plus guère de marins aujourd'hui qui puissent, par un temps favorable, en plein jour, diriger dans ces dangereux parages des bâtiments même beaucoup plus petits que ceux-là.

— Il y a, en effet, tout lieu de croire qu'ils ont péri, » dit le colonel sans marquer d'ailleurs qu'il pût ressentir quelque satisfaction d'un pareil accident.

Catherine se leva brusquement, et venant s'asseoir à côté de sa cousine, et la tenant presque embrassée :

« Non, non, lui dit-elle, ils n'ont pas péri ! Ils sont trop habiles marins ! Le Ciel est avec eux ! Il soutiendra toujours ces braves jeunes gens défendant leur pays contre la tyrannie et l'injustice de l'étranger. »

Le colonel se leva, épouvanté, comme s'il eût craint de voir la vieille maison de ses pères s'écrouler par suite d'un pareil blasphème proféré sous son toit; ses yeux brillaient du plus vif éclat et trahissaient la plus grande colère. Miss Dunscombe intervint fort à propos quand il criait déjà que « ces braves jeunes gens n'étaient que des rebelles, coupables du plus grand des crimes ».

« Oui, dit-elle, c'est un grand crime que la révolte contre sa patrie ! C'est surtout un grand danger, même pour les meilleurs et les plus droits, de se trouver tout à coup en possession d'une grande autorité, comme il arrive souvent à ceux... »

C'est Catherine qui à son tour lui coupa la parole.

« Miss Alix, je ne vous comprends guère; mais il est juste de dire que vous ne savez ni de qui ni à qui vous parlez. Le colonel n'a pas la même excuse. Il y a à bord de cette frégate un jeune homme, presque un enfant... Or sa mère, celle de Cécile et la mienne, étaient sœurs. N'est-il pas cruel de parler comme vous le faites, quand ce pauvre Merry peut être parmi les victimes !

— J'ai pitié du malheur de cet enfant, reprit le colonel; mais il en est d'autres dont les pères ont été mes amis, que j'ai connus fidèles au roi, et qui, reniant toute tradition de famille, sont devenus rebelles; je dois avoir en horreur ces désorganisateurs de la société, ces jacobins qui...

— Priez donc M. Dillon, votre savant neveu, que voici à la porte, de vous fournir des expressions plus méprisantes encore; il sait, lui, ce que c'est que trahir son pays! » dit Catherine, cette fois sur un ton plein de provocation.

Le colonel, oubliant sa colère, fut surpris de voir Kit pénétrer chez ses pupilles quand il ne l'avait point encore demandé; il s'avança pour s'enquérir, mais Cécile le prévint; elle quitta le siège où, souffrant de la querelle du colonel avec ses amies, elle s'était tenue à l'écart, et vint au-devant de Dillon; elle lui dit, avec plus de fermeté qu'on n'eût été en droit d'en attendre d'une aussi douce et paisible nature :

« Je voudrais bien savoir ce qui nous procure la visite inattendue de M. Dillon?

— Miss Howard, répondit Kit, masquant son dépit sous une feinte humilité, une affaire importante m'amène près de mon oncle: » et, comme s'il eût compté sur l'effet qu'allait produire sa nouvelle, il s'avança jusqu'au milieu de l'appartement.

« Nous venons, Monsieur, dit-il au colonel, de faire trois prisonniers; le capitaine Borroughcliffe m'a chargé de vous en prévenir. »

Dillon avait un air d'importance et de gravité qui ne pouvait pas manquer d'exciter la verve de Catherine; elle s'écria assez étourdiment :

« En vérité, voilà bien du bruit pour quelques vagabonds arrêtés par un soldat ivre sur la voie publique. »

La figure jaune et maligne de Dillon devint livide de colère, et il dit aussitôt, sachant bien qu'il prenait sa revanche :

« Des vagabonds! soit; en tout cas ils paraissent fraîchement débarqués, et leur air comme leur costume annonce des marins.

—Des marins? » répéta la jeune fille, dont les joues, devenues pâles, furent promptement envahies par la rougeur de l'indignation.

« Des marins, miss Plowden, » reprit Dillon.

Mais Catherine avait déjà retrouvé son sang-froid et aussi sa malice :

« Je vous remercie, Monsieur, d'avoir employé un terme aussi poli : vous les appelez ordinairement des pirates.

— Ils méritent peut-être ce nom; l'honneur de mon métier consiste précisément à ne point se prononcer sur une affaire avant de l'avoir instruite. »

Le colonel Howard parut frappé de la sagesse de son neveu; il jugea l'heure convenable pour faire ressortir son mérite, et, s'adressant aux jeunes filles, il leur dit :

« La loi est un correctif salutaire pour les infirmités humaines; elle protège les individus, en même temps elle est la sauvegarde de la société. Ah! Dillon, sans cette rébellion maudite, vos talents seraient appréciés; vous seriez assis sur un siège de juge, et vous répandriez sur nos malheureuses colonies les bienfaits de la justice. Mais prenez patience, jeune homme, les rois sont bien puissants; le bon droit finit toujours par triompher : nous verrons des temps meilleurs. Allons toutefois d'abord au corps de garde interroger ces rôdeurs, et... »

Catherine, pendant ce petit discours, avait conçu tout un plan; elle se hâta de le mettre à exécution.

« Perdrons-nous si vite, dit-elle en s'approchant du colonel Howard de l'air le plus empressé et le plus aimable, perdrons-nous si vite l'avantage de votre compagnie, mon cher tuteur? Vous avez trop de bienveillance pour me garder rancune de ma vivacité; vous ne partirez pas ainsi fâché contre moi. Vous voudrez, en tout cas, avant de vous retirer, goûter notre café. »

La malicieuse jeune fille savait bien ce qu'elle faisait; elle connaissait fort bien le colonel; il ne pouvait résister aux flatteries de sa pupille. Il essaya pourtant de se montrer ferme; il parla vaguement de son devoir, du message de Borroughcliffe, de la profonde sagesse de Dillon; il insista plus longuement sur sa bienveillance, et finit par se rasseoir sur le sofa.

« Je ne saurais, miss Plowden, pour vous complaire, oublier longtemps les trois hommes que l'on vient d'arrêter, et faire attendre le brave Kit et mon hôte le capitaine Borroughcliffe.

— Eh bien! rien n'est plus aisé : gardons le brave Kit, faites prévenir le capitaine, et qu'on amène ici les trois prisonniers... Qui sait, ajouta-t-elle, s'ils ne sont pas dignes de pitié, s'ils n'ont pas besoin de nos secours? Ils ont peut-être fait naufrage dans l'ouragan, la nuit dernière.

— Est-ce le Ciel qui vous inspire cette pensée, Catherine? dit miss Dunscombe d'une voix douce et mélodieuse; j'ai vu, par des temps moins mauvais, de terribles naufrages sur ces côtes. Hélas! nous n'avons plus de marins qui connaissent les canaux au milieu des brisants; j'ai vu des pilotes autrefois passer à quelques toises du Devil's-Grip en toute sécurité pendant la nuit la plus sombre; mais ils sont morts, ou bien, se condamnant eux-mêmes à l'exil, ils ont déserté le pays de leurs pères.

— Ils ont sans doute disparu dans cette dernière guerre, miss Dunscombe; vos souvenirs ne sauraient, en effet, remonter plus loin, » dit le vieux colonel, qui ne perdait jamais l'occasion de dire une chose agréable à une dame, et ne laissait pas échapper celle de proclamer sa fidélité ardente pour son souverain ou sa patrie. « C'étaient d'ailleurs des gens occupés à frauder le revenu des douanes de Sa Majesté, et leur départ ne saurait être une grande perte pour le pays.

— Il a pu s'en trouver parmi eux qui, bien que fort coupables, ne sont point descendus à un tel degré d'abaissement, et qui pouvaient, par la tempête et en pleine nuit, diriger un bâtiment dans ces rochers aussi tranquillement que l'on circule en plein midi dans les corridors du château. »

Miss Dunscombe, très absorbée, ne paraissait point répondre au colonel, dont Dillon cherchait d'ailleurs à détourner l'attention; elle parlait pour elle-même plutôt que pour son interlocuteur.

La manœuvre de Kit ne réussit pas; il voulut brusquer la sortie de son oncle, il s'attira un vif avertissement de miss Howard, sachant bien que son tuteur ne se départirait point de ses habitudes de condescendance et d'exquise politesse :

« Qu'attendez-vous, monsieur Dillon, pour introduire, conformément aux désirs du colonel, ces prisonniers, peut-être plus malheureux que coupables? »

Dillon, un peu confus, voyant que le vieux soldat se laissait imposer cette idée, à son point de vue si singulière et presque inconvenante, sortit en hâte pour exécuter sa mission.

« Christophe est un brave et digne garçon; voyez, Mesdemoiselles, comme il est bon et serviable. Lorsque les colonies subjuguées seront rentrées sous le joug de Sa Majesté, je compte bien parler en sa faveur. Il me semble qu'il porte déjà l'hermine! Ne pensez-vous pas, miss Plowden, qu'il fera un juge modèle, plein d'expérience et de droiture?

— Permettez-moi, Monsieur, de mettre en pratique le principe qu'il émettait lui-même il n'y a qu'un instant : il est nécessaire de voir et d'entendre avant de se prononcer. »

CHAPITRE IX

Des pas pressés retentissaient déjà dans le corridor; le cœur de Catherine battait bien fort; elle ne put, malgré l'ascendant qu'elle avait sur elle-même, commander à son visage; elle sentait l'effroi et la pâleur l'envahir. Le colonel, au contraire, se redressait dans sa haute taille : il ne voulait rien perdre de ses avantages en présence des ennemis de son roi. Miss Howard continuait à causer à voix basse avec Alix Dunscombe.

« Écoutez! ne put s'empêcher de crier Catherine, au risque de se trahir; les voilà qui arrivent.

— Entrez, » dit solennellement le colonel Howard. Cécile et Alix semblèrent d'abord peu disposées à donner leur attention à la scène qui allait suivre. Catherine, au contraire, jeta sur les nouveaux venus un regard où elle avait mis toute son âme; puis, soudainement calmée, elle s'assit tranquillement, et son visage reprit son expression ordinaire d'enjouement et de malice.

Dillon entra le premier, suivi de près par le capitaine Borroughcliffe. Le colonel, toujours fidèle aux règles du bon ton et quelque peu formaliste, présenta le capitaine aux dames.

« Miss Plowden, voici le capitaine Borroughcliffe, mon hôte et mon ami; j'espère que vous apprécierez ses bons services à Sainte-Ruth; il a souhaité vous voir pour vous assurer lui-même de son dévouement.

— Je ne saurais trop reconnaître, répondit assez énigmatiquement la malicieuse jeune fille, les bons soins du capitaine; je le remercie de toute la peine qu'il s'est donnée pour garder aussi bien de pauvres recluses. »

Le colonel, à cheval sur l'étiquette, continuait ses présentations.

« Je vous présente, capitaine, miss Alix Dunscombe, fille de l'ancien ministre de notre paroisse. Elle a l'amabilité de nous visiter souvent, jamais aussi souvent que nous le souhaiterions.

— Miss Howard, permettez-moi de vous présenter le capitaine Borroughcliffe; il s'est, depuis quelque temps déjà, chargé de la défense du château, il a droit aux bonnes grâces de la maîtresse de la maison. »

Cécile accueillit le capitaine avec l'affabilité douce et gracieuse qui lui était ordinaire. Celui-ci, après l'avoir un instant regardée, porta la main droite à sa poitrine et la salua en baissant la tête jusqu'à la garde de son épée.

Les soldats de l'escorte s'étaient arrêtés à la porte de l'appartement; les trois prisonniers avaient seuls franchi le seuil. Ils se rangèrent dans un coin du salon, sur l'indication du capitaine, sans hâte comme sans embarras, nullement troublés par la présence d'une aussi nombreuse société; bien qu'ils fussent vêtus comme de simples marins, il n'était pas impossible de reconnaître des hommes familiarisés avec toutes les vicissitudes de la vie, et façonnés aux usages de la discipline et du monde.

« J'ose croire, dit le colonel Howard, entrant immédiatement en matière, que vous êtes de fidèles serviteurs de Sa

Alix Dunscombe poussa un cri d'effroi et parut en proie
à la plus vive agitation.

Majesté; mais vous comprendrez sans peine qu'en ces temps troublés, les plus honnêtes gens puissent être l'objet d'un soupçon; nous avons d'ailleurs raison de croire que l'ennemi médite quelque projet sur ce pays. Les rebelles ont osé se montrer sur la côte à peu de distance; on nous a signalé une frégate et un schooner venus dans ces parages dernièrement avec une rare audace. »

Les prisonniers écoutaient avec attention; deux d'entre eux échangèrent un rapide coup d'œil quand le colonel fit allusion à une expédition sur les côtes; mais aucun d'eux ne se hasarda à prendre la parole.

« Nous n'avons point, certes, la preuve que vous êtes en relation avec les rebelles; mais le soin de notre sûreté nous oblige à vous poser quelques questions. J'espère que vous voudrez bien y répondre; si vos explications nous satisfont, vous serez immédiatement libres de continuer votre route. Et pour aller droit au but : d'où venez-vous? dans quel port vous proposez-vous de vous rendre? »

L'un des prisonniers, ayant encore échangé un rapide regard avec ses compagnons, répondit d'une voix basse et un peu sourde :

« Nous venons de Sunderland, et nous sommes frétés pour Whitehaven. »

Ces paroles si simples, et dites d'un ton si tranquille, étaient à peine prononcées, qu'Alix Dunscombe poussa un cri d'effroi et parut en proie à la plus vive agitation; ses regards se promenèrent avec égarement de tous côtés, elle fit, toute chancelante, quelques pas à tout hasard au milieu de la salle, et comme Cécile lui demandait si elle se trouvait indisposée et lui offrait l'appui de son bras, on l'entendit murmurer comme dans une hallucination :

« Avez-vous entendu? Est-ce mon imagination qui m'égare? Avez-vous entendu, miss Howard? »

Le colonel, inquiet, s'avança vers elle; ne sachant à quoi attribuer ce trouble, il se joignit à ses pupilles pour l'engager à quitter la salle et à se retirer dans son appartement.

Elle cacha son visage dans ses deux mains, ayant peine à contenir l'émotion douloureuse qui la bouleversait; elle se dirigea, soutenue par ses deux amies, vers la porte; les soldats s'écartèrent pour la laisser passer. Après avoir fait quelques pas dans le corridor, elle s'arrêta et dit encore :

« N'avez-vous pas entendu cette voix sortie du silence du tombeau? » Puis, se reprenant tout à coup : « Ah ! c'est une illusion sans doute, un châtiment du ciel; Dieu ne m'a-t-il pas encore pardonné d'avoir gardé trop vivement ces souvenirs au fond de mon cœur? »

Et comme les deux jeunes filles, alarmées, ne pouvaient saisir le sens de ces paroles, elle les regarda fixement et leur dit :

« Ah ! miss Howard! miss Plowden! vous êtes trop jeunes pour connaître les mensonges et les illusions du monde!

— Elle divague, dit Catherine; quelque commotion intérieure aura dérangé son cerveau. »

Alix l'entendit.

« Oui! dit-elle avec une expression navrante, ma raison a chancelé; j'ai cru... mais c'est une illusion, et me voilà mieux; rentrez, je vous prie, retournez auprès du colonel. »

Les deux jeunes filles protestèrent.

« Soit! reprit-elle avec plus de douceur, Cécile; accompagnez-moi jusqu'à ma chambre; mais il faut que miss Plowden aille faire les honneurs du salon et servir le café à votre oncle et à ses hôtes. »

La voyant déjà presque calmée, Catherine la laissa aux soins de Cécile et rentra dans la salle.

Miss Plowden reprit sa place non loin du colonel; il avait interrompu son interrogatoire pour s'informer de la santé de miss Dunscombe; il continua aussitôt, s'adressant à Borroughcliffe :

« Nous sommes en présence, vous le voyez, de braves marins. Ils s'expliquent franchement. Que voulez-vous de plus? Ils n'ont pas trouvé d'ouvrage à Sunderland; ils en vont chercher à Whitehaven : tout cela me paraît vraisemblable.

— Sans doute; mais je ne comprends pas que trois gaillards solidement bâtis comme eux ne trouvent pas d'occupation, quand de tous côtés on réclame, à cause de la guerre, des marins pour les bâtiments de la marine royale.

— Votre remarque est juste, capitaine. » Et se tournant vers les étrangers, le colonel continua : « Si vous voulez vous engager contre les rebelles et faire preuve de bonne volonté, voilà cinq guinées pour chacun de vous quand vous serez à bord de l'*Alerte,* cutter de Sa Majesté, entré hier soir dans un petit port à deux milles d'ici vers le sud, pour échapper à la tempête. »

Un des trois prisonniers affecta de jeter un regard de convoitise sur les pièces d'or; il demanda même quelques détails sur l'état du navire et les conditions de sécurité qu'il pouvait présenter. Le colonel Howard discutait avec lui fort sérieusement; pendant ce temps Borroughcliffe, qui n'avait pas grande estime pour la marine, cherchait à lier conversation avec miss Plowden. Mais la jeune fille ne parut pas disposée à l'écouter; ses yeux étaient fixés sur les trois étrangers, et son visage exprimait en même temps le doute, l'inquiétude et la confusion.

Borroughcliffe, ramené forcément aux prisonniers, voulut plaider en faveur de l'armée de terre, et proposer à l'un d'eux, et même aux trois, de s'enrôler dans son régiment;

mais le colonel tenait à son idée, et comme pour couper court à toute autre proposition, il leur dit :

« Est-ce chose convenue? Voulez-vous servir à bord du cutter? Je vais vous faire verser un verre d'eau-de-vie, et confier cet argent à quelqu'un qui vous conduira sur ce bâtiment et vous le remettra aussitôt que votre enrôlement sera signé. »

L'attention de Catherine n'avait point diminué; elle observait toujours les nouveaux venus; il lui parut en ce moment voir un sourire mal dissimulé effleurer leurs lèvres.

« Vous nous excuserez, Monsieur, répondit celui qui avait pris le rôle d'orateur : le cutter ne saurait nous convenir; nous sommes habitués à nous embarquer sur de plus grands vaisseaux; l'*Alerte* n'est pas de taille à se battre contre un navire de haut bord.

— Que n'allez-vous alors à Yarmouth? vous trouveriez là aisément votre affaire.

— Permettez, reprit l'entêté capitaine, la main accoutumée à la pique d'abordage peut apprendre vite à manier le mousquet. La vie du soldat offre d'ailleurs de grands avantages; nous ne connaissons ni ouragans, ni tempêtes, ni naufrages, ni demi-rations; on rit, on chante, on boit; on chasse les soucis à la cantine... Pour moi, j'ai traversé plusieurs fois l'Océan, et, même par le plus beau temps, je regrettais mon bivouac.

— Vous nous permettrez, reprit le marin très gravement, de ne pas penser comme vous. L'ouragan ne nous effraye point, et nous préférons à tout l'Océan, malgré les privations et les sacrifices qu'il nous impose et les dangers qu'il nous fait courir. »

Borroughcliffe ne voulait pas s'avouer vaincu; il fit rapidement deux pas en avant, et, ayant pris lui-même position, il cria tout à coup avec une grande vivacité :

« Attention! demi-tour à droite! »

L'étranger qui avait répondu au colonel, et l'un de ses compagnons, regardèrent assez surpris l'officier de terre donnant ce commandement d'un air d'autorité, mais ils ne firent pas le moindre mouvement; le troisième, au contraire, s'étant redressé, exécuta aussitôt la manœuvre, et, il paraît, à l'entière satisfaction de Borroughcliffe.

« Fort bien, dit-il, vous apprendrez facilement. Colonel Howard, je désire garder ces hommes jusqu'à demain; la nuit porte conseil; seulement je voudrais leur donner un meilleur gîte que le corps de garde.

— Rien n'est plus facile; on va leur donner à souper, et on les logera dans une grande chambre dans l'aile du sud.

— Dussé-je leur céder la mienne, je voudrais qu'ils eussent chacun leur chambre : l'isolement favorise la réflexion.

— A votre aise, nous ne manquons point de cellules dans le quartier des domestiques; il suffira de leur faire donner des couvertures.

— Je vous remercie, colonel Howard; mais je m'aperçois que miss Plowden devient pensive; ces détails la fatiguent, nous abusons de sa patience, et puis il ne faut pas laisser refroidir le café. Je vais en hâte les caserner et vous rejoindre ensuite. Pouvez-vous, monsieur Dillon, m'indiquer où sont situées ces trois chambres?

— Oui, Monsieur, répondit le futur juge; votre prudence et votre sagacité me plaisent, et je me trompe fort si avant demain nous n'avons la certitude que le château de Durham ou quelque autre forteresse convient mieux que cette maison à de pareils hôtes. En attendant surveillons-les bien. »

Miss Plowden gardait un sérieux qui ne lui était point habituel; elle ne perdit pas un mot de cette conversation, et, restée seule avec son tuteur, elle lui dit:

« Que d'embarras pour trois marins! M. Dillon a-t-il quelque intérêt à tourmenter ces pauvres gens?

— Que voulez-vous dire, miss Plowden?

— M. Dillon n'a-t-il pas désigné le fort où il voudrait voir ces malheureux enfermés? Il se croit déjà sur son siège, ou peut-être, ennuyé d'entendre votre maison appelée tour à tour abbaye et château, veut-il se donner le plaisir de l'assimiler tout à fait à une prison? »

Le colonel, vivement blessé, se redressa, et regardant en face la jeune fille :

« Kit, je le sais, ne possède pas vos bonnes grâces, et cependant c'est un digne et intelligent garçon, c'est surtout un sujet fidèle et loyal. Non, il n'a pas vos bonnes grâces, et je vous soupçonne de porter volontiers plus d'intérêt à quelque rebelle; mais Kit est le fils de ma cousine germaine, et j'espère pouvoir sans fiction l'appeler bientôt mon neveu. Les Dillon sont d'une excellente famille écossaise, et je me flatte que le nom d'Howard mérite aussi quelque considération.

— Je suis de votre avis, mon cher tuteur; mais, il faut bien que je vous le dise, vous étiez indigné tantôt quand je vous donnais à entendre qu'on pourrait peut-être joindre à ce beau nom l'épithète de geôlier, et voilà que maintenant vous allez en remplir les fonctions.

— Miss Plowden, dit le colonel tremblant de colère, mais se contenant encore, ces hommes sont détenus par ordre d'un officier de Sa Majesté. Ce n'est pas moi qui les fais emprisonner. »

Puis il sortit la tête haute, déclarant qu'il allait rejoindre le capitaine et son neveu, et qu'ils achèveraient leur soirée dans ses appartements.

Miss Plowden resta un doigt appuyé sur ses lèvres, animées d'un sourire malin qui trahissait peut-être autant de regret que de satisfaction; elle avait réussi à renvoyer le colonel; elle avait voulu le mécontenter, le mettre en colère pour se faire libre immédiatement et garder pour elle l'emploi de sa soirée.

J'ai réussi, dit-elle se parlant à elle-même; cela a été, en vérité, un peu dur, mais je ne pouvais pas attendre; il faut bien savoir quels sont ces marins. Je me trompe fort, ou l'une de ces perruques cachait l'œil noir de M. Griffith. Et M. Barnstable, qu'est-il devenu? Ce n'était assurément pas l'un des deux autres... Mais allons rejoindre Cécile...

Le colonel rentra dans la salle à manger et envoya prévenir Borroughcliffe du changement survenu dans l'ordre des événements de la soirée. Celui-ci, qui avait enfermé lui-même ses trois prisonniers dans trois chambres et posté une sentinelle dans leur corridor, arriva bientôt, et consentit volontiers à remplacer le café par cet excellent nectar mûri aux rayons du soleil de la Caroline. On s'informa de Dillon, qui n'avait point reparu, et on apprit de son domestique qu'il était parti à cheval, sans doute pour être tout porté à un rendez-vous de chasse pour le lendemain.

Pendant que le maître de la maison et le capitaine se racontaient d'interminables histoires, interrompues par de bruyants éclats de rire et de fréquentes rasades, la porte des appartements qu'on nommait encore le cloître s'ouvrit discrètement. Catherine Plowden, enveloppée d'une mante de couleur sombre et portant une lampe de nuit, parut dans le corridor suivie par ses deux amies. Quand la porte fut refermée, Cécile Howard, qui tremblait de tous ses membres, dit à voix basse:

« Chut! mon oncle est encore debout; si nos soupçons sont fondés, n'allons-nous pas perdre nos amis en les faisant reconnaître?

— Vous savez bien, reprit Catherine, que le colonel tient tête à son ami : à cette heure, et en pareille circonstance, on l'entend rire encore, mais ses yeux ni ses oreilles ne sont guère à redouter. Mes soupçons sont fondés, je ne me trompe pas; et si nous ne secourons nos amis, ils sont perdus.

— Votre entreprise est dangereuse, dit doucement miss Dunscombe; mais vous êtes jeunes et crédules...

— Si vous nous désapprouvez, dit Cécile, nous allons rentrer.

— Non, je ne vous désapprouve point: vos intentions sont pures; vous soupçonnez ces hommes d'être vos compatriotes; si je ne me trompe, ils sont quelque chose de plus encore pour vous; vous devez donc les secourir, les aider à échapper aux mains de leurs ennemis, qui sûrement leur feraient un mauvais parti. Catherine, montrez-nous le chemin. »

Celle-ci, douée d'un caractère très résolu, partit en avant; elles descendirent un escalier tournant, ouvrirent une porte extérieure et se trouvèrent sur une pelouse qu'elles franchirent rapidement. Arrivées de l'autre côté de la cour intérieure, elles soulevèrent une lourde porte massive entr'ouverte à l'avance.

« Tout va bien, dit Catherine : Chloé a parfaitement exécuté mes ordres; nous ne serons pas dérangées si les domestiques sont endormis. »

Elles traversèrent encore un grand vestibule, parcoururent plusieurs galeries; cette maison était un vrai labyrinthe, mais Catherine la connaissait. Enfin, après avoir remonté un autre escalier, elles s'arrêtèrent à l'entrée du corridor sur lequel donnaient les chambres des prisonniers.

« Notre projet est manqué, dit Catherine en se retournant vers ses amies : il y a une sentinelle qui garde les portes; j'avais cru qu'on l'avait placée sous les fenêtres.

— Rentrons, dit Cécile; je ne manque pas d'influence sur mon oncle, je lui persuaderai demain de faire remettre en liberté ses trois prisonniers.

— Demain, reprit sa cousine, il sera trop tard. J'ai vu ce démon incarné de Kit Dillon partir à cheval. J'ai lu dans ses yeux méchants qu'il n'allait pas à la chasse. Si Griffith n'est pas libre avant le jour, l'échafaud...

— Taisez-vous, murmura Alix; essayons. Adressons-nous à la sentinelle. »

Miss Dunscombe prit alors les devants; elle avait à peine fait quelques pas qu'on entendit le soldat s'écrier :

« Qui va là? »

Il n'y avait plus à hésiter, et miss Plowden répondit :

« Les maîtresses de la maison; nous examinons si tout est bien à sa place et bien rangé dans la demeure du colonel; mais il est bien extraordinaire que nous trouvions des hommes armés chez nous. »

Le factionnaire commença par présenter les armes, puis il déclara qu'il était là pour veiller sur les portes des chambres des prisonniers, mais que d'ailleurs il était au service de ces dames.

« Des prisonniers! fit Catherine; votre capitaine veut-il faire une prison de ce château? Quel crime ont commis ces pauvres gens?

— On dit que ce sont des marins qui ont déserté le service de Sa Majesté.

— Je veux approfondir cette affaire, dit bravement Catherine en écartant sa mante; je suis maîtresse ici, je veux savoir ce qui s'y passe. Ouvrez-moi, je vous prie, ces portes dont voici les clefs pendues à votre ceinture. Nous ne sommes pas ici dans la prison du comté, et M. Borroughcliffe lui-même est à mes ordres. »

Le soldat, ébloui, subjugué par l'autorité de ces grandes dames, hésitait manifestement; il parut tout à coup trouver un moyen de concilier la politesse et sa consigne.

« Madame, dit-il, j'ai reçu l'ordre de ne pas laisser sortir ces prisonniers, mais non d'empêcher qu'on entre chez eux. »

Cécile prit les clefs, et elle allait ouvrir une des portes quand Alix Dunscombe l'arrêta.

« Ces trois hommes, dit-elle au soldat en lui glissant une guinée entre les doigts, sont-ils de même âge, jeunes tous les trois? je voudrais le savoir.

— Ce sont trois solides gaillards : il y en a un là, dans cette chambre, âgé d'une trentaine d'années, qui paraît avoir servi; il m'est recommandé spécialement; à cette seconde porte se trouve un beau jeune homme; il est à plaindre s'il a vraiment déserté. Le plus âgé est dans cette dernière pièce; il est si calme et si tranquille, qu'on le prendrait pour un ministre.

— Je vous remercie, dit miss Dunscombe, nous allons les voir : on obtient quelquefois plus par la douceur que par la force, peut-être nous avoueront-ils la vérité. Mais, pour leur enlever tout soupçon, veuillez vous retirer à l'extrémité du corridor. »

La sentinelle, s'étant assurée que le corridor n'avait pas d'autre issue, vint prendre position au haut de l'escalier.

Alix, confuse et livrée à une vive émotion, dit alors à ses compagnes :

« Je ne vous cacherai pas que je m'attends à trouver dans cette chambre l'homme dont j'ai cru reconnaître la voix cette nuit. Je le croyais mort; je soupçonne maintenant qu'il est lié avec les rebelles. Mes paroles ne doivent pas vous froisser, car je suis Anglaise; mais, sachez-le, je n'obéis à aucun mouvement de faiblesse en ce moment; je ne voudrais qu'empêcher l'effusion du sang. » Et elle ajouta en rougissant : « Dieu seul peut être témoin de notre entrevue. »

Elle tourna la clef dans la serrure et ouvrit doucement la porte. Les deux cousines s'avancèrent vers la porte voisine et entrèrent pareillement.

CHAPITRE X

Les deux jeunes filles pensaient trouver le prisonnier sur pied; elles savaient que ces chambres, ordinairement inoccupées, n'étaient point meublées, et qu'on s'était contenté de donner à leurs hôtes de passage une ou deux couvertures : les marins n'étaient pas habitués à un meilleur confort.

Griffith était pourtant profondément endormi, et l'entrée des deux cousines dans la pièce ne le dérangea point.

« Je ne me suis pas trompée, dit Catherine, c'est bien lui. »

Cécile eut un frisson douloureux; elle baissa sa lampe et examina à son tour le visage du marin.

« Comment avez-vous pu, Griffith, vous exposer à un pareil danger? » dit-elle doucement.

En prononçant ces paroles, elle appuya légèrement la main sur le bras du dormeur; il tressaillit et se leva d'un bond, tenant un pistolet d'une main et un poignard de l'autre. Mais bientôt l'un et l'autre tombèrent à ses pieds; il venait de reconnaître les deux jeunes filles.

« Le ciel me favorise, s'écria-t-il; que de bonté, Cécile! c'est plus que je ne mérite. Qui vous a dit...?

— Catherine vous a reconnu; nous sommes venues pour vous engager à fuir au plus vite... Vous ne savez pas quel sort vous attend, Édouard!

— Fuir! s'écria Griffith; mais le but de notre expédition n'est pas atteint. Ne souhaitez-vous pas aussi quitter ce pays? Ne faut-il pas que nous vous emmenions? Pour arriver à ce résultat, nous savions qu'il faudrait s'exposer beaucoup, et l'important était de pénétrer ici. Et d'ailleurs, n'est-ce pas miss Plowden qui nous a mis sur la voie? »

Catherine ne répondit pas; elle se disait à l'heure présente qu'elle avait agi bien légèrement. Sans doute le désir de revoir son pays, de retrouver ses compatriotes, ses amis, était légitime; mais avait-elle usé de prudence en mettant Barnstable, et en même temps Griffith, dans la confidence? Le séjour de l'Angleterre lui était insupportable; toutefois son innocence, sa pudeur se révoltaient à la pensée qu'elle avait bien pu songer à demander aide et secours à ces jeunes gens, honnêtes, c'est vrai, mais aventureux, étourdis et fous comme on l'est à cet âge. Elle commençait à redouter, pour eux comme pour elle, les conséquences de son équipée au bord de la mer. Elle aurait voulu incriminer l'indiscrétion de Barnstable; d'un autre côté, sa nature franche et droite lui disait trop qu'elle était seule coupable. Après les projets d'autrefois, les espérances données, disons le mot, avec l'affection réciproque qui unissait Griffith à Cécile, Barnstable à Catherine, elle sentait bien qu'ils n'avaient pas pu se dispenser de répondre à son appel.

« Barnstable..., » commença-t-elle.

Griffith l'arrêta.

« Son devoir l'a seul empêché de m'accompagner; vous savez que nous servons notre patrie commune, et nous avons un chef dont la volonté est sacrée pour nous.

— Oui, interrompit Cécile à son tour; conservez-vous donc

pour notre patrie; retournez à votre bord, et puisse le Ciel bénir vos efforts! Nous allons prier pour votre triomphe; espérons qu'un jour viendra où nous pourrons nous retrouver dans notre pays natal.

— Songez donc, miss Howard, reprit vivement le jeune homme, que l'Angleterre est assez puissante pour reculer encore longtemps cette époque. Notre nation triomphera, mais ce ne sera pas l'ouvrage d'un jour. En nous recommandant d'attendre, c'est, à coup sûr, nous dire de perdre toute espérance. Ah! pourtant je m'étais bien imaginé ne retourner à ma frégate qu'avec vous.

— Comment avez-vous pu croire, monsieur Griffith, que je consentirais à quitter mon oncle?

— Vous n'auriez pas hésité autrefois, sans cette malheureuse guerre, à me confier le soin de votre personne et de votre bonheur. Suis-je donc devenu indigne de votre confiance?

— Édouard, dit la jeune fille vivement émue, Dieu m'est témoin que mes sentiments ne sont point changés; ce que j'ai été sur le point de faire autrefois, je le ferais encore avec bonheur aujourd'hui, mais les circonstances ne sont pas les mêmes. Mon oncle était alors dans sa maison, au milieu des amis de sa jeunesse; je l'aurais quitté sans inquiétude, et comme c'eût été mon devoir, pour vous suivre; mais à l'heure présente il vit dans la solitude, presque en pays étranger, quoi qu'il en dise, et il ne trouverait nulle part et chez personne la compensation des soins et de l'affection de celle qu'il a chérie depuis son enfance.

— Votre détermination, miss Howard, reprit mélancoliquement le jeune homme, va me contraindre à porter de bien mauvaises nouvelles à Barnstable.

— Je ne parle que pour moi, dit Cécile en souriant; tout le monde n'a pas, comme moi, un oncle.

— Miss Howard est-elle fatiguée de me voir habiter sous le même toit qu'elle? demanda Catherine. Mais écoutez! on marche dans le corridor. »

Plusieurs personnes s'avançaient effectivement en causant; elles s'arrêtèrent précisément devant la porte de la chambre de Griffith.

« Oui, maître Peters, — et il était aisé de reconnaître la voix empâtée de Borroughcliffe, — oui, il fera un excellent soldat. Ouvrez-moi cette porte.

— Il n'est pas ici, mon capitaine, il est dans la dernière chambre. »

Le capitaine était retourné trop souvent à la bouteille de madère pour avoir des perceptions bien nettes; il se laissa conduire et pénétra dans la chambre la plus éloignée.

« Dès que le jour paraîtra, dit aussitôt Cécile avec vivacité, j'enverrai ma femme de chambre sous prétexte de vous porter de la nourriture, et...

— Ne faites rien, je vous prie, pour nous remettre en liberté; demain matin on nous laissera aller, sinon Barnstable, qui n'est pas loin et qui a avec lui des forces suffisantes, saurait bien nous arracher des mains de ces pauvres recrues. »

On entendit alors la clef tourner doucement dans la serrure; la sentinelle avança la tête et dit :

« Le capitaine Borroughcliffe fait sa ronde; vous ne pouvez pas rester un instant de plus, Mesdames. La dame entrée dans l'autre chambre vous attend. Partez vite, ne serait-ce que par pitié pour moi. »

Cécile dit alors à Griffith :

« Jeune homme, je vous enverrai de la nourriture demain de bonne heure, et vous ferai dire en même temps ce que vous aurez à faire pour vous tirer de ce mauvais pas. »

Alix Dunscombe était déjà dans le corridor; elle cachait son visage sous sa mante, et son agitation montrait combien la visite qu'elle venait de faire l'avait émue.

A son entrée dans la cellule, elle n'avait pas trouvé un homme endormi comme l'était Griffith; le second prisonnier, assis sur une chaise au milieu de la pièce, réfléchissait profondément; il se leva, et, voyant Alix, il dit doucement et sans surprise :

« J'attendais votre visite; vous avez reconnu ma voix; j'étais sûr que vous ne me trahiriez pas. »

Elle comptait bien le trouver là; cependant sa présence la troubla si fort, qu'elle dut s'asseoir sur la chaise qu'il venait de quitter, et se remettre avant de reprendre d'une voix étouffée par l'émotion :

« Ce n'était pas un fantôme évoqué par mon imagination. Hélas! c'est bien lui! Il vient encore braver les lois de son pays! A quels sinistres projets vous entraine toujours votre indomptable caractère?

— J'avais lieu de m'attendre, répondit-il froidement, à un autre accueil.

— Vous avez raison, je ne saurais le nier, vous ayant autrefois engagé ma foi... Mais Dieu m'a sévèrement châtiée; votre révolte et votre impiété sont mon châtiment.

— Votre mère vit-elle encore? » dit-il avec intérêt et de façon à donner un autre cours aux pensées de la jeune femme.

Elle lui répondit, en se couvrant le visage de ses deux mains :

« Elle est allée rejoindre mon père, et je suis seule, puisque celui qui devait me tenir lieu de tout est indigne de ma confiance. »

L'agitation du marin ne lui permettait plus de parler froidement; cet homme si fort n'osait plus regarder en face cette pauvre femme affaissée sur son siège; il se promenait à grands pas dans la cellule et murmurait :

« Je pourrais aisément me justifier; l'oppression et l'injustice m'ont contraint à quitter mon pays; malgré ma parole donnée, je ne pouvais lier votre sort à celui d'un fugitif sans nom et sans ressources. Les circonstances sont changées, dit-il en revenant se placer devant elle. Vous êtes seule, dites-vous? consentez à me suivre, je saurai bien vous prouver que je suis incapable de vous manquer de parole; j'essayerai de remplacer votre père et votre mère.

— Vous n'y pensez pas! » reprit-elle, plus douce néanmoins, comme si cette proposition, cette réparation tardive l'eût touchée quand même; « votre vie ne tient qu'à un fil.

— Eh! mes précautions sont prises. Je n'ai qu'un signal à donner; j'ai là une troupe de braves gens prêts à me défendre et à me rendre la liberté.

— Je devine maintenant comment les deux navires américains sont sortis hier soir de la baie. Vous leur avez servi de pilote.

— Vous ne vous trompez pas, je les ai sauvés d'une destruction certaine.

— Voilà ce que vous faites de votre talent et de votre habileté! Ah! John, fallait-il mettre tout cela au service des ennemis de votre patrie! »

Il se redressa pour rappeler qu'il avait le premier déployé le drapeau de l'indépendance dans la révolte des États, qu'il avait dû porter la guerre jusque sur les côtes de son propre pays pour défendre sa nationalité d'adoption, qu'il l'avait fait avec grand succès; que ses ennemis, — c'étaient ses compatriotes qu'il nommait ainsi, — autrefois si durs et si injustes pour lui, avaient tremblé au bruit de ses exploits et de son nom, qu'ils trembleraient encore...

Alix Dunscombe, épouvantée, voulant témoigner l'horreur que ces paroles lui inspiraient, dit tout à coup :

« La trahison peut-elle bien se vanter ainsi de ses succès! Le jour de la vengeance viendra, et il sera terrible. Et moi-même ne dois-je pas, pour obéir à la volonté de Dieu, faire savoir à toute l'Angleterre, en sortant de cette chambre, qu'un de ses enfants rebelles menace son territoire? »

Il vint la regarder bien en face.

« Alix, vous ne feriez pas cela. D'ailleurs, au premier signal, les misérables soldats qui gardent cette maison seraient dispersés; j'ai des forces suffisantes.

— Avez-vous bien pris toutes vos mesures, John? reprit-elle, trahissant malgré elle les inquiétudes que ses paroles démentaient vainement; avez-vous prévu que M. Dillon partirait chercher du renfort et qu'il ramènerait un détachement de cavalerie?

— Dillon! reprit le pilote avec vivacité, quel soupçon l'a déterminé à demander de nouvelles forces? Quel est cet homme, Alix?

— Un sujet fidèle et loyal. Il est né dans les colonies; mais les droits de son souverain n'en sont pas moins sacrés pour lui.

— Quoi! c'est un Américain, et il est ennemi de la liberté! Si jamais je le rencontre, sur l'honneur, je veux apprendre au monde entier ce que vaut un traître!

— John, dit la jeune femme, vous osez bien menacer les traîtres, et vous-même... »

Il l'arrêta, il prit de nouveau la parole; la fierté, la colère, le ressentiment se lisaient tour à tour sur son visage; ses yeux lançaient des éclairs, mais sa voix resta ferme et contenue. Il reprit toute une thèse, justifiant sa conduite dans cette guerre qu'il soutenait contre sa patrie au nom de la liberté et de l'indépendance des colonies; il rappela de nouveau les encouragements que la cour de France, où il avait été reçu publiquement comme un héros, lui avait donnés, les titres que Louis XVI lui avait décernés, les décorations que Marie-Antoinette lui avait remises de ses propres mains. Il fit ressortir l'injustice, l'égoïsme profond de l'Angleterre; il essaya de justifier les massacres qui avaient causé, déjà depuis longtemps, une épouvante si générale, évoquant la nécessité des représailles. Il parla de sa gloire; — lui, parti de si bas, ami de Washington et de Lafayette! — il parla de son habileté, de son dévouement à la plus sainte des causes, de sa fidélité au grand principe de la liberté. Elle l'écoutait, et, malgré le désavantage de la position qu'elle avait prise, — car elle n'avait pu lui cacher combien l'affection qu'elle lui avait vouée la dominait encore, — elle luttait avec énergie, défendant contre ce rude adversaire son pays, ses droits imprescriptibles, et flagellant courageusement les égarés et les rebelles.

« Vous n'êtes pas venue, dit-il tout à coup, changeant de ton et comme reprenant possession de lui-même, pour discuter avec moi des questions politiques; arrivons à l'objet de votre visite. J'ai, je vous l'affirme, les moyens de me tirer, ainsi que mes compagnons, des mains de mes ennemis; pour vous, je veux bien ne point avoir recours à la violence; mais quels autres moyens me proposez-vous?

— Voici ce que nous avons résolu : demain matin, miss Howard obtiendra de son oncle que les prisonniers soient de nouveau amenés dans ses appartements, et, pendant que les gardes resteront à la porte, nous vous ferons évader par une fenêtre du rez-de-chaussée; un bois voisin vous permettra vite de vous mettre à couvert.

— Si Dillon soupçonne qui je suis, on vous rendra responsable de notre évasion.

— Je ne crois pas que Dillon puisse soupçonner quel

homme se trouve parmi les prisonniers; il a reconnu un de vos compagnons, son rival; un intérêt particulier l'anime seul et non le zèle du bien public, quoi qu'il en dise.

— Je m'en doutais, dit le pilote; ils en sont tous là! Mais prenez garde, si mon nom vient à être connu, le colonel Howard sera rendu responsable, et tout son crédit ne pourra peut-être le sauver; vous-même seriez victime.

— Je ne puis pourtant pas abandonner le soin de votre délivrance à deux jeunes filles inexpérimentées.

— Ces jeunes filles trouveraient une excuse dans l'affection qu'elles portent au jeune lieutenant; elles peuvent s'exposer et souffrir pour lui, mais vous, Alix...

— Moi, il n'importe; je n'ai que ma vie... et je la donnerais volontiers pour vous. »

Ces mots avaient été dits d'une voix si basse, que le prisonnier les devina plutôt qu'il ne les entendit.

« Alix! » reprit-il d'une voix attendrie.

La sentinelle frappait à la porte; avant même d'avoir une réponse, elle était entrée, et déclarait qu'il fallait se séparer en toute hâte. Alix se leva.

« Nous nous reverrons avant que je quitte cette île?

— Oui, reprit-elle, demain matin, dans l'appartement de miss Howard. »

Le pilote, ayant cessé d'entendre dans le corridor le bruit des pas de la jeune femme, bientôt rejointe par ses compagnes, se promena quelque temps dans sa cellule; puis, ayant en apparence repris complètement possession de lui-même, il revint s'asseoir pour se livrer de nouveau aux préoccupations ordinaires à son esprit entreprenant.

Griffith s'était endormi. Le pilote avait réfléchi, médité d'audacieux projets. Manuel, le troisième prisonnier, avait commencé par se débarrasser de sa vareuse de marin, qui le gênait et peut-être l'humiliait; puis il s'était assis sur sa couverture, et, de l'air le plus piteux, se serrait de temps en temps le gosier avec la main par une sorte de mouvement machinal et convulsif, comme un homme qui veut se rendre compte, avant la pendaison qui l'attend, de la résistance que peut offrir sa gorge.

Peut-être le chef des soldats d'infanterie de marine avait-il simplement soif, et cette pression n'avait-elle d'autre but que de tromper une attente trop grande et une altération trop vive.

Telle devait être au moins la pensée secrète de Borroughcliffe quand il pénétra dans la chambre du prisonnier. Manuel, en le voyant paraître, crut sa dernière heure venue; il n'eut pas de peine cependant à reconnaître l'état dans lequel se trouvait son visiteur, et se rassura assez pour conserver toute sa présence d'esprit.

L'hôte du colonel Howard vint en chancelant s'asseoir à côté de Manuel, qui ne s'était point levé, et il lui dit :

« Camarade, rendez-moi le service de vider les poches de ma jaquette : mettre la main en arrière est un geste que je n'ai jamais pu me résoudre à faire depuis que je suis officier, il me rappelle trop le mouvement nécessaire pour prendre la cartouche dans la giberne; vous y trouverez une bouteille et deux verres que j'apporte à votre intention. »

L'opération fut faite prestement. Borroughcliffe, à l'aide d'un procédé non moins expéditif, arracha le bouchon avec ses dents; les verres furent remplis et vidés avec une méthode et une précision toutes militaires; puis en même temps ces deux braves, aussi experts l'un que l'autre, avec une vigueur qui prouvait leur bon goût, firent claquer leur langue; le bruit fut si sec, si retentissant, si parfaitement simultané, qu'on eût dit deux coups de pistolet échangés par deux duellistes. Cela fait, ils restèrent à se regarder dans les yeux.

« Je vous ai reconnu, camarade, dès le premier instant, dit Borroughcliffe; vous êtes soldat, j'ai vu cela dans le corps de garde même; j'ai pourtant voulu, sans rien dire de ma découverte, vous laisser interroger par le colonel à cause de son grade et aussi pour son excellent vin; vous le reconnaissez, ce nectar? Comme il vient tout droit de la Caroline, il va droit au cœur. Qu'en pensez-vous? »

Manuel ne savait qu'en penser; cette allusion à l'une des provinces révoltées de l'Amérique l'inquiétait; où le capitaine voulait-il en venir?

Borroughcliffe avait repris la parole et se perdait en de longues considérations sur sa perspicacité, sur la supériorité de l'armée eu égard à l'infanterie de marine, sur l'hospitalité du colonel Howard et sur la guerre des rebelles. Ces discours étaient convenablement coupés par de larges rasades. Il s'interrompit néanmoins et dit tout à coup à Manuel :

« Je vous ai vu quelque part; je ne sais si c'est en Europe ou en Amérique, mais je vous ai vu et je vous reconnais fort bien. Où vous ai-je rencontré?

— Je ne saurais vous dire; j'affirme pour moi ne vous avoir jamais vu, » répondit Manuel, qui sentait de nouveau sa gorge se serrer et se dessécher à la fois.

Borroughcliffe s'en douta probablement, car il remplit de nouveau les verres.

« Je vous ai vu, dit-il encore. Je répète que vous avez été soldat, et je voudrais... » Il n'acheva pas, il venait d'apercevoir le col de velours rattaché par une boucle d'argent que portait Manuel; il le désigna du doigt et ajouta aussitôt en se rengorgeant : « Mon sergent a deviné que vous aviez servi; j'affirme, moi, que vous êtes officier; un simple soldat ne porte pas du linge comme le vôtre, ni un col comme celui-ci!

— Je conviens, dit l'autre, que j'ai le grade de capitaine. »

Borroughcliffe se leva, et comme s'il eût été dégrisé subitement :

« Alors il ne faut pas voir en vous un vagabond et un déserteur; quelle aventure vous a amené dans ces parages? Que méditiez-vous contre cette maison? Vous n'appartenez pas non plus aux rebelles, malgré votre costume de marin; d'ailleurs, je ne crois pas aux rebelles : ils ont trop à faire chez eux pour venir inquiéter nos côtes. Et puis ils auraient à qui parler, » ajouta-t-il en se redressant et en cherchant à son côté son épée absente. Il s'aperçut qu'il avait une bouteille à la main, il l'acheva, et, ressaisi promptement par les fumées de l'ivresse, il s'écria en riant aux éclats : « Ah! je devine! je devine, camarade; vous n'êtes ni un déserteur, ni un rebelle, ni un vagabond; rien n'échappe à ma perspicacité : nous avons dans la maison de jeunes demoiselles... Ah! ah! avouez que je suis tombé juste! »

Cette conclusion inattendue fit sourire Manuel. Borroughcliffe supposa que c'était un acquiescement tacite.

« Camarade, je viendrai à votre secours : il faut bien s'aider l'un l'autre entre militaires. Ouvrez cette fenêtre. »

Manuel s'empressa d'obéir; mais, voyant la hauteur de l'étage, il se retourna vers Borroughcliffe et lui dit :

« Vous n'imaginez pas que je vais me rompre le cou en essayant de me sauver par cette fenêtre?

— Non, assurément; il suffit qu'on puisse le supposer. Allons, partons; donnez-moi le bras, vous qui avez l'habitude du pas militaire. »

Manuel avait remis sa jaquette bleue; il s'empara du bras du capitaine, et ils gagnèrent le corridor.

« Qui va là? cria le factionnaire.

— Ne craignez rien, dit Borroughcliffe, l'important est de marcher droit.

— Qui va là? reprit la sentinelle.

Griffith d'un violent coup de crosse étendit le soldat sur le carreau.

— Nous allons attraper une balle, murmura Manuel; nous sommes amis, cria-t-il aussitôt, ne reconnaissez-vous pas votre capitaine?

— Halte-là! répondit le soldat; avant tout, qu'on me donne le mot d'ordre!

— En avant! disait Borroughcliffe, dont les jambes fléchissaient, cela est plus facile à dire qu'à faire. Camarade, placez-vous à l'avant-garde, le mot d'ordre est *loyauté.* »

La sentinelle gardait l'entrée de l'escalier à l'autre bout du corridor; Manuel fit quelques pas pour la rejoindre, puis, une réflexion l'arrêtant tout à coup, il revint à l'officier anglais.

« Et mes compagnons? je ne puis rien sans eux.

— Les clefs sont sur les portes; Peters ne voulait pas me faire attendre. Eh bien, entrez et rassemblez vos forces. »

Manuel était déjà dans la chambre de Griffith, qui sortit immédiatement avec lui; il entra de même chez le pilote, et en deux mots le mit au courant de la situation.

« Je suis tout prêt, » dit l'officier de marine en rejoignant Borroughcliffe.

Ils s'avancèrent vers la sentinelle, qui n'avait pas bougé, mais qui avait toutefois remarqué l'état dans lequel se trouvait son capitaine.

« *Loyauté!* » dit Manuel.

Le factionnaire plaça son fusil en travers du passage, et dit à son chef :

« Ils ont le mot d'ordre; mais je n'ose les laisser passer.

— Et pourquoi, drôle? ne me reconnais-tu pas?

— Pardon, mon capitaine, j'ai reçu l'ordre du sergent de ne laisser sortir qui que ce soit.

— Que signifie cette mauvaise plaisanterie? demanda le pilote très froidement.

— Vous êtes malin, capitaine, dit Manuel, affectant de

prendre la chose en riant, envoyez chercher le sergent, il vous reconnaîtra et donnera à cet homme l'ordre de nous laisser passer.

— A la bonne heure! Peters, ouvrez cette fenêtre et appelez le sergent.

— Laissez-moi faire, » dit Griffith.

Au moment où le soldat allait se pencher pour appeler son sergent, le jeune marin lui arracha son mousquet, et d'un violent coup de crosse l'étendit sur le carreau.

« Maintenant, suivez-moi; le champ est libre.

— En avant! » répéta le pilote.

Et tous les trois descendirent en toute hâte l'escalier; ils ne rencontrèrent point d'obstacles sur leur chemin.

CHAPITRE XI

Le factionnaire n'était qu'étourdi; il recouvra le premier la parole : Borroughcliffe, tout en se rendant compte de ce qui venait de se passer, était incapable de mettre obstacle à la fuite des prisonniers; la surprise et l'hébètement l'avaient rendu muet.

« Donnerai-je l'alarme, mon capitaine? demanda Peters.

— Il vaut mieux, je crois, ne rien dire, balbutia-t-il. Je me suis trompé; ma perspicacité a été mise en défaut : c'est un marin. Il n'y a pas de corps qui ait moins de reconnaissance que la marine!

— Vous n'oublierez pas, capitaine, que j'ai fait mon devoir; j'ai été désarmé en exécutant vos ordres.

— Je ne sais rien, je ne veux rien savoir, si ce n'est que nous avons été maltraités. Cet officier de marine, entendez-vous, Peters, m'en rendra raison. Du madère mûri sur le versant méridional de l'île! Peters, fermez soigneusement ces portes, retirez les clefs et faites comme si rien n'était arrivé. » Et comme le soldat se plaignait du coup qu'il avait reçu, le capitaine dit encore : « Drôle, souviens-toi de ne pas dire un seul mot! Voici une couronne pour raccommoder ton crâne. Quand on viendra te relever, sois muet; je prends tout sur moi. »

Peters obéit, et Borroughcliffe regagna comme il put son appartement, en proférant des imprécations et des menaces contre tous les marins en général, et les soldats de l'infanterie de marine en particulier. Il était d'ailleurs dans d'excellentes dispositions pour dormir un bon somme; il n'y manqua point, et, le lendemain, le soleil était déjà levé depuis longtemps quand il fut éveillé tout à coup par un roulement de tambour.

« Qu'est-ce que cela signifie? dit-il en se mettant sur son séant et se frottant énergiquement les yeux; méprise-t-on à ce point mes ordres? J'ai défendu que la baguette touchât la peau du tambour pendant notre séjour sous ce toit hospitalier. »

Il entendit alors des piétinements dans la cour, et, interpellant son domestique, il lui demanda :

« Passe-t-on la revue des bestiaux de la ferme? Est-ce pour cela qu'on bat le tambour si matin?

— Non, Monsieur, c'est un détachement de dragons qui entre dans la cour.

— Un détachement de dragons! Dans la cour du château? Que me contez-vous là, drôle? Croit-on que nous ne suffisions plus à défendre la maison? Au fait, quelqu'un de ces messieurs en bottes a peut-être entendu parler de ce fameux nectar de la Caroline!

— C'est M. Dillon qui est parti hier soir chercher ce détachement, quand vous avez fait mettre les trois pirates aux fers.

— Des pirates aux fers! Qu'est-ce encore que cette histoire? Ah! vous voulez parler de ces trois hommes un peu suspects arrêtés hier soir? Mais qu'ont à voir M. Dillon et ces dragons avec les prisonniers?

— Je ne sais; mais on raconte que ce sont des conspirateurs, des rebelles des colonies..., des officiers généraux..., des membres du parlement yankee..., Washington en personne...

— Es-tu fou? Place mes vêtements à ma portée et va voir de combien de soldats se compose ce détachement, et fais mes compliments à l'officier qui le commande. »

Le valet parti, Borroughcliffe se mit en devoir de faire sa toilette. Il gardait d'abord cette conviction que les dragons n'avaient été attirés à Sainte-Ruth que par une indiscrétion commise à l'endroit de ce fameux vin mûri aux chauds rayons du soleil de la Caroline; mais l'intervention de Dillon en cette circonstance lui semblait inexplicable; puis l'idée lui revint qu'il avait été insulté grossièrement, maltraité même dans la personne de Peters, par un officier de l'infanterie de marine, et qu'un jour ou l'autre il faudrait bien laver cette querelle. Rien n'est désagréable comme d'avoir affaire à ces officiers qui ne sont ni soldats ni marins, une sorte de capitaine amphibie, qui goûtait fort bien le madère et manquait ensuite de respect à Borroughcliffe. Mais il saurait bien le retrouver! Et si Peters allait s'aviser de raconter l'histoire! Impossible pour cela de le faire passer par les verges; mais je m'en dédommagerais, concluait-il, à la première occasion, ou je n'entends rien à la manière dont on balance les comptes dans un régiment.

Sa toilette achevée, il descendit dans la cour; en l'apercevant le colonel Howard dit au jeune officier de cavalerie avec lequel il s'entretenait :

« Voici mon brave protecteur! » puis, s'adressant au capitaine : « Je vous présente M. Fitzgerald, cornette de dragons dans la cavalerie légère. »

Les deux officiers se saluèrent. Le colonel continua :

« Il paraît que nos prisonniers sont des gens déguisés,

des ennemis du roi. Monsieur Borroughcliffe, votre perspicacité nous sauve; nous étions perdus si nous les avions renvoyés, comme je le voulais d'abord. Comment ma loyauté a-t-elle pu être mise en défaut? Heureusement Kit, mon digne parent, a de meilleurs yeux que moi et une meilleure tête : il est allé chercher cet escadron qui les conduira immédiatement à Londres. Brave Kit, ajouta le vieillard, je voudrais qu'il eût déjà reçu de la chancellerie d'Angleterre la récompense qu'il mérite si bien! Mais patience! après cette guerre déloyale, on lui rendra justice!

— Qui a pu persuader à M. Dillon que nous étions en présence d'hommes dangereux? dit le capitaine.

— Je ne sais, mais Christophe n'a point agi sans de bonnes raisons.

— Soit! nous allons voir. Vous m'avez donné l'assurance qu'ils ne pouvaient s'évader par les fenêtres; je me suis contenté de faire garder le corridor.

— Soyez tranquille. Grâce à Dillon, ils n'échapperont pas à la justice qui les attend, et qui, je l'espère bien, voudra faire un exemple profitable aux autres; sans cette malheureuse guerre...

— Allons les chercher, dit Borroughcliffe; je persiste à croire que nous pourrons les enrôler, et qu'avec le secours d'une bonne discipline nous en ferons d'excellents soldats. Allons, sergent Drill, représentez-nous vos prisonniers. »

Dillon, qui venait de se joindre au groupe, entendant ces paroles, prit un air digne et pincé, mais il ne se donna point la peine de répondre : il savait à quoi s'en tenir. Ils prirent tous à la suite du sergent le chemin du bâtiment où se trouvaient les chambres des prisonniers.

Le roulement des sentinelles, peu nombreuses à Sainte-Ruth, avait ramené en faction le brave Peters. Borroughcliffe, qui pénétra le premier dans le corridor, lui recommanda de se tenir droit et de rentrer ses épaules pour faire honneur au régiment en présence d'un officier de cavalerie. Le brave garçon eut quelque peine à se redresser, et sa mauvaise grâce était évidente; il avait gardé un souvenir trop sensible du coup si vigoureusement assené par le lieutenant de marine. Borroughcliffe lui glissa une pièce d'argent dans la main en lui disant : « Surtout, pas un mot! tu ne sais rien! »

Toute la société étant arrivée dans le corridor, Dillon crut que le moment de se montrer était venu; il s'avança vers l'une des chambres, et dit aussitôt :

« Ouvrez cette porte, monsieur le sergent, c'est dans cette cage qu'est enfermé l'oiseau dont j'ai reconnu les plumes.

— Doucement, milord président, très noble et très puissant juge; quoi qu'en dise le colonel, vous n'êtes pas encore sur le siège de votre tribunal; vous donnerez des ordres quand vous installerez un jury de gros et gras campagnards prêts à vous obéir au premier signe; quant à mes soldats, ils n'ont d'ordre à recevoir que de moi. »

Dillon se mordit les lèvres et se confondit en excuses, sans toutefois perdre cet air de triomphe qu'il gardait depuis le commencement de l'entretien.

Borroughcliffe fit signe au sergent d'ouvrir la porte, et tous entrèrent vivement dans la chambre.

« Votre prisonnier s'est évadé, dit aussitôt le jeune cornette, qui s'assura du fait d'un coup d'œil.

— Non! non! c'est impossible, s'écria Dillon frémissant de rage. C'est une trahison! une trahison infâme contre le roi !

— Et qui accusez-vous, monsieur Christophe Dillon? dit avec solennité le capitaine Borroughcliffe; je ne souffrirais pas que vos soupçons se portassent sur un homme de mon régiment! »

Dillon était déjà redevenu maître de lui, et c'est de ce ton hypocrite et insinuant, dont il usait d'ordinaire, qu'il dit :

« Le colonel Howard vous dira si j'ai quelque raison de m'emporter, quand il saura que le prisonnier évadé de cette chambre n'était autre qu'Édouard Griffith, lieutenant de la marine des rebelles, traître à son roi!

— Quoi! s'écria le colonel en tressaillant, cet imprudent a-t-il osé souiller mon domicile de sa présence? Depuis qu'il a pris parti pour la rébellion, il sait bien que tout est rompu entre nous! Non, non, Kit, votre loyauté vous égare, il n'a pas eu cette témérité. Il n'aurait jamais osé se présenter devant moi.

— Aussi a-t-il bien eu soin de prendre un déguisement. Et qu'y a-t-il là qui vous surprenne? Son audace était peut-être encouragée. Oubliez-vous que les deux navires que l'on a signalés sur nos côtes vous ont tout d'abord inquiété? C'est pour cela que vous avez mis Sainte-Ruth sous la défense du capitaine Borroughcliffe. Songez qu'au lendemain du jour où ces navires se sont avancés au milieu de la baie de Devil's-Grip, nous avons trouvé ces trois individus rôdant autour de votre maison; ils venaient, à coup sûr, de ces navires; cela est incontestable! J'atteste, d'ailleurs, que malgré son déguisement j'ai fort bien reconnu M. Griffith.

— Je gagerais, interrompit Borroughcliffe, que l'un des trois avait servi!

— Il n'y a rien là d'étonnant; c'étaient sans doute trois officiers. Je suis allé chercher des secours, parce que j'étais sûr qu'ils avaient des renforts dans les environs. »

Tout cela était assez plausible; Borroughcliffe dut se rendre à l'évidence; en son âme et conscience il accusa le madère du colonel; c'était là le vrai coupable!

« Eh bien! Drill, dit-il, avez-vous trouvé les deux autres?

— Ils sont partis tous les trois, mon capitaine, et j'avoue que je ne conçois rien à une évasion semblable.

— Rébellion! disait le colonel hors de lui, maudite rébellion! Elle est la source de tous les maux.

— Je propose, dit alors Fitzgerald, de faire rafraîchir à la hâte mes hommes et leurs chevaux, et de poursuivre les fugitifs; ils n'ont peut-être pas encore eu le temps de reprendre la mer.

— C'est ce que j'allais proposer, dit le capitaine; nous laisserons à M. Dillon la garde de la maison; en se barricadant il tiendra aisément tête à l'ennemi avec les serviteurs du château, et nous serons là pour couper la retraite aux assaillants s'ils osent se présenter. »

Dillon n'avait guère de vocation pour l'état militaire; il fit la grimace. Heureusement le colonel Howard déclara qu'il ne laisserait à personne le soin de défendre Sainte-Ruth; que d'ailleurs l'expédition aurait besoin de Kit pour lui servir de guide sur la côte, dont il connaissait tous les passages difficiles.

« Allons déjeuner, dit Borroughcliffe, j'ai confiance dans le commandant de la citadelle. »

Le repas ne fut pas long, et bientôt toute la petite troupe, avec armes et bagages, fut rangée dans la cour du château. L'infanterie prit les devants, et Dillon, monté sur le meilleur cheval de chasse du colonel, partit au galop à côté du cornette Fitzgerald. Le colonel Howard, sur le seuil de sa porte, retrouva son ardeur d'autrefois en voyant défiler cette petite armée; sa loyauté fut rassurée, et quand il cessa d'entendre le bruit des pas des soldats, il rentra tout rajeuni dans sa vieille demeure, et se mit en devoir d'organiser de son mieux la défense en cas d'attaque.

Nous l'avons déjà dit, Sainte-Ruth n'est qu'à deux milles environ de l'Océan; diverses routes y conduisent à travers les terres; Dillon choisit la plus courte, et la cavalerie s'en allait si bon train que quelques instants après elle arriva sur la côte. Les cavaliers parcoururent du regard la vaste étendue des eaux, toujours agitées dans cette baie, où les courants et les récifs rendaient la navigation si difficile. Mais ils eurent beau explorer les rochers et examiner au loin la mer, ils n'aperçurent point les fugitifs.

Dillon, dont la haine et la récente découverte aiguillonnaient l'attention, cria pourtant tout à coup :

« Les voici! Hélas! hélas! ils vont nous échapper! »

Fitzgerald, regardant du côté indiqué par Dillon, aperçut, non loin du rivage et presque à leurs pieds, une petite barque au repos qui montait et descendait suivant le mouvement des flots; les rameurs paraissaient se reposer sur leurs avirons, décidés à ne pas aborder, non plus qu'à s'éloigner du rivage.

« Ce sont eux, répétait le futur magistrat, ou au moins la barque qui les attend.

— Que faire? disait le jeune officier; nous ne pouvons les atteindre, ils sont hors de la portée de nos mousquets. Que faire?

— Je saurai bien leur faire couper la retraite, dit tout à coup Dillon; je vais courir à toute bride vers la petite baie où se trouve le cutter de Sa Majesté. Il me faut une demi-heure pour y arriver. J'inviterai le capitaine à doubler ce promontoire, et nous les ferons prisonniers ou nous les coulerons à fond. Veuillez seulement garder la côte; peut-être nos évadés de Sainte-Ruth sont-ils encore dans l'intérieur. »

Il fit sentir l'éperon à son cheval et disparut bientôt, courant à toute bride vers le petit port où était mouillé l'*Alerte*. Il était royaliste; mais l'idée que la main et la fortune de miss Howard, s'il venait à faire disparaître son rival, lui seraient désormais assurées, donnait à ses convictions une ardeur à nulle autre pareille. Son coursier avait des ailes, il dévorait l'espace; Dillon le trouvait encore trop lent.

Le vieux commandant du cutter l'écouta sans partager son ardeur; il examina d'abord la mer, l'état du ciel, les signes mystérieux, secrets toujours ouverts pour l'œil d'un marin, qui s'annonçaient à l'horizon; lut et relut en entier ses instructions, et déclara enfin qu'il allait lever l'ancre. Les cinquante hommes de l'équipage, paraissant animés du même esprit et du même zèle que le capitaine, exécutèrent la manœuvre commandée avec une sage lenteur et une circonspection bien faite pour exaspérer le jeune parent du colonel Howard. Néanmoins, pendant qu'on doublait la pointe derrière laquelle devaient se trouver les fugitifs, on disposa les canons, et tout fut préparé en vue d'une action sérieuse.

Notre futur magistrat, pour montrer aux marins où se trouvait la barque des rebelles, avait dû s'embarquer sur l'*Alerte,* à son grand regret à la vérité. S'il eût trouvé un autre chemin pour arriver à mériter les faveurs de miss Howard, il l'eût pris bien sûr; mais Cécile n'avait point paru susceptible de s'éprendre du droit ni de la législation; et lui, hélas! n'avait pas plus de vocation pour la marine que pour l'armée. Cette fois au moins ses dispositions étaient bien prises : Griffith n'échapperait pas, qu'il eût ou non déjà rejoint la barque.

CHAPITRE XII

Griffith et Barnstable, en témoignant d'un intérêt très vif pour le succès de l'expédition projetée par le pilote, avaient, nous le savons, un motif particulier pour l'accompagner à terre. M. Gray, comme l'avait appelé le vieux Munson, connut vite le caractère et la valeur des deux jeunes gens; il sut dès lors les apprécier. Quand ils eurent jeté l'ancre dans une baie bien abritée, et que les rochers dérobaient à tous les regards, le pilote décida qu'il n'emmènerait avec lui que deux officiers, Griffith et Manuel; Barnstable devait rester à la garde de son schooner; il lui fallut une grande force de volonté pour accepter cet arrangement; mais la discipline devait régler tous les mouvements, il fallut s'y soumettre. D'ailleurs il ne s'agissait encore que d'une reconnaissance : le pilote, préparant son coup de main pour la nuit suivante, voulait aller se renseigner à l'avance et savoir si la partie de chasse qui devait réunir le lendemain les personnages dont il voulait s'emparer, tenait toujours. Sûr de son fait, il aurait alors dressé ses batteries pour les saisir au milieu de la soirée, au moment où les douceurs de la table succéderaient à l'ardeur de la chasse.

Le pilote, Griffith et Manuel furent donc déposés à terre,

et Barnstable reçut l'ordre de se maintenir le lendemain matin aussi près que possible de la côte pour les ramener au schooner à leur retour. Barnstable ne manqua point de faire à Griffith ses recommandations relativement à Sainte-Ruth, et c'est en voulant s'y conformer que le jeune lieutenant, qui avait obtenu, assez malaisément, du grave pilote de se détourner un peu de sa route, tomba avec ses deux compagnons entre les mains des sentinelles de Borroughcliffe.

Quand Fitzgerald et Dillon arrivèrent sur les hauteurs de la falaise, Barnstable était à son poste dans sa barque, attendant le retour de ses amis. Le pilote, toujours prudent, avait fixé une heure après laquelle la barque ne devait plus les attendre sur la côte, mais retourner vers l'*Ariel*, qu'ils rejoindraient toujours bien, à l'aide de signaux, d'une façon ou d'une autre.

L'heure était passée, et Barnstable, craignant qu'il ne fût arrivé malheur à son ami, allait, quoique à regret, suivre ses instructions et regagner son bâtiment. Depuis que le soleil avait paru, ses yeux n'avaient pas quitté la crête des rochers; il parcourut encore une fois rapidement la côte d'un coup d'œil, et dit à maître Tom Coffin :

« Donnez des ordres pour qu'on s'écarte du rivage et dirigez-vous vers l'*Ariel*, mais doucement, sans faire force de rames. Ayez toujours l'œil sur les rochers; je crains que nos amis n'aient été contraints à se cacher dans quelque trou. »

La barque s'éloigna lentement, comme à regret; elle avait fait un mille à peu près quand une sorte de sifflement traversa les airs, et il se produisit aussitôt une grande agitation dans la mer.

« C'est une baleine qui souffle, maître Tom, dit le jeune capitaine.

Tom Coffin brandit en l'air son redoutable harpon.

— Oui, Monsieur, répondit Coffin avec son sang-froid habituel, je l'ai bien reconnue. Le vent d'est l'a poussée vers la côte, et elle commence à manquer d'eau.

— Peut-être n'est-ce qu'un cachalot, répondit Barnstable.

— Non, Monsieur, non, c'est une vraie baleine, une véritable tonne d'huile! Ma fortune serait faite si je la tenais dans la baie de Boston. »

Le jeune homme sourit, puis il contempla de nouveau les rochers. Il ne vit nulle part le signal convenu qui devait indiquer le retour de Griffith et de ses compagnons; involontairement, dans l'indécision où flottait son esprit, il reporta les yeux sur la baleine, qui montrait son dos hors des flots. La tentation était trop forte.

« Avez-vous une corde pour attacher ce harpon qui ne vous quitte jamais?

— Capitaine Barnstable, la barque est fournie de tout ce qui peut nous être nécessaire. »

L'ami de Griffith jeta un coup d'œil à sa montre, un autre sur les rochers.

« Nous n'avons rien de mieux à faire, dit-il; ramez, camarades, nous allons faire sentir le harpon à cette imprudente. »

Les marins poussèrent un cri de joie, et Tom Coffin ébaucha une grimace qui pouvait passer à la rigueur pour un sourire de satisfaction; il retira d'un tonneau une corde roulée, un peu courte peut-être, mais suffisante avec un équipage prompt à la manœuvre. La baleine ne parut pas les voir venir; cependant, quand ils ne furent plus qu'à quelques pieds d'elle, ils la virent cacher sa tête sous l'eau, et commencer à battre la mer de sa queue formidable. Le bruit qu'elle faisait ainsi était si vif, que les rochers de la côte, en en renvoyant l'écho, semblaient répercuter le bruit d'une canonnade acharnée.

La barque s'était arrêtée à temps sur un signe du contre-maître; après avoir ainsi donné une idée de sa force, le monstre marin disparut sous les eaux.

« De quel côté est-elle allée, Tom? demanda Barnstable.

— Nous ne tarderons pas à la revoir, Monsieur; voulez-vous que nous avancions de quelques brasses à tribord? »

L'expérience du vieux marin ne l'avait point trompé; l'animal reparut bientôt et demeura immobile à la surface de la mer, se laissant balancer mollement par les vagues; la chaloupe vint doucement se ranger à peu de distance du monstre, la proue toucha presque une de ses énormes nageoires; alors Tom Coffin brandit en l'air son redoutable harpon, et le lança avec une telle violence, que le fer tout entier pénétra dans le corps de l'animal.

« En arrière, tous! » cria-t-il, son coup à peine lancé.

L'animal, qui ne connaissait ni sa force ni la faiblesse de ses ennemis, ne songea point à la vengeance; étourdi par ce coup imprévu, il resta un instant comme saisi d'une sorte d'inertie stupide; puis tout à coup, battant la mer avec violence, il disparut au milieu des flots écumants. La corde reliée au harpon fut déroulée rapidement; mais la vitesse était si grande, que Tom Coffin dut essayer de la diminuer en faisant faire à la corde un demi-tour autour d'un bloc de bois amarré à la proue pour cet usage. La corde se tendit alors et se montra à la surface de la mer, indiquant parfaitement la direction que prenait la baleine; la barque était entraînée avec une si grande rapidité, qu'elle menaçait à chaque instant de sombrer. La baleine reparut encore, et Tom poussa un cri de triomphe quand il vit que l'eau qui jaillissait de ses narines était teinte de sang.

« Tâtez la corde, dit alors Barnstable; n'y aurait-il pas moyen de remorquer la bête de notre côté? car la route qu'elle prend nous éloigne du schooner. »

Mais la baleine commençait déjà à ralentir sa marche; bientôt même elle parut rester à peu près stationnaire à la surface de l'eau.

« Avancerons-nous? dit Barnstable.

— Non, Monsieur; la baleine va mourir; c'est le moment de nous écarter; vite en arrière! elle va être saisie par les fureurs de l'agonie. »

Rien ne saurait rendre l'état de violence dans lequel entra le monstre marin; la mer était agitée au loin comme par un tourbillon; les vagues, teintes de sang, étaient refoulées; l'écume jaillissait de tous côtés; du sein du brouillard ensanglanté derrière lequel agonisait la baleine partaient mille cris horribles, semblables aux mugissements d'un troupeau entier. Enfin l'agitation de l'eau se calma, les flots reprirent leur mouvement régulier; la baleine reparut sans vie à la surface de la mer, et montrant la peau blanche et luisante de son ventre. Les marins connurent alors que leur victoire était complète.

« Qu'en ferons-nous maintenant? dit Barnstable; le vent va la pousser à terre, et nous aurons fourni de l'huile à nos ennemis.

— Je veux toujours dégager mon harpon et reprendre ma corde; je ne compte rien laisser, au moins de ce qui m'appartient, à ces chiens d'Anglais.

— Ne parlez pas si vite, dit un rameur; je ne sais s'ils vous prendront votre morceau de fer, mais les voilà en chasse.

— Que dites-vous? reprit Barnstable.

— Voyez vous-même, capitaine. »

L'*Alerte*, toutes voiles déployées, doublait en ce moment le promontoire, et n'était guère qu'à deux milles de distance de la barque.

« Donnez-moi ma lunette; si c'est un bâtiment armé, il

faudra que nous prenions le large; dans le cas contraire, nous serons assez forts pour nous rendre maîtres de lui. »

Après une minute d'un examen fort attentif, il reprit :

« Le drôle a de bonnes dents et de grands bras, et il porte le pavillon du roi Georges. Allons, mes enfants, force de rames! notre vie en dépend. Tom, ton harpon est perdu. »

Les rameurs ne se le firent pas dire deux fois; ils jetèrent bas leur casaque bleue, et imprimèrent à la barque une vitesse prodigieuse ; cette course dura plus d'une demi-heure avant qu'une autre parole eût été prononcée, chacun donnant toutes ses forces et retenant son souffle. Le cutter gagnait pourtant sur eux; tout le favorisait : la mer calme, un vent favorable et un courant qui augmentait encore sa vitesse. Barnstable conservait son sang-froid, mais l'inquiétude assombrissait son visage.

« Déchargez un peu la barque, maître Tom; et puis, ajouta-t-il en souriant, vos mains délicates voudront bien aussi manier la rame; je vous remplacerai à la barre. »

Au bout d'un instant, il reprit sur le même ton de gaieté, sans doute pour détourner l'esprit de ses hommes de l'idée du danger qu'ils couraient tous :

« Qu'en pensez-vous, Tom-le-Long? nous avons trois partis à prendre; lequel choisissez-vous? Faire face à l'ennemi et être promptement coulés à fond; ou bien regagner la côte et tâcher de rejoindre le schooner par la voie de terre; ou enfin passer entre les rochers et le cutter, sous son feu, en gagnant le vent? Tom, sans la baleine, nous serions à bord de l'*Ariel* maintenant. Mais quel est ton avis? »

Le contremaître allait répondre avec son flegme habituel, mais au même instant Barnstable aperçut sur la côte les soldats venus de Sainte-Ruth, et il trembla pour ses amis;

la voie de terre était fermée. Tournant alors les yeux vers l'*Alerte,* il aperçut une colonne de fumée blanche qui montait au milieu de ses mâts; un coup de canon se fit entendre, et le boulet, ricochant sur les flots, vint tomber à quelque distance de la barque.

« L'Anglais a la voix claire, dit Coffin, mais il aurait mieux fait de rester muet; l'*Ariel* va l'entendre.

— Vous avez raison, l'ami, dit Barnstable. Donnez-moi un mousquet, je vais lui répondre afin qu'il continue l'entretien. »

Le capitaine tira en l'air plusieurs coups comme par bravade; l'ennemi se laissa prendre à la ruse et répondit par une volée; la barque n'était pas à portée, aucun boulet n'arriva jusqu'à nos marins.

Mais le cutter gagnait toujours, même il venait de déployer ses plus petites voiles pour en finir plus tôt; quelques minutes encore et ses coups allaient devenir redoutables. Barnstable tira derechef en l'air, et le bruit du canon de l'*Ariel* cette fois lui répondit; il se retourna, le petit schooner arrivait à toute voile, sortant de l'anse où il s'était tenu caché.

« Forçons de rames, mes amis, forçons de rames; il faut que nous fassions plus ample connaissance avec ce cutter. »

Au bout de quelques minutes, la barque rejoignit l'*Ariel;* le capitaine et ses compagnons furent reçus au bruit d'acclamations, qui retentirent jusqu'aux oreilles des soldats placés sur le rivage, fort mécontents de la façon dont se terminait la lutte à laquelle ils venaient d'assister.

Les cris joyeux poussés par l'équipage de l'*Ariel* se prolongeaient encore, que déjà Barnstable, ayant serré la main à ses officiers, disait à ses marins :

« Je vous remercie, mes enfants; si l'*Ariel* avait été seulement un mille en arrière, nous étions perdus. Voilà notre ennemi qui cargue ses voiles; cela veut dire qu'il nous attend; nous ne nous le ferons pas dire deux fois. Dieu merci! le capitaine Manuel a emmené tous ses soldats; ils auraient encombré notre pont. Qu'en a-t-il fait? Je l'ignore, mais il nous en a débarrassés. Nous avons donc la place libre, un bon vent et une mer passable; c'est assez pour fouetter d'importance cette toupie. Qu'on mette la barre de son côté; nous allons gagner notre déjeuner! »

Les acclamations les plus enthousiastes prouvèrent au jeune capitaine que ses marins l'entendaient parfaitement. Ils hochaient la tête d'un air satisfait, jurant que Barnstable savait parler quand il voulait s'en mêler; que M. Griffith lui-même n'aurait pas mieux dit.

L'*Ariel,* couvert de toutes ses voiles, suivait alors la côte le long des rochers pour aller prendre le vent; la terre était si voisine, que les matelots distinguaient parfaitement les cavaliers de Fitzgerald et les soldats de marine de Borroughcliffe.

« Si Griffith est quelque part par là sur la rive, il va suivre en spectateur notre combat et compter les coups, disait Barnstable à M. Merry; votre lieutenant est mon meilleur ami, mais j'aime autant qu'il soit à terre que sur mon schooner. Je ne me soucierais pas qu'un autre commandât aujourd'hui la manœuvre sur mon bord. Pourvu que ce cutter n'ait pas l'envie de nous éviter maintenant.

— Quant à moi, repartit le midshipman, je voudrais que M. Griffith fût ici en sûreté au milieu de nous; voyez tous ces soldats sur la côte: l'alarme est donnée, je ne sais ce qui en arrivera. »

Pendant cette conversation, le commandant du cutter s'éloignait du rivage, en homme prudent et sage; mais les dispositions qu'il prenait n'indiquaient point l'intention de fuir; ce que voyant, Barnstable dit à Merry:

« Allons, Monsieur, faites battre le tambour. »

Jusqu'alors l'équipage était resté partagé en petits groupes, regardant le navire ennemi et discutant les chances du combat; au premier coup de baguette, tout le monde courut à son poste; les canons furent entourés de jeunes et vigoureux gaillards; les marins rangés en bon ordre sur le pont, ayant leurs officiers à leur tête, avaient le mousquet sur l'épaule, les pistolets à la ceinture et le sabre nu à la main; ils étaient tous coiffés du bonnet d'abordage. Des piles de mousquets, de piques et de haches étaient disposées sur divers points du tillac. Les matelots cessèrent de rire et gardèrent le plus grand silence, ne se communiquant plus leurs impressions qu'à voix basse.

Barnstable, sa lunette et son porte-voix à la main avec des armes passées dans la ceinture, se promenait fièrement au milieu du pont.

Le cutter anglais continuait à s'éloigner de la côte, mais il diminuait de plus en plus sa toile; arrivé à deux milles environ du rivage, il prit le vent et tira un coup de canon dans la direction opposée à l'*Ariel*.

« Ton affaire sera faite avant qu'on vienne à ton secours, » murmura Tom Coffin.

Le vieux contremaître avait pris ses arrangements pour le combat; lorsque le rappel avait battu, il avait jeté de côté son surtout, sa veste et même sa chemise, comme s'il eût été sous le soleil de l'Amérique; personne n'y prit garde; c'était sur l'*Ariel* un être privilégié. L'équipage regardait ses opinions en marine comme des oracles, et l'on savait que le commandant lui-même daignait parfois prendre son avis. Debout derrière son canon, baptisé de son nom par Barnstable, Tom le Long tenait ses bras nerveux croisés sur sa large poitrine rouge et velue, ses cheveux flottaient au vent, et de sa haute taille il dominait tout l'équipage.

« Faites porter les voiles! dit le commandant d'une voix forte, nous arrivons à portée. Ce cutter est bon voilier, Tom le Long; s'il continue à marcher ainsi, nous ne pourrons songer à l'abordage avec la nuit.

— Il y aurait peut-être moyen de faire une échancrure dans ses voiles et de ralentir sa marche.

— C'est une idée, Tom. Je regrette pourtant d'être obligé de faire du bruit, je crains d'attirer la frégate; je voudrais tant pouvoir expédier seul ce cutter. Mais s'il allait nous échapper! Dis-lui un mot, Tom, nous verrons bien s'il veut répondre. »

Coffin mit sa tête à la hauteur de sa longue pièce et approcha vivement la mèche. Tout l'équipage, gêné par la fumée, ne fut à l'instant préoccupé que de l'effet produit par le boulet du contremaître; Barnstable sauta sur un canon, et Tom, se penchant en dehors, regarda par l'embrasure d'un sabord.

« Bravo! s'écria Barnstable, les chiffons s'envolent au vent. Saluez-le encore une fois d'aussi bonne façon. »

L'étrange contremaître, au lieu de revenir à sa pièce et de jouir de son succès, parut tout à coup courroucé; il venait d'apercevoir dans les dalots un mousse qui jouait avec son harpon; il voulait, oubliant l'Anglais, frotter les épaules du gamin. Le commandant dut lui promettre de le corriger lui-même pour le ramener à sa pièce; il rechargea en murmurant et en tenant le gamin à l'œil :

« Fils de Satan, disait-il, quand j'aurai besoin de mon harpon, il sera rouillé; la baleine m'en a emporté un déjà. De quoi se mêle-t-il de toucher à un outil dont il ne connaît pas l'usage?

— Ne pensez pas au mousse, Tom, je m'en charge; songez à pousser la balle à l'Anglais. »

On entendit en ce moment le tambour du cutter appeler à son tour les matelots à leurs postes.

« Allons, Coffin, allons donc! s'écria Barnstable; Tom le Long n'ouvrira-t-il pas la bouche? »

Le second coup lancé par Tom Coffin fut le signal du combat; son boulet ayant encore produit des dégâts sérieux dans la mâture du cutter, son commandant y fit répondre par une bordée de l'*Alerte*. Ses canonniers avaient bien visé, mais la distance était encore trop grande; à peine deux ou trois boulets vinrent en mourant frapper les flancs de l'*Ariel* sans y causer aucun dommage sérieux.

« Il ne faut pas changer de méthode, dit Barnstable, voyant le succès de son canon à long tir; avant de l'aborder, nous allons désemparer le cutter; profitons de notre avantage, ses coups ne nous atteignent pas encore. »

Pendant dix à quinze minutes, le contremaître et ses aides furent seuls occupés sur l'*Ariel;* les coups portaient presque toujours; enfin le commandant du cutter, devinant l'intention de son adversaire et sentant d'ailleurs l'impossibilité de battre en retraite avec ses avaries déjà nombreuses, se décida à gouverner de façon à ne plus recevoir le feu de l'ennemi par la poupe. Barnstable surveillait tous ses mouvements; quand les deux navires furent à une distance convenable, il donna l'ordre d'ouvrir un feu général. L'action devint très vive de part et d'autre; les canonniers poussaient des cris d'enthousiasme à chaque décharge. Coffin se taisait, apportant toujours à sa besogne le soin d'un homme qui tient aux principes et qui veut toujours agir avec la plus grande régularité. Barnstable, les yeux brillants, gardait au milieu de l'action le plus beau sang-froid et veillait à tout.

« Pointez bien, disait-il de fois à autre d'une voix qui dominait le bruit du canon. Ne visez pas aux cordages; criblez-leur le flanc! »

Le capitaine anglais était aussi un brave marin; il avait eu tort de laisser l'action s'engager avec les désavantages qui lui venaient du peu de portée de ses canons; mais, cette faute réparée, il se battait fort bien. Les deux navires étaient si rapprochés, la fumée les enveloppait si bien, qu'ils restaient confondus pour les spectateurs placés sur les rochers. Les soldats qui suivaient de loin la lutte avec un intérêt si vif restèrent dans la plus grande incertitude, et, la lutte terminée, ils ne surent pas à qui était restée la victoire.

Le feu de l'*Ariel* était plus soutenu, le schooner ayant moins souffert au début du combat; son équipage était aussi plus dispos et moins fatigué. Le capitaine anglais, pour retrouver ses chances, parut décidé à jeter le grappin sur son ennemi. Barnstable avait prévu cette manœuvre; il était prêt. Il fit la moitié du chemin; quelques minutes plus tard les deux navires se touchaient; la poupe du schooner fut attachée à la proue du cutter, grâce aux efforts simultanés des deux équipages.

Le véritable combat ne faisait que de commencer; bientôt on entendit le capitaine anglais crier d'une voix forte:

« Suivez-moi, mes enfants, à l'abordage!

— En avant! en avant à l'arrière du tribord! » reprit aussitôt Barnstable, qui jeta ensuite de côté son porte-voix, et courut le sabre à la main au-devant de l'ennemi, au milieu d'incessantes décharges de fusils et de pistolets.

« Jetez-le à bas de son pont, cria encore le capitaine anglais en montrant Barnstable; jetez à la mer tous ces rebelles!

— A moi, camarades! à moi! » répétait le jeune et courageux marin en portant un coup terrible à celui de ses ennemis qui s'était le plus avancé; « à moi, et que pas un de ces Anglais ne boive ce soir un verre de grog! »

Une décharge de mousqueterie partie de l'*Ariel* sembla

vouloir réaliser la menace de son capitaine; une douzaine des plus braves marins du cutter tombèrent à côté de leur chef, qui dut abandonner sa proie pour regagner le pont de son navire, afin de ranimer ses gens et de les ramener au combat.

« A l'abordage! s'écria Barnstable; venez tous et que pas un ne reste en arrière! »

Et, pour donner l'exemple, il allait sauter sur le cutter, quand une main de fer le saisit et le contraignit à rester à son bord. C'était Tom Coffin.

« Mon capitaine, c'est la baleine qui va entrer en agonie, ne vous exposez pas à recevoir un coup de queue; je vais passer devant avec mon harpon. »

Le contremaître prit son élan pour sauter sur le vaisseau ennemi; mais, juste à ce moment, une vague sépara les deux bâtiments, et Coffin tomba à la mer. Comme l'*Alerte* avait lâché en même temps une décharge générale, on le crut mort. Barnstable, devenu furieux, ne se contenant plus, s'écria:

« A l'abordage! vengeons Tom le Long! la victoire ou la mort! »

Les Américains se précipitèrent avec rage sur le pont de l'*Alerte* et s'y répandirent, non sans se voir disputer vivement le terrain. Le capitaine anglais n'avait garde de faiblir et payait de sa personne comme un simple soldat. Le tillac était devenu un champ clos où l'on se battait corps à corps; la mêlée était horrible. Dans les hasards de cette lutte, qui ne permettaient point de concerter des mouvements simultanés et réguliers, il arriva que Barnstable, près de la proue, et le capitaine anglais à la poupe, entraînant leurs hommes, gardaient l'avantage autour d'eux, chacun de leur côté. Le commandant du cutter, voyant cette situation se prolonger, marcha avec trois ou quatre de ses plus braves marins droit au capitaine de l'*Ariel*, et un de ses hommes le coucha en joue; le coup allait partir, quand Merry, qui avait suivi le jeu de l'Anglais, lui porta une botte si violente qu'il le renversa. Le marin ennemi poussa un hurlement féroce, ramassa son arme et allait sacrifier le jeune midshipman à sa vengeance; mais celui-ci le prévint, et lui plongea son couteau dans la poitrine.

« Hourra! cria Barnstable, à qui cette scène n'avait point échappé, et qui continuait à s'avancer vers le milieu du tillac, renversant tous ses adversaires; hourra! vengeance et victoire!

— Nous les tenons! dit alors le capitaine anglais aux combattants placés à ses côtés. Laissez-les passer, ajouta-t-il en s'adressant à ceux qui tenaient encore tête à Barnstable; laissez-les passer, en arrière! nous allons les mettre entre deux feux. »

Cette manœuvre, bien exécutée, pouvait changer la face encore indécise des choses; mais un événement inattendu vint tout déranger. Un homme d'une taille gigantesque, nu jusqu'à la ceinture, se montra tout à coup dans les portehaubans du cutter, et d'un bond sauta sur le tillac. C'était Tom Coffin, armé de son harpon; il ne fit qu'un saut jusqu'au capitaine anglais, et, sans mot dire, il le cloua à son grand mât.

« Tous à l'arrière! » cria-t-il aussitôt par une sorte d'instinct, après avoir porté ce coup; et, ramassant à ses pieds un mousquet, il se servit de la crosse comme d'une massue, et en déchargea à droite et à gauche des coups terribles.

Le malheureux commandant de l'*Alerte* voulut encore brandir son sabre, mais ses yeux roulaient déjà tout égarés dans leur orbite, et les angoisses de la mort se peignaient sur son visage; il pencha la tête sur sa poitrine ensanglantée et mourut cloué à son mât. Les quelques Anglais restés auprès de lui, plongés dans une horreur silencieuse, ne songèrent plus à se défendre; plusieurs disparurent sous le pont

Tom Coffin ne fit qu'un saut jusqu'au capitaine anglais, et le cloua à son grand mât.

et jusque dans la cale; les Américains restaient maîtres du bâtiment. Le combat était achevé.

« Si j'avais laissé ce mousse, cet enfant de Satan, gâter mon harpon, dit le flegmatique contremaître à Barnstable, qu'il avait rejoint, ce coup-là n'aurait pas réussi. »

Les deux tiers des marins de l'équipage du cutter avaient succombé; les Américains avaient aussi, de leur côté, acheté bien cher la victoire.

Mais, pour les vainqueurs, ce n'était pas encore l'heure de compter leurs morts; l'enthousiasme du triomphe leur fit pousser des acclamations de joie qui retentirent jusqu'au rivage.

Ces transports tumultueux firent bientôt place aux soins que réclamaient les devoirs de l'humanité. Après avoir séparé les deux bâtiments, on jeta à la mer les corps de ceux qui avaient succombé, on descendit les blessés dans la cabane, et les prisonniers furent garrottés. Pendant ce temps, Barnstable se promenait sur le tillac, visiblement livré à de profondes réflexions; il passait fréquemment la main sur son front et semblait s'absorber dans la solution d'un important problème. Enfin il fit connaître à l'équipage la grave résolution qu'il venait de prendre.

« Baissez tous les pavillons, cria-t-il d'une voix forte, et arborez les couleurs de l'Angleterre! »

L'arrivée d'une flotte ennemie, surgissant tout à coup du sein des ondes, n'eût pas paru plus extraordinaire à l'équipage que cet ordre inattendu. Pensez donc! mettre à la place du drapeau des États pour lequel ils avaient tous exposé si souvent leur vie, mettre à sa place les couleurs de l'oppresseur, de la nation ennemie qu'ils avaient combattue avec tant d'acharnement, et cela après une victoire aussi complète, aussi éclatante! Une sorte de crainte religieuse s'empara des matelots; la discipline ne permettait pas de protester; tous cependant s'arrêtèrent comme frappés d'immobilité, et Tom Coffin, usant d'un privilège irrégulier mais non contesté, exprima les sentiments de tous :

« Si vous trouvez, commandant, que les Anglais n'en ont pas assez, faites-les revenir : nous pouvons encore en harponner quelques-uns... Après tout, ce n'est pas l'embarras, à quoi bon? dit-il en montrant les couleurs anglaises flottant déjà au grand mât; à quoi bon, si cela doit finir ainsi?

— Taisez-vous, vieux radoteur, murmura Barnstable, de façon pourtant à être entendu de l'équipage; avez-vous donc oublié nos amis restés à terre? Passe encore pour les soldats de marine; mais voulez-vous que Griffith aille pourrir dans un cachot ou danser au bout d'une corde? »

Tom le Long laissa tomber sa large main sur sa cuisse; il parut un instant réfléchir; il eut un sourire qui ressemblait fort à une grimace, et, ses yeux se reportant sur les couleurs ennemies, il parut les voir avec moins de déplaisir et dit à Barnstable :

« Je vous entends, capitaine, il faut jeter de la poudre aux yeux de ces Anglais, jusqu'à ce que nous trouvions l'occasion de venir en aide à nos amis. Ah! mon maître! quelle grimace ils vont faire en reconnaissant que leur pavillon couvre de vrais Yankees! »

Le maître charpentier avait déjà réparé les avaries de l'*Alerte*, et Barnstable fit passer à bord de l'*Ariel* les quelques prisonniers qui n'étaient pas blessés. Pendant qu'on s'occupait de ce soin, deux marins amenèrent ou plutôt traînèrent sur le pont un homme qui semblait en proie à la plus grande frayeur.

« Qu'est-ce que cela? demanda le jeune officier. Un amateur? un volontaire? un artiste? C'est un lâche, à coup sûr. En quelle qualité, Monsieur, serviez-vous sur le navire? » lui demanda-t-il.

Le prisonnier, tremblant de se trouver en présence de

Griffith, reprit un peu possession de lui-même en se trouvant en face d'une figure inconnue; il n'avait jamais eu l'occasion de voir Barnstable en Amérique.

« Je me trouvais à bord par hasard, répondit-il, quand le capitaine de ce cutter résolut de vous attaquer. »

Le jeune midshipman Merry, que Dillon ne pouvait reconnaître sous son uniforme, que d'ailleurs il n'avait vu que très peu et encore tout enfant, attira le commandant à l'écart et lui dit :

« C'est M. Dillon, le parent du colonel Howard; celui qui poursuit depuis longtemps un projet qui n'a guère l'assentiment de ma cousine Cécile.

— Dillon! répéta Barnstable en se frottant les mains; Kit Dillon! j'ai entendu parler de lui; mais cette prise vaut cent fois celle de l'*Alerte!* »

Ils retournèrent aussitôt vers le prisonnier.

« Mon devoir, Monsieur, lui dit-il froidement, m'oblige à vous garder quelque temps à mon bord; vous y serez bien traité, nous ne voulons pas que votre captivité vous semble trop rude. »

Puis il le salua de la tête et lui tourna le dos.

Bientôt on put mettre à la voile et se rapprocher des côtes. Les soldats anglais, toujours en observation sur la falaise, apercevant les couleurs de leur pays, imaginèrent sans peine que la victoire était restée à la vieille Angleterre, et on les entendit faire retentir le rivage de leurs cris de triomphe; ils virent l'*Ariel,* escortant sa prise, se diriger lentement vers le petit port qui, quelques heures auparavant, abritait le cutter; ils se félicitèrent mutuellement et rentrèrent dans l'intérieur des terres.

Borroughcliffe n'avait pas attendu le dernier moment pour courir en toute hâte vers Sainte-Ruth; il était fort aise d'apporter une semblable nouvelle, et il se forgeait à l'avance une incomparable félicité en pensant à la manière digne dont il conviendrait de la fêter avec le colonel; le madère, le porto, l'excellent vin de la Caroline devaient jouer un grand rôle dans l'accomplissement de ce patriotique devoir.

Pendant que nos marins couraient péniblement et lentement de nombreuses bordées, — car Barnstable ne voulait rentrer dans le port qu'à la nuit tombante, — une grande douleur était réservée au pauvre contremaître, Tom Coffin; on rencontra, flottant au gré des vagues, le corps de la baleine si vigoureusement harponnée le matin.

« Si je tenais cette créature, dit mélancoliquement le vieux marin, si je la tenais dans le port de Boston, ma fortune serait faite! Mais ni les honneurs ni la fortune ne sont pour moi! Tom Coffin n'a d'autre destin sur la terre que de virer et de revirer pour résister aux ouragans de la vie, en prenant bien garde toutefois de ne pas laisser fendre ses vieilles vergues.

— Vous devenez sentimental, Tom le Long, dit Barnstable, qui l'entendit, vous allez échouer dans les bas-fonds de la poésie. »

Le vieux contremaître ne répondit pas; il s'en alla s'accouder sur le couronnement de la poupe, et, tant qu'il put l'apercevoir, il regarda la baleine. Les requins s'étaient déjà attachés à sa victime, et cela lui soulevait le cœur.

« Une si belle créature! murmura-t-il. Si je la tenais dans la baie de Boston, ma fortune serait faite! Encore si j'avais retiré mon harpon! Capitaine, dit-il tout à coup, avez-vous frotté les oreilles à ce mousse qui tantôt, dans les dalots, jouait avec mon harpon? »

Barnstable ne répondit pas; on arrivait dans la passe du petit port où il voulait entrer, et justement il prévenait son équipage que l'heure était venue de montrer plus que jamais de la prudence et de l'intrépidité.

CHAPITRE XIII

Au sortir de l'abbaye de Sainte-Ruth, Griffith et ses deux compagnons évitèrent soigneusement les regards des sentinelles placées près du vieux château par Borroughcliffe, et se trouvèrent bientôt à l'abri de toute inquiétude. Ces hommes résolus, ayant atteint le bois dont nous avons déjà parlé et qui confinait à la propriété du colonel, échangèrent alors quelques paroles.

« Il était temps, dit le jeune lieutenant, d'autant mieux que j'étais résolu à tout souffrir plutôt que d'user de violence dans la maison du colonel Howard.

— Il eût mieux valu ne pas s'exposer à y entrer, » dit sévèrement le pilote; et il ajouta d'un air plus sombre encore : « J'ai lieu de croire maintenant que notre entreprise est avortée. L'alarme va se répandre dans le pays; on fera prendre les armes à la milice, et la partie de chasse qui devait réunir les hauts personnages dont je voulais m'emparer sera sûrement abandonnée. Le seul bruit d'une descente dans l'île tiendra tous les yeux ouverts à dix lieues à la ronde.

— Vous qui êtes du pays, interrompit le capitaine Manuel, vous devez savoir ce que c'est que d'être tenu en éveil par l'ennemi! Le Français Thurot et le fameux capitaine écossais ont dû vous mettre plus d'une fois la puce à l'oreille! Oui, le brave Paul... »

Griffith, avec une intention marquée, coupa la parole à Manuel et lui dit :

« N'avez-vous pas vous-même ressenti quelque frayeur à la pensée que vous pourriez être réservé pour les prisons anglaises?

— Dites donc tout de suite pour le gibet. Car nous avions chance, reprit le capitaine, de n'être pas mieux traités que ce diable de Paul J...

— Allons, allons, capitaine, reprit encore plus vivement Griffith et en jetant à la dérobée un regard sur leur compagnon, nous avons à discuter des choses plus sérieuses. Quelle marche allez-vous nous indiquer maintenant, monsieur Gray? »

Le pilote parut sortir d'un rêve; il répondit avec lenteur :

« La nuit s'achève, mais le soleil est paresseux en cette saison. Il faut que je vous quitte; la réussite de notre projet exige des précautions; je les prendrai tout seul. Où pourrons-nous nous retrouver?

— J'ai de bonnes raisons de croire qu'il y a tout près d'ici des ruines abandonnées qui pourront nous abriter.

— Soit! allez-y, je vous y rejoindrai. Capitaine Manuel, pouvez-vous retrouver l'endroit où vous avez caché vos soldats? »

Manuel se redressa, indigné qu'on pût supposer un instant que sa tactique et sa prudence étaient à ce point en défaut. Il allait protester, et sans doute encore parler du fameux aventurier Paul Jones; mais Griffith, qui avait lu sur le parchemin signé de la main de Louis XVI le véritable nom du pilote, coupa court à toute discussion et lui dit :

« Pensez-vous pouvoir amener ici vos soldats avant le point du jour, et cela sans éveiller aucun soupçon?

— Rien n'est plus aisé, et une demi-heure me suffit.

— Venez donc alors de ce côté; nous chercherons les ruines dont je vous ai parlé, et qui ne doivent pas être loin d'ici, si je suis bien renseigné. »

Ils ne tardèrent pas, en effet, — tant étaient précises les indications données par Catherine Plowden, — à rencontrer de vieux murs, et bientôt tout un ensemble de constructions ruinées et de tours abattues.

« Pendant votre absence, je chercherai au milieu de ces débris une retraite convenable pour vos soldats. Hâtez-vous donc d'aller les chercher.

— C'est parfait, disait Manuel, malgré lui ramené à sa fantaisie; impossible de faire l'exercice en règle sur le plancher de l'*Ariel;* mais ici, comme je vais faire manœuvrer mes soldats! Il y a six mois que je n'ai trouvé semblable occasion!

— Il s'agit bien d'exercice! dit Griffith; l'important c'est de n'être ni découverts ni pris par l'ennemi. »

Manuel s'en alla à pas lents; il ne tarda pas à revenir, et il demanda au jeune lieutenant :

« Pensez-vous comme moi qu'il faudra placer un piquet en avant de nos ouvrages avancés, ou une simple garde de caporal? Faudra-t-il relier par une chaîne de sentinelles...?

— Il faut, reprit le marin d'un ton de voix qui cette fois ne souffrait pas de réplique, il faut ramener promptement vos hommes et songer que notre sûreté dépend entièrement du silence et du secret.

— Suffit, monsieur Griffith, fiez-vous à moi; mes troupes marcheront avec la plus grande discrétion, bien que toujours militairement. »

Pendant que Manuel s'éloignait en toute hâte, le pilote,

qui s'était tenu un peu à l'écart, toujours plongé dans ses méditations, se rapprocha, et Griffith lui dit :

« Barnstable a raison, il appelle ce soldat de marine un homme rectangulaire. Il est pointilleux sur tout ce qui touche à la forme, mais il est brave et entreprenant. Après tout, nous lui devons notre liberté ; on peut bien lui passer un peu de folie !

— Il faut pourtant de la prudence. Si l'on vient à nous découvrir, on mettra sous les armes une troupe telle, que ses vingt baïonnettes ne nous seront pas d'un grand secours.

— Vous avez raison ; je ferai le possible pour maintenir tous ces drôles en paix et en silence jusqu'à votre retour.

— Il le faut, Monsieur, reprit avec vivacité le pilote, quand vous devriez employer la force pour les y contraindre. J'ai su, dans ma prison, qu'on attend de la cavalerie à Sainte-Ruth. C'est un Américain, un nommé Dillon, aux aguets pour nous perdre, qui est allé chercher à la ville ce renfort.

— Le misérable ! le traître ! dit Griffith. Puisqu'il en est ainsi, ne vaudrait-il pas mieux renoncer à vos projets et rejoindre le schooner à la faveur de l'obscurité ? Nous trouverons aisément de quoi nous occuper sur ces côtes : un commerce extrêmement riche y amène des chargements importants de toutes les parties du monde ; il nous sera facile de nuire ainsi à nos ennemis en capturant leurs vaisseaux.

— Griffith, dit tout à coup le pilote d'une voix calme, je suis las de cette vie, las de lutter contre l'ignorance et l'injustice. J'ai pris ces vaisseaux jusque dans les ports de l'Angleterre pour me venger des mépris de mes compatriotes égoïstes et orgueilleux, je me suis fait un renom terrible, et je n'ai pu conquérir la confiance de leurs ennemis, au service desquels je m'étais mis ! La France, qui m'a prodigué de vains honneurs, m'offre un commandement dérisoire. Mon parti est pris, je vais chercher la loyauté et l'honneur en Amérique; mais je veux entrer dans la salle du Congrès suivi par des pairs et des législateurs de cette île orgueilleuse, pour leur montrer que la sagesse, la vertu et la grandeur se rencontrent aussi dans d'autres pays que le leur. »

Griffith l'écoutait en silence, surpris de son calme et de sa tranquillité; il essaya, quand il eut parlé longtemps encore, affirmant ses principes et faisant le procès de sa nation, de le ramener à l'idée d'abandonner son entreprise; mais le pilote coupa court par cette conclusion :

« Mes prétendus amis m'ont souvent lié les mains, mais mes ennemis... jamais! et jamais ils n'y réussiront; d'ailleurs, je serai fixé dans quelques heures. Je vous confie le soin de notre sûreté jusqu'à mon retour; veillez et soyez prudent.

— Si vous n'étiez pas de retour à l'heure dite, que pourrais-je faire pour vous?

— Si dans dix heures je ne suis pas revenu, retournez à votre navire; je connais la côte, et mon déguisement me garde bien. Ne songez plus qu'à vous alors, et oubliez-moi entièrement. »

En disant ces mots, il salua de la main, et bientôt Griffith se trouva seul au milieu de l'obscurité. Il réfléchit un instant aux bizarres incidents de leur expédition sur la terre ferme, puis il se mit à la recherche d'un abri sûr pour les soldats de Manuel. Il ne tarda guère à rencontrer ce qu'il cherchait, et, profitant de sa solitude et de son isolement, il sortit du bois et se hasarda dans la campagne, cherchant du regard dans le lointain, tour à tour, et l'ombre des hautes murailles de Sainte-Ruth, et l'aspect non moins sévère, mais plus grand et plus solennel, de l'Océan qu'il apercevait des hauteurs de la falaise. Il distingua bientôt le pas régulier d'un détachement de troupe, il se rapprocha des ruines ; les soldats se dirigèrent du même côté, alors il se hasarda à parler.

« Qui va là ? Qui êtes-vous ? cria-t-il.

— Hélas ! répondit Manuel sur un ton de mauvaise humeur très prononcé, hélas ! faut-il, monsieur Griffith, que j'aie passé à demi-portée de mousquet des ennemis sans avoir osé tirer un seul coup ! Ah ! Monsieur, nous en usons autrement dans l'armée de terre ! Pourquoi ai-je quitté la ligne ? Quel plaisir de débuter par une décharge générale sur la vieille abbaye, et de faire prendre un peu l'air frais à cet ivrogne de Borroughcliffe, sans compter que les caves du colonel renferment le meilleur vin, le nectar le plus délicieux !...

— Taisez-vous, Manuel, nous ne sommes pas des pillards, mais bien des hommes d'honneur portant les armes pour la liberté... Faites entrer vos hommes dans ces ruines, et faites-leur prendre du repos ; car peut-être auront-ils à travailler bientôt.

— Holà ! sergent, reprit aussitôt Manuel, placez un caporal et trois hommes en grand'garde et mettez une sentinelle en avant de notre position. Nous ne saurions renoncer à toute espèce de tactique. »

Griffith fut bien un peu contrarié de cette disposition, qui, toute militaire qu'elle était, ne pouvait guère avoir d'autres avantages que d'indiquer à l'ennemi la position qu'ils occupaient, quand il leur importait tant de la dissimuler ; mais la nuit était encore bien obscure, il attendit à contre-cœur pour donner à Manuel l'ordre formel d'avoir à modifier son plan de campagne. Les soldats pénétrèrent sous une voûte encombrée de débris, ils s'étendirent sur le sol, et les deux officiers se chargèrent de veiller ; un couple d'heures plus tard, quand le jour parut, Griffith exigea qu'on fît rentrer dans l'espèce de souterrain où ils se trouvaient les sentinelles placées au dehors. Il permit seulement à Manuel de laisser un homme, abrité par un mur, en face de leur retraite; cette légère satisfaction accordée à l'art de la stratégie suffit à faire prendre patience à Manuel jusqu'à meilleure occasion. Le gîte n'était pas gai; la vue était triste et l'espace restreint. L'attention de nos marins ne tarda pourtant guère à être bien vivement éveillée.

Le combat que nous avons décrit entre l'*Ariel* et le cutter anglais s'engageait à peu de distance, et précisément à cette heure. Au premier coup tiré par l'*Alerte*, Griffith tressaillit: son oreille exercée déclara sur-le-champ que ce coup n'avait point été tiré par le schooner. Mais, quand la lutte plus ardente jeta de toutes parts ses bruyants éclats, il reconnut vite l'artillerie de Barnstable et le bruit particulier de Tom-le-Long. Alors les officiers et les soldats eurent beaucoup de peine à résister à la curiosité et à l'anxiété si naturelles dans leur position; toutefois la prudence les obligea à se tenir tranquilles et à se dissimuler à tous les regards.

Quand le combat fut fini, les soldats ne tardèrent guère à s'endormir de nouveau. L'inquiétude tint les deux officiers éveillés; ils s'entretenaient à voix basse, et Manuel proposait d'envoyer quelques hommes sur la côte, ne serait-ce, disait-il, que pour ramasser les épaves, puisqu'on n'avait pas pu prendre part au combat ni recueillir de la gloire; « car, ajoutait-il, mes soldats n'auraient pas manqué de faire des prodiges sur le pont de l'*Ariel*, et puis nous aurions droit à une part de prise. Mais non! ils dorment, ils se reposent pendant le combat! Voyez pourtant, monsieur Griffith, quels braves gens cela fait! »

Griffith, tout en condamnant ce projet, ne put s'empêcher de sourire; il regarda ces vingt soldats étendus sur les gravois, et dormant à poings fermés, puis ses yeux se reportèrent sur les faisceaux d'armes à feu placés en avant de l'espèce de cave qui leur servait de refuge.

« Qui va là ? » dit tout à coup la sentinelle placée un peu en avant de la porte.

Les deux officiers se levèrent, tendant l'oreille afin de deviner la cause de cette alarme de la sentinelle.

« C'est sans doute le pilote, » dit Griffith à l'oreille de son compagnon.

Il parlait encore, que la sentinelle, atteinte en pleine poitrine, roulait du haut des marches à moitié détruites de l'entrée de leur souterrain jusqu'à leurs pieds, ayant encore fixé dans la poitrine le poignard qui lui avait donné le coup de la mort.

« Réveillez-vous ! réveillez-vous ! s'écria Griffith.

— Aux armes ! aux armes ! » disait Manuel de son côté.

Les soldats, éveillés en sursaut, se levèrent précipitamment ; au milieu de cette confusion, un bruit épouvantable retentit sous la voûte, la fumée augmenta encore le désordre, des gémissements et des imprécations répondirent à la décharge inopinée d'une vingtaine de mousquets tirés presque à bout portant, et à la fois, à l'entrée du souterrain par un ennemi dont on n'avait point prévu l'arrivée.

Rien ne put arrêter Griffith ; il ne voulait pas être pris dans cette cave comme un renard au terrier ; il se jeta en avant, tira un coup de pistolet, puis, s'armant d'une demi-pique, il cria :

« En avant ! suivez-moi, ce ne sont que des soldats ! »

Son ardeur l'emportant, il trébucha au milieu des pierres branlantes et tomba par terre au milieu des soldats anglais, qui le firent prisonnier. Il fit de vains efforts pour se dégager, et cria encore :

« Feu ! Manuel, feu ! pendant qu'ils sont en groupe !

« Feu! Manuel, feu! pendant qu'ils sont en groupe! » cria Griffith.

— Feu! reprit avec beaucoup de sang-froid le capitaine Borroughcliffe en personne, feu! et vous allez tuer votre officier! Mettez-le en avant, mes amis!

— Feu! répétait Griffith, ne pensez pas à moi! »

Manuel, resté dans la cave, disposait ses hommes en un ordre régulier de bataille; il fallait bien les mettre en mesure d'agir avec le concert et l'ensemble qui leur étaient ordinaires; puis il attendit le moment de faire une sortie. Les soldats de Borroughcliffe, ayant rechargé leurs mousquets, se retirèrent derrière les ruines et prirent position de manière à fusiller, sans danger pour eux, quiconque tenterait de sortir de la cave. Manuel, avec un sang-froid superbe, poussa une reconnaissance jusqu'à la porte pour reconnaître la situation de l'ennemi, les règles de la tactique ne permettant pas d'agir autrement.

Plusieurs coups de fusil tirés de part et d'autre furent sans effet; c'était un siège en règle qui allait commencer; alors Borroughcliffe l'assiégeant se décida à faire des propositions à l'ennemi enfermé dans la place; il entra en pourparler.

« Rendez-vous aux forces de Sa Majesté Georges III, s'écria-t-il, et je vous promets quartier.

— Rendez d'abord la liberté à votre prisonnier; qu'on nous laisse rejoindre nos vaisseaux, répondit Manuel; que la garnison se retire avec armes et bagages, qu'on lui rende les honneurs de la guerre: telles sont nos conditions.

— Impossible! répondait gravement Borroughcliffe. L'honneur des armes de Sa Majesté et l'intérêt du royaume ne permettent pas de signer une pareille capitulation; vous aurez quartier et vous serez traités honorablement.

— La liberté d'abord pour votre prisonnier. Puis que les officiers conservent leurs armes, qu'ils soient renvoyés en Amérique.

— Je refuse, reprenait Borroughcliffe. Je ne puis accorder qu'une chose aux officiers, c'est de leur faire goûter, dans les murs de Sainte-Ruth, un certain nectar mûri aux rayons du soleil de la Caroline, et que vous êtes, si je ne me trompe et si je vous reconnais bien, parfaitement en mesure d'apprécier.

— En quelle qualité nous sommez-vous de nous rendre? Est-ce comme prisonniers ordinaires assujettis aux lois de la guerre, ou comme rebelles?

— Je ne puis voir en vous que des rebelles; vous serez traités honnêtement; mais, pour tout le reste, vous êtes à la merci de Sa très gracieuse Majesté.

— Alors, que Sa très gracieuse Majesté vienne nous chercher, car je jure...

— Silence, Manuel! dit Griffith, qui avait eu le temps de retrouver son sang-froid et qui jugeait mieux la situation, silence! ne faites pas de serment téméraire.» Puis, s'adressant au capitaine anglais : « Monsieur Borroughcliffe, ajouta-t-il, car c'est ainsi, je crois, qu'on vous nomme, je m'appelle Édouard Griffith, lieutenant de vaisseau au service des États-Unis d'Amérique, et je vous donne ma parole d'honneur...

— Lâchez-le, cria aussitôt Borroughcliffe aux soldats qui retenaient le lieutenant.

— Je désire, reprit celui-ci, pouvoir descendre sous cette voûte; je veux reconnaître les forces de mon parti. S'il a essuyé, comme je le crois, des pertes considérables, je conseillerai à mon compagnon de se rendre aux conditions usitées entre nations civilisées.

— Votre compagnon n'est-il pas un soldat d'infanterie de marine, une sorte de métis, un amphibie?

— Il est capitaine dans le corps de la marine, en effet.

— Je l'ai reconnu à sa voix! Je le connais; si vous voulez

obtenir quelque chose de lui, parlez-lui d'un certain nectar que je lui ai fait goûter à l'abbaye; il ne fera plus d'objection. »

Griffith, malgré l'extrême gravité des circonstances, ne put s'empêcher de sourire; il fit un signe de tête et entra dans le souterrain. Six soldats de marine étaient étendus morts sur le plancher; quatre autres, grièvement blessés, étouffaient leurs plaintes, car Manuel ne voulait pas que l'ennemi pût soupçonner un pareil désastre.

Manuel, avec ses hommes valides, s'était retranché derrière un mur de briques à moitié écroulé, et il paraissait aussi décidé à s'y défendre que s'il eût été dans une place fortifiée. Griffith eut beaucoup de peine à lui faire entendre raison; le capitaine céda pourtant, à la condition qu'on lui laisserait ses armes et qu'on prendrait soin de ses malades.

Borroughcliffe accepta cet arrangement. Manuel sortit le premier de ce sombre réduit; ses soldats, silencieux et sombres, le suivirent de près. Ni le jeune lieutenant, ni le capitaine d'infanterie de marine ne laissèrent paraître l'angoisse inexprimable qui leur serrait le cœur : prisonniers une seconde fois, ils savaient qu'ils ne devaient plus conserver aucun espoir de recouvrer leur liberté.

Manuel ne tarda pourtant guère à retrouver son sang-froid habituel; le calme relatif de son esprit ramena vite, non pas sa bonne humeur, mais sa manie obstinée de stratégiste, et on l'entendit monologuer entre haut et bas sur son thème favori.

« Telles sont, disait-il pendant qu'on désarmait ses hommes et qu'on les liait deux à deux, telles sont les conséquences du mépris des sages et élémentaires précautions de la discipline. Nous n'aurions pas été pris comme des lapins au gîte, si l'on m'avait laissé poster des piquets aux endroits convenables; nous aurions pu, prévenus à temps de l'arrivée de l'ennemi, nous déployer en rase campagne, nous diviser en colonnes, ou même nous retrancher derrière ces vieux murs. »

Borroughcliffe l'entendit; il avait, lui aussi, ses théories; il avait surtout une horreur profonde, augmentée encore par sa dernière aventure avec Manuel, pour tous les soldats de l'infanterie de marine, les amphibies, comme il se plaisait à les nommer; il intervint non sans malice.

« Défendre les ouvrages avancés, l'ami, c'est la vraie science de la guerre. Placer des vedettes et des piquets en grand'garde, c'est de la prudence, assurément; mais cela peut nuire parfois. Ainsi, vous auriez mieux fait aujourd'hui de vous tenir enfermés dans votre terrier comme des lapins, vous y seriez peut-être encore, et bien tranquilles. Un paysan qui voulait ce matin traverser le bois a aperçu un piquet de trois hommes armés vêtus d'uniformes étrangers; il a fait un détour et est venu me prévenir. J'ai profité de son avis. La science est une belle chose, mais à l'occasion l'ignorance est plus sûre. »

Manuel, s'asseyant sur un monceau de ruines, se mit alors à déplorer la mort de ses braves soldats; il en fit l'éloge, il parla de leur courage et de son affection pour eux. Borroughcliffe se mit plus aisément d'accord avec lui sur ce point.

Les préparatifs du départ avançaient; les morts furent laissés étendus dans le souterrain, théâtre de la lutte; les blessés, à défaut de brancards, furent placés sur des fusils et des capotes reliés avec des branchages coupés dans le bois.

« Drill, dit tout à coup Borroughcliffe, avez-vous entendu parler de la cavalerie? Savez-vous si elle était sur la trace de ce détachement?

— Je ne crois pas, capitaine. Le cornette Fitzgerald a dit qu'il allait parcourir la côte et répandre l'alarme.

— Drill, la cavalerie n'est pas bonne à autre chose. Je suis content, d'ailleurs, qu'ils soient loin. Je n'aimerais pas à les voir tomber sur nous comme une meute à l'heure présente: ils réclameraient au moins la moitié de l'honneur de notre campagne, et s'arrangeraient de façon à prendre tout le profit.

— Mais aucun d'eux n'a pris part à l'action...

— N'importe; dans une bataille, tout dépend du rapport. Je m'en charge, et votre nom, Drill, n'y sera point oublié; vous pouvez vous en rapporter à moi.

— Capitaine, vous me faites trop d'honneur, aussi soyez sûr...

— Suffit! mais silence! conduisons d'abord nos prisonniers à l'abbaye avec le moins de bruit possible; dérobons-les à la vue des passants, s'il est possible; que personne ne soupçonne la présence de nos blessés, de peur que la renommée indiscrète ne proclame au grand jour, avant votre capitaine lui-même, la gloire et les dangers de cette affaire. »

CHAPITRE XIV

La petite troupe suivit quelque temps la lisière du bois, gardant soigneusement toutes les précautions prescrites par la profonde et prudente sagesse de Borroughcliffe, quand un bruissement de feuilles mortes et une agitation assez vive dans les broussailles laissa soupçonner l'arrivée de plusieurs personnes.

« Serait-ce une patrouille de cavalerie? s'écria le capitaine. Viennent-ils avec l'intention de nous ravir notre gloire, assez chèrement payée? — Messieurs, dit-il en se tournant vers les prisonniers, vous attesterez, au besoin, que tout était bien fini quand ils ont paru. »

Griffith, fort préoccupé et croyant voir paraître à tout moment le pilote revenant de son expédition, lui répondit sans pouvoir s'empêcher de sourire :

« Nous vous rendrons ce témoignage avec plaisir, Monsieur. »

Tout à coup on entendit crier dans le bois, à une très petite distance :

« Frayez-moi la route, César! Débarrassez-moi de ces broussailles, Pompée! Mes braves, nous arriverons sans doute trop tard. Hâtons-nous.

— Hum! fit le capitaine, rassuré et reprenant sa gaieté, c'est la voix d'un centurion romain! Quelque vieille légion qui se réveille après un sommeil de dix-sept siècles. »

Deux nègres, écrasés sous le poids de lourds fusils, parurent aussitôt à l'orée du bois; le colonel Howard en personne les suivait de près. Il était couvert de poussière; ses vêtements étaient déchirés; la sueur coulait avec abondance sur son visage; il dut, avant de s'adresser à Borroughcliffe et de lui expliquer leur rencontre, reprendre d'abord haleine pendant quelques instants.

« Monsieur, lui dit-il enfin, j'ai entendu votre feu, et j'ai voulu faire une sortie pour seconder votre manœuvre.

— C'était prendre le bon parti et se conformer parfaitement aux règles de l'art de la guerre, » dit Manuel, caché au milieu des rangs des soldats, mais qui ne put s'empêcher de donner son avis en pareille matière.

« Qui avez-vous donc là? s'écria le colonel. Un marin, car je crois qu'il en porte le costume, a-t-il le droit de se prononcer quand il s'agit d'un engagement sur la terre ferme?

— Mon digne hôte, reprit Borroughcliffe, c'est un capitaine dans un régiment d'infanterie de marine du congrès de l'Amérique.

— Mais vous avez donc rencontré nos ennemis? Vous avez fait des prisonniers? Quelle gloire pour vous dans une pareille cause! Je vous amenais du renfort et venais à votre aide, pensant bien avoir entendu quelques coups de fusil.

— Quelques coups de fusil! reprit le fier vainqueur. Vous appelez cela quelques coups de fusil! Ce n'est pas à moi d'en parler, mon brave et digne ami. Je puis dire, cependant, que c'est la plus chaude affaire à laquelle j'aie assisté, et pourtant ma carrière... D'ailleurs, il y a assez de morts dans le bois; et voyez, avec mes prisonniers, je ramène plus d'un blessé.

— Ah! maudite vieillesse! reprit le colonel; autrefois j'aurais entendu le bruit d'une décharge à plusieurs milles de distance, et vous étiez à portée de mousquet! Maudite vieillesse!

— La baïonnette est une arme qui fait son œuvre sans bruit, dit gravement le capitaine.

— Quoi! vous en êtes venu à la charge! Une charge d'infanterie! Oh! Borroughcliffe, mon jeune et brave ami!...

— J'ai fait prisonniers tous les ennemis qui avaient osé mettre le pied sur le sol anglais.

— Périsse ainsi toute la rébellion! Dieu favorise aujourd'hui Sa Majesté : le cutter vient de s'emparer du schooner américain, et vous-même vous venez de triompher des rebelles. Périsse ainsi, encore une fois, toute la rébellion! Où est mon estimable et loyal parent Kit Dillon? Je ne le vois pas au milieu de vous.

— M. Fitzgerald m'a affirmé qu'il s'était rendu à bord du cutter pour donner les indications les plus précises sur la position de l'ennemi. Il a sans doute voulu prendre part à l'action elle-même. Mais je suis surpris qu'il ne soit pas encore de retour, car il y a longtemps déjà que le schooner a amené son pavillon. »

Griffith, qui s'était tenu jusqu'alors à l'écart, entendant annoncer la prise de l'*Ariel*, ne put plus longtemps résister à son inquiétude. Il s'avança rapidement et dit :

« Pardon, Monsieur, vous n'avez aucune raison de cacher la vérité à un prisonnier... Est-il vrai que le schooner soit aux mains des Anglais?

— Rien n'est plus vrai, dit le capitaine d'un ton et d'un air qui faisaient le plus grand honneur à sa délicatesse; je n'ai point voulu vous en parler plus tôt, vous trouvant déjà assez malheureux. — Monsieur Griffith, je vous présente le colonel Georges Howard.

— Griffith! s'écria le colonel, Griffith! Est-ce bien vous? Est-ce bien le fils de mon brave et loyal ami Hugues Griffith? Jeune homme, qu'eût dit votre père s'il vous avait vu captif, pris les armes à la main contre son roi? Il est heureux qu'il n'ait pas assez vécu pour subir pareille honte.

— Si mon père eût vécu, reprit fièrement le jeune lieutenant, il eût défendu l'indépendance de son pays. » Puis il ajouta d'un ton plus doux, et qu'il voulait faire très respectueux : « Je crains que nous ne soyons jamais d'accord sur ce sujet, colonel Howard; je vous supplie de m'épargner l'ennui de vous contredire; qu'il n'en soit donc plus question entre nous deux.

— Non, nous ne serons jamais d'accord sur ce sujet. Ah! malheureux jeune homme! Je t'aurais bien aimé, pourtant, si tu étais resté fidèle à ton roi! J'aimais ton père presque autant que son ami, mon propre frère! »

Griffith avait le cœur généreux et bon; il fut touché de cette douleur si vraie et de cette affection persistante.

« Son fils, dit-il doucement en prenant la main du colonel, aurait pu également vous être cher, et à un titre plus sacré.

— Édouard! Édouard! reprit le vieillard d'une voix que l'émotion faisait trembler, c'est ta trahison qui a détruit tous ces rêves de bonheur. Je crois revoir ton père : c'est son sourire, ce sont tous ses traits. Kit, tout judicieux et loyal qu'il est, n'aurait pas su me plaire davantage. Cécile eût été le lien... »

Griffith jeta un regard expressif sur Borroughcliffe; sa délicatesse souffrait de la présence de ce témoin initié ainsi à ces secrets de famille. Le capitaine parut ne pas comprendre. Le jeune lieutenant dit alors, mais avec une grande réserve :

« Miss Howard, si vous le voulez, peut encore être ce

lien; soyez pour moi ce qu'eût été votre ami Hugues Griffith, s'il eût vécu; vous seriez ainsi doublement le père de Cécile.

— Jeune homme, répondit le vétéran faisant visiblement effort sur lui-même, il est trop tard; j'ai engagé ma parole à mon parent Kit Dillon.

— Rien n'est impossible à la jeunesse et au courage. La guerre sera bientôt terminée, et notre bon droit reconnu...

— Taisez-vous, » reprit avec violence cette fois le colonel, revenant à ses principes et à sa rigidité habituelle, et ne retrouvant plus sans doute à ce moment sur le visage du lieutenant aucun des traits de la physionomie de Hugues Griffith, « taisez-vous! la rébellion ne peut finir que par une répression sévère, énergique, impitoyable. Si le gouvernement voulait me confier le soin de juger les rebelles des colonies, je déclare que dans un an on n'en trouverait pas un seul debout. Je serais un vrai Romain, monsieur Borroughcliffe, et je ferais pendre, au besoin, mon neveu Christophe Dillon lui-même. »

Le capitaine ne l'écoutait plus, et l'attention de Griffith était également attirée d'un autre côté. Un homme venait de se montrer sur la lisière du bois, et le lieutenant reconnut aussitôt le pilote. Il s'était arrêté et il restait debout, les bras croisés, semblant chercher à se rendre compte de la situation dans laquelle se trouvaient ses amis.

« Monsieur Griffith, lui dit le capitaine, n'est-ce pas là un de vos camarades? »

Le jeune marin parut d'abord très hésitant, ne voulant pas mentir, mais souhaitant néanmoins ne pas trahir le pilote; il finit pourtant par dire que cet homme ne faisait point partie de l'équipage de son vaisseau.

« Vous êtes cependant tombés hier soir ensemble aux mains de mes sentinelles, reprit l'incrédule capitaine; c'est même lui qui a seul pris la parole pendant l'interrogatoire que vous a fait subir notre digne hôte. Colonel, c'est là l'homme qui commande la réserve des rebelles. Il me paraissait pourtant, après la prise du schooner et la défaite que je viens de leur infliger, qu'il n'en devait pas rester un seul sur le sol de la Grande-Bretagne.

— Vous avez raison, s'écria le vétéran; je le reconnais. Vous avez votre part de gloire, capitaine Borroughcliffe; à mon tour, j'en fais mon affaire! Allons, César! Pompée! attention, feu! »

Les deux nègres parurent épouvantés de l'ordre qu'ils venaient de recevoir; ils avaient cru leur campagne finie. Alors, dominés par l'enthousiasme de leur maître, avec un respect qui n'excluait point la crainte, fermant les yeux et tremblant de tous leurs membres, ils lâchèrent leur coup en l'air en détournant la tête.

« Ah! vous avez chargé, capitaine! Nous chargerons aussi, s'écria le colonel. A la charge, Pompée! en avant, César! Exterminons ces misérables à la baïonnette. Restez ici, monsieur Borroughcliffe. »

Le vieux vétéran s'était lancé en avant, agitant une épée de commandement; ses deux nègres firent prudemment quelques pas à sa suite, mais plus prudemment encore ne tardèrent guère à s'arrêter. Le pilote, qui voyait à quels ennemis il avait affaire, n'avait pas reculé d'une semelle. Quoiqu'il eût un pistolet à la main, il ne parut même pas avoir la pensée de se mettre sur la défensive.

« Holà! mon digne hôte, lui cria Borroughcliffe, revenez vers nous, je vous prie, vos soldats vous abandonnent. Ce bois est rempli de rebelles; rentrons à l'abbaye et laissons à la cavalerie le soin de leur couper la retraite. »

Le colonel obéit à regret, maugréant tour à tour contre César et contre Pompée et les gourmandant de leur lâche défection; mais cette échauffourée avait changé ses dispositions un instant pacifiques; il rentra à Sainte-Ruth, fermement disposé à livrer à la justice Griffith et ses compagnons, jurant qu'ils finiraient sur l'échafaud, dût-il se faire lui-même leur accusateur.

Le pilote les suivit du regard, et les vit bientôt disparaître au milieu des bosquets qui environnaient l'abbaye; plaçant alors son pistolet dans sa ceinture d'un air pensif et soucieux, il rentra dans le bois à pas lents.

Il venait de l'intérieur des terres; le bruit de la prise du schooner n'était donc point arrivé jusqu'à lui; il courut jusqu'à l'anse secrète où Griffith avait laissé le *Tigre* et ses marins quand ils étaient partis ensemble la veille avec les soldats de l'infanterie de marine. Ceux-ci ne purent le renseigner absolument. Ils n'avaient point de donnée certaine sur l'issue du combat, qui d'ailleurs avait eu lieu assez loin du point de la côte qui leur offrait un abri; après l'engagement, les deux navires s'étaient dirigés vers le petit port voisin; c'est tout ce qu'ils savaient.

Barnstable n'avait point éprouvé trop de peine à faire réussir sa ruse; il paraissait trop naturel aux Anglais de voir tomber entre les mains des leurs un vaisseau américain pour éveiller leurs soupçons. Quand les brouillards de la nuit eurent complètement fait disparaître les sinuosités de la côte, le jeune commandant de l'*Ariel* résolut de mettre aussitôt à exécution le plan qu'il avait conçu.

L'*Alerte*, qui avait à bord l'équipage du cutter et les blessés des deux navires, dut lever l'ancre dans le plus grand silence; le vent qui soufflait de terre le poussa doucement au large, et, entré en pleine mer, il déploya ses voiles pour rallier au plus vite la frégate. Tant que dura cette manœuvre, Barnstable ne quitta pas des yeux sa prise, et son inquiétude était si vive qu'il osait à peine respirer. Il fallait, en effet, que le cutter passât à peu de distance du fort élevé à l'entrée de la baie pour la défendre de l'ennemi; et il avait vu, à la chute du jour, une sentinelle placée sur la pointe la plus avancée, et qui pouvait, d'un moment à l'autre, donner l'alarme et éveiller la garnison. Quand il entendit le bruit du vent dans les voiles de l'*Alerte*, il demeura convaincu que son stratagème avait pleinement réussi.

« Ce bruit va sûrement arriver aux oreilles des Anglais, dit à voix basse le jeune Merry, qui se tenait alors à côté de son capitaine sur le gaillard d'avant du schooner; si leur factionnaire n'est pas mort ou endormi, il va au moins concevoir quelques soupçons.

— Soyez tranquille; il pensera que c'est une sirène qui joue de l'éventail par cette froide nuit, ou bien il se hâtera de boucher ses oreilles et de fermer ses yeux dans la crainte que ce ne soit le fameux croiseur hollandais[1]. Qu'en dites-vous, maître Coffin? le soldat anglais se doutera-t-il de la vérité?

— Ne me parlez pas de cette race, dit Tom le Long en se retournant avec mépris, comme s'il eût craint de trouver un soldat à ses côtés; c'est sans doute quelque ivrogne qui s'est endormi à son poste.

— Je ne vous parle pas du soldat de l'armée de terre, reprit Barnstable, qui, l'anxiété passée, retrouvait tout l'enjouement de son caractère; mais, vous-même, n'avez-vous jamais rencontré le croiseur hollandais?

— Je n'ai jamais doublé le cap de Bonne-Espérance, et, quoi qu'on en dise, il ne se montre que dans ces parages; mais j'ai connu des marins qui l'ont vu et qui lui ont parlé.

---

[1] Vaisseau fantastique qui joue un grand rôle dans les histoires de marins. L'auteur y fait de constantes allusions, et Walter Scott, dans ses romans, s'en est occupé également plus d'une fois.

— Soit! reprit le commandant; mais il faut que vous deveniez vous-même le croiseur yankee, ce soir. Lancez votre barque à la mer, et armez votre équipage. »

Le vieux marin parut réfléchir avant d'exécuter cet ordre, et, étendant le bras vers la batterie anglaise, il dit simplement : « Il s'agit d'une besogne de terre? Monsieur, prendrons-nous les coutelas et les pistolets, ou nous faut-il les piques? »

Barnstable hésita un moment.

« Prenez les armes ordinaires, dit-il, mais jetez quelques longues piques au fond de la barque. Tom le Long, vous avez déjà votre harpon à la main; songez que je ne veux ni corde ni tonneau dans l'embarcation. »

Le contre-maître parut consterné de cette défense; un instant il eut la pensée d'insister; il regarda son chef et vit à l'expression de son visage qu'il n'obtiendrait rien. Alors, tout en gémissant sur les préjugés de son commandant, il se mit en mesure d'exécuter rapidement ses ordres.

Sur un signe de Barnstable, le midshipman le suivit vers la poupe du schooner; ils s'arrêtèrent à quelques pas d'une tente dressée sur le pont. L'un des côtés de la toile, légèrement relevé, permettait de distinguer ce qui se passait à l'intérieur, assez vivement éclairé par une grosse lampe.

« Je voudrais, dit Barnstable à demi-voix au jeune Merry, voir en face, et sans qu'il s'en doutât, la figure de mon prisonnier. L'œil de l'homme est semblable à un phare; il indique la voie à suivre pour pénétrer, ainsi qu'en un port, dans sa confiance.

— Je crois que vous aurez tort de vous fier à lui.

— C'est votre cousine, Catherine Plowden, qui vous a donné des idées aussi défavorables de mon prisonnier?

— Je confesse qu'en effet ma cousine Catherine ne l'aime guère.

— J'ai pourtant résolu de me fier à lui. Écoutez, Merry, vous êtes bien jeune, mais vous avez un esprit vif et je veux avoir votre avis sur cette affaire. Venez. »

Le petit midshipman se redressa fièrement, s'arrêta comme son capitaine un instant devant l'ouverture de la tente à considérer le prisonnier; puis tous les deux se dirigèrent vers le tableau du couronnement de la poupe, et, s'accoudant côte à côte, continuèrent l'entretien commencé.

« J'ai appris, dit Barnstable, par quelques pêcheurs qui sont venus rôder autour de nous, sans doute pour voir de plus près la prise de leurs compatriotes, que des marins et des soldats de marine ont été pris dans une ruine à quelques pas de l'abbaye de Sainte-Ruth.

— Quoi! M. Griffith? s'écria Merry.

— Alors, continua le capitaine de l'*Ariel,* j'ai proposé à cet homme à figure de fouine d'aller à Sainte-Ruth pour traiter d'un échange; il aura sa liberté en retour de celle de Griffith; les soldats et les marins seront échangés contre l'équipage de l'*Alerte.* Pensez-vous que ce Kit Dillon tienne sa promesse, et puis-je me fier à sa parole? »

Merry était trop flatté d'être consulté par son chef pour vouloir paraître répondre à la légère; il réfléchit et répondit au bout d'un instant:

« Je pense qu'il tiendra sa promesse; il a trop d'intérêts personnels à le faire. Songez donc que la présence de Griffith dans la même maison que Cécile Howard ne doit point le rassurer.

— Il lui serait toujours facile de s'en défaire. Néanmoins, en dépit de son regard faux, je veux tenter la chose. Après tout, c'est un homme bien né, et je n'ai point de raison de douter de sa parole. Il m'a fait les plus belles et les plus chaleureuses promesses. Veuillez maintenant,

Merry, me prêter la plus grande attention; nos officiers supérieurs étant absents, la plus lourde responsabilité va peser sur vous; ne perdez pas un instant de vue cette batterie anglaise; si vous entendez le moindre bruit, si vous apercevez le moindre mouvement de lumière, coupez votre câble et sortez de la baie; en restant sur la côte à la hauteur de l'abbaye, vous serez sûr de me rencontrer à un moment ou à l'autre. »

Merry n'était pas au-dessous de cette tâche difficile. Barnstable avait confié sa prise à son premier lieutenant; le second était blessé; le jeune midshipman venant immédiatement après dans l'ordre hiérarchique, devait, en l'absence de son capitaine, prendre le commandement de l'*Ariel*. Plus d'une fois encore, avant de donner le signal du départ et de descendre dans la barque avec son prisonnier, le commandant du schooner s'en alla regarder par l'entre-bâillement de la tente le visage de Dillon; mais son captif, comme s'il eût su qu'il était observé, se tenait appuyé sur sa table, la tête entre les deux mains.

Dominant enfin ses inquiétudes, dont il ne put se débarrasser entièrement, Barnstable donna l'ordre d'embarquer. Le visage de Dillon, que Merry observait à la dérobée au moment du départ, montra alors une expression de joie et de hâte si vive, que le midshipman se sentit à son tour envahi par les doutes qui tourmentaient son chef. Comme celui-ci traversait, sur les pas de son captif, le plat-bord de son petit bâtiment, il lui dit à l'oreille:

« Prenez garde, monsieur Barnstable. »

Le capitaine ne répondit pas; seulement, assis dans sa barque à côté de son prisonnier, il affecta de donner ses derniers ordres à haute voix:

« Au revoir, monsieur Merry; surveillez la batterie. Faites à l'avance dénouer tous les nœuds de vos voiles; si cette brise de terre continue, déployez la voile de tréou. Allons, en marche, » dit-il à son équipage.

Les rames étaient enveloppées de toiles; la barque s'ébranla sans bruit et se mit à filer rapidement dans l'obscurité.

Quand ils furent en pleine mer, le contremaître, qui, comme tous les marins aussi bien que leur chef, avait gardé le plus profond silence, dit à haute voix et se parlant à lui-même :

« Une voile de tréou! c'est bon dans une mer profonde et par un bon vent; mais pour tenir en place, si l'*Ariel* ne lève l'ancre qu'à huit heures du matin, il lui faudra sa grande voile. L'expérience m'a appris que par ce temps... »

Barnstable, jusque-là plongé dans ses réflexions, se secoua sur son banc, jeta un rapide regard autour de lui et dit :

« Que dites-vous, Tom? Commencez-vous à radoter? Qu'avez-vous donc vu qui vous effraye?

— Je ne radote point, répondit le contremaître de sa voix la plus grave; mais j'affirme qu'avant le quart du matin le vent soufflera du nord-est. »

Barnstable, qui s'était levé, regarda une seconde fois, et plus attentivement, le ciel, l'horizon et la surface des flots; mais il ne vit rien pouvant justifier l'appréciation de Tom le Long.

« Je ne nie pas votre expérience, mon maître; mais votre science, pour cette fois, est en défaut; l'agitation qui règne à la surface de la mer est simplement la suite de la tempête d'hier, et la brise qui souffle de terre, chargée d'humidité, n'a rien d'effrayant. Je crois que vous voulez nous faire des contes de vieilles femmes avec vos pronostics.

— Capitaine, reprit Coffin sur un ton encore plus solennel, je conviens que la brise est humide et qu'elle souffle de la terre, mais elle ne va pas bien avant sur les flots. Regardez, je vous prie, sous le vent : voyez-vous cette longue ligne bleue sous le brouillard? quand on voit la lumière du ciel se montrer ainsi, ce n'est pas pour rien. Le soleil, d'ailleurs, s'est couché ce soir sous un banc de nuages noirs et épais, et le peu de lune que nous avons aperçu indiquait par sa couleur un vent sec.

— Qu'il souffle donc! s'écria Barnstable avec un peu d'humeur devant l'insistance de son contremaître, nous pouvons bien risquer quelque chose pour Griffith; si nous n'attirons pas l'attention de la batterie, nous pouvons le sauver. »

CHAPITRE XV

La barque détachée de l'*Ariel*, faisant force de rames durant une heure encore, continua à avancer le long des rochers. L'œil exercé de Barnstable scrutait tous les détails de la côte; rien ne lui échappait, ni une saillie ni une anfractuosité. A un moment, il aperçut une sinuosité plus profonde que les autres; il se pencha pour prêter l'oreille, et il entendit au loin le faible bruit d'un ruisseau; alors, d'un geste expressif, il désigna la petite anse à son contremaître : celui-ci, d'un regard, lui fit comprendre qu'il avait saisi sa pensée, et aussitôt, avec sa taciturnité ordinaire, il se mit de son côté à relever tous les accidents de la côte et à les fixer dans sa mémoire. Quelques secondes après cette muette communication, comme la barque venait de doubler un petit promontoire, Barnstable arrêta d'un geste tous les rameurs sur place.

« Silence! dit-il, j'entends un bruit de rames. »

Tous les marins devinrent attentifs, l'oreille tendue, les yeux cherchant à percer les ténèbres.

« Voilà la barque, dit Tom le Long le premier, là-bas dans cette raie de lumière dont je vous parlais tout à l'heure. La voilà! Ah! elle s'enfonce entre deux vagues. Tenez, la voilà qui remonte.

— C'est un équipage de vaisseau de guerre, s'écria Barnstable. Ni des pêcheurs ni des contrebandiers n'auraient cette régularité. »

Tom avait penché la tête jusqu'au niveau de l'eau; il se redressa et dit avec assurance :

« C'est le *Tigre*, Monsieur; c'est le coup de rame de nos marins. Je les reconnaîtrais entre mille.

— Passez-moi la lunette de nuit, reprit Barnstable fort agité. C'est notre pavillon, Tom, ajouta-t-il au bout d'un instant; je ne vois qu'un seul homme au gouvernail... C'est ce maudit pilote qui se sauve, abandonnant lâchement Griffith et Manuel. — A terre! à terre! Abordons tout de suite. »

L'ordre fut promptement exécuté: le capitaine, Coffin et Kit Dillon sautèrent rapidement sur le rivage.

Barnstable ne voulait plus retarder d'un instant l'exécution du plan qu'il avait conçu pour sauver son ami, et il craignait que le moindre délai n'en vînt compromettre le succès.

« Monsieur, dit-il à Dillon, j'ai votre parole d'honneur; je n'ai rien à exiger de plus.

— Si vous croyez que des serments, interrompit le prisonnier, puissent vous donner plus de certitude, je suis prêt.

— Non, reprit le jeune marin, la parole d'un homme d'honneur me suffit. Mon contremaître vous accompagnera à l'abbaye. Dans deux heures vous serez de retour, ou vous m'aurez renvoyé Griffith et Manuel. »

Dillon se confondit en remerciements et en protestations, puis il se mit en marche.

« Suivez-le, dit Barnstable à son contremaître, et conformez-vous à ses ordres. »

Il avait parlé assez haut pour être entendu du prisonnier, il ajouta plus bas :

« Vous avez vu l'anse dans laquelle se jette cette petite rivière? »

Tom inclina la tête.

« Nous serons là, à une petite distance du rivage. Il faut toujours prendre ses précautions avec l'ennemi. »

C'était l'avis de Coffin; armé de son harpon, il commençait déjà l'ascension des rochers; en trois enjambées il eut rejoint son compagnon.

Barnstable les suivit des yeux, pensif et inquiet, puis il regagna son embarcation et la fit conduire dans la petite anse où il devait attendre l'issue de sa périlleuse entreprise. Maintenant mille indices lui revenaient à la mémoire, lui faisant presque regretter de s'être fié à un homme dont le regard était si faux, et que Catherine Plowden avait si mal jugé dans cette fameuse relation dont chaque mot était resté gravé dans sa mémoire.

Les vapeurs qui s'étaient élevées sur la côte au coucher du soleil, et qui avaient attiré l'attention de Coffin, s'étaient condensées et formaient un épais brouillard qui augmentait encore l'obscurité de cette nuit sans lune.

Dillon connaissait bien sa route; arrivé au haut de la côte, il n'eut pas une hésitation, et le contremaître, malgré son horreur profonde pour la terre ferme, le suivit assez aisément.

La conversation s'engagea entre eux : Tom le Long raconta, comme un des faits importants de sa vie, un voyage en voiture de Boston à Plymouth. Dillon, très maître de lui, parut s'intéresser vivement au récit du vieux marin; il lui donna plus d'une fois la réplique d'une façon engageante et de manière à endormir tous ses doutes, s'il pouvait en avoir.

Ils arrivèrent bientôt auprès des murailles de l'enclos de l'abbaye; au lieu de se diriger du côté de la grande porte, en face du bâtiment principal, Dillon longea les murs jusqu'à une petite porte dont il avait la clef et qui accédait aux bâtiments placés derrière le corps de logis. Coffin le suivit sans crainte; la conversation amicale qu'ils venaient d'avoir ensemble lui avait donné pleine confiance. Ils entrèrent d'abord dans une vaste salle où se trouvaient les soldats de Borroughcliffe; en passant, Kit donna sans affectation un ordre au sergent, puis continua sa route. Ils gagnèrent alors les grands appartements de Sainte-Ruth, traversèrent plusieurs salles et corridors et atteignirent enfin une galerie à l'extrémité de laquelle une porte ouverte laissait voir une salle bien éclairée.

C'était la salle à manger du colonel Howard; il était à table avec son hôte le capitaine Borroughcliffe, et en face d'eux se trouvait le flacon de cristal plein de ce fameux madère mûri dans la partie méridionale de l'île. La soirée était avancée, et le capitaine, qui depuis son succès sur les Américains avait beaucoup grandi à ses propres yeux, s'était fait un devoir de fêter chaleureusement sa victoire; cela se voyait du reste.

Comme les nouveaux venus approchaient de la porte de la salle à manger sans s'être fait annoncer, ils entendirent le colonel murmurer avec un léger accent d'inquiétude :

« Si seulement mon digne et loyal parent était ici! Après votre succès et le sien, je serais le plus heureux sujet de Sa Majesté.

— Eh! le voici! s'écria le capitaine, placé en face de la porte; mais qui donc amène-t-il avec lui? Quel garde du corps, monsieur le juge! six pieds, sur ma parole, et pas de bas! et, avec cela, une arme digne de sa taille! »

Le colonel s'était jeté au-devant de son parent et faisait

éclater sa joie; il multipliait ses questions, voulait tout savoir, célébrait la prise du schooner, due, disait-il, à l'habileté de Kit. Celui-ci apportait beaucoup de réserve dans ses réponses, inquiet de voir Coffin mis trop vite au courant de la situation.

Le contremaître, debout près de la porte, appuyé sur son harpon, gardait un imperturbable sang-froid, jetant dédaigneusement des regards superbes sur la splendeur de cet appartement, le plus beau et le plus luxueux qu'il eût jamais vu.

Maintenant le colonel et Dillon causaient à voix basse dans un coin; Borroughcliffe, écarté de cet entretien mystérieux, n'en était point choqué; resté seul en présence de la bouteille, il jugeait sans doute qu'il était de son honneur de remplacer son hôte sans rien perdre de ses droits, et qu'il devait faire à ce nectar incomparable fête pour deux.

Quand il n'était pas occupé à vider son verre ou à le remplir, — et il eût été difficile de dire laquelle de ces deux besognes lui plaisait davantage, — il regardait Tom Coffin; le madère, si généreux qu'il fût, ne lui faisait point perdre sa marotte ordinaire : à voir cette taille gigantesque, ces membres souples, cet air martial, il rêvait déjà aux moyens à employer pour arriver à enrôler cet homme. Quelle superbe recrue!

Le colonel Howard, de bonne foi sans doute, se chargea de raconter à Borroughcliffe l'histoire mensongère inventée par Dillon pour masquer sa trahison sous couleur de ruse de guerre : il fallait garder le contremaître prisonnier, et s'en aller surprendre Barnstable et les siens dans leur ancrage.

Borroughcliffe eut probablement quelques soupçons, connaissant fort bien son Kit Dillon; mais, comme il n'avait point cessé de regarder le marin, ses scrupules furent promptement levés; quelle gloire pour un régiment qu'un pareil soldat!

Tom Coffin, toujours immobile, imaginait dans sa simplicité que tous ces pourparlers avaient pour but de faire mettre promptement en liberté M. Griffith et ses compagnons.

« Drill, dit Borroughcliffe à haute voix, avancez pour recevoir mes ordres. »

Coffin se retourna : un sergent et quatre soldats bien armés étaient à deux pas derrière lui.

« Menez-moi cet homme au corps de garde, dit le capitaine; nourrissez-le bien, et surtout qu'il ne meure pas de soif. »

Cet ordre n'avait rien de trop alarmant; Tom se laissa faire. Ils s'étaient à peine éloignés de quelques pas dans la galerie, quand Borroughcliffe se ravisa :

« Tout bien considéré, dit-il, conduisez-le dans ma chambre, et qu'il ne manque de rien. Vous m'avez compris? »

Drill avait fort bien compris. Le digne capitaine revint à sa bouteille, et Tom le Long s'en alla gaiement avec le sergent, ragaillardi par cet ordre deux fois donné de le bien traiter.

La chambre du capitaine, quoique isolée, n'était pas loin. Un rosbif de dimension convenable fut placé en face du contremaître, et Drill prépara lui-même un pot de grog dont les proportions, habilement ménagées, auraient pu jeter à terre le quadrupède dont Coffin dévorait déjà sans façon de larges tranches. Mais la résistance opposée aux libations les plus généreuses par la tête de Coffin dépassa tout ce qu'on pouvait raisonnablement attendre d'un homme. L'Américain avalait verre sur verre, manifestait sa satisfaction, se confondait en remerciements, suffisait aux offres les plus empressées, mais ne montrait aucun trouble; sa raison demeurait ferme au poste. Même Drill, pour l'engager à boire, avait voulu lui donner l'exemple, et il allait être pris à son propre piège quand, heureusement pour lui, son capitaine entra dans la chambre et lui ordonna de se retirer.

« Vous prendrez, lui dit-il en le congédiant, les ordres de M. Dillon; obéissez-lui ponctuellement. »

Tom Coffin achevait alors son repas; s'il attaquait encore le rosbif, c'était avec mollesse; quant au grog, il le dégustait sans avidité; sa soif étant satisfaite, il en buvait encore, mais uniquement parce qu'il était à son goût. Il se sentait envahir doucement par ce bien-être, cette paisible jouissance qui s'empare de l'être tout entier après un bon repas. Il était satisfait.

Méprisant les chaises, dont on ne fait guère usage à bord, il s'était assis sur un coffre; Borroughcliffe, familier et bienveillant, vint prendre place à côté de lui. Borroughcliffe, comme maître Coffin, avait également fort bien dîné; il débuta de cette façon, qu'il jugeait très insinuante :

« J'espère que vous avez été bien traité, Monsieur...? Veuillez me dire votre nom.

— Tom, répondit le contremaître, Tom le Long, comme disent mes camarades sur le vaisseau.

— Vous devez avoir un nom patronymique... je veux dire un autre nom ?

— Coffin. On m'appelle Tom dans les cas pressés, Tom le Long quand on veut rire, et Tom Coffin le Long quand on veut me désigner de telle sorte que personne ne puisse s'y tromper.

— Vous êtes un digne homme, monsieur Coffin, et je m'indigne en pensant au sort que vous prépare la trahison de M. Dillon. »

Tom n'avait pas de soupçons; pour lui, la trahison n'était

pas possible; d'ailleurs, comment le trahir? Il retourna tranquillement au pot de grog, dédaigna d'employer l'intermédiaire d'un verre, puis, se retournant, il dit :

« Voici ce qui est convenu : j'ai amené M. Dillon, on va me donner M. Griffith en échange, ou je remmène mon prisonnier à bord de l'*Ariel*.

— Hélas! dit hypocritement le capitaine, monsieur Tom, vous n'aurez pas à choisir; vous ne ferez ni l'un ni l'autre.

— Oui-da! reprit le marin, j'ai reçu des ordres et je m'y conformerai. Il faut qu'il revienne avec moi, ou qu'on permette à M. Griffith, un bon marin pour son âge, de couper son câble et de sortir de cet ancrage qui ne saurait lui convenir. »

Borroughcliffe eut beau prendre des mines apitoyées, rien n'y fit. Les libations répétées de Coffin, sans entamer son moral, avaient pour effet sans doute d'écarter tout soupçon. Incapable de perfidie, il n'imaginait pas qu'on pût le trahir. Chose convenue était chose due : il ne sortait pas de là.

Le capitaine se résolut alors à lui parler plus clairement.

« Je puis pourtant vous affirmer, lui dit-il sans ménagement, que vous ne retournerez point à bord de l'*Ariel*; que votre commandant Barnstable sera prisonnier dans une heure, et que votre schooner sera capturé avant le lever du soleil.

— Qui mettra la main dessus? dit avec un rire sardonique le pauvre contremaître, qu'une telle accumulation de menaces commençait pourtant à inquiéter.

— N'est-il pas sous le feu d'un fort? Combien faut-il de minutes pour le couler à fond? Un exprès, envoyé à l'officier qui commande la batterie, vient de partir à cheval, et le vent qui souffle avec violence de la mer empêchera votre bâtiment de s'éloigner. »

La vérité se fit jour dans l'esprit du contremaître; il se

rappela les pronostics qu'il avait tirés lui-même sur le temps; il pensa au schooner privé de la moitié de son équipage, avec un enfant pour le commander...; il pencha sa tête sur sa poitrine, cacha son visage dans ses mains et ne put retenir un sourd gémissement.

Borroughcliffe n'avait point mauvais cœur; il se sentit remué en présence de la douleur de ce vieux marin; mais, l'habitude reprenant le dessus, il ne songea qu'à profiter des avantages que lui assurait une situation si désespérée pour arriver plus sûrement à son but.

« Je vous plains de toute mon âme, lui dit-il avec une feinte compassion; pris les armes à la main contre votre souverain légitime, vous serez condamné à mort si vous ne faites votre paix avec le gouvernement.

— Le gouvernement n'a rien à faire avec un marin qui a fini son quart en ce monde.

— Dans ce cas, votre vie peut être sauvée.

— Qu'importe qu'on décroche son hamac un peu plus tôt ou un peu plus tard? quand je ne serai plus de quart en ce monde, je serai de quart dans l'autre; mais voir l'*Ariel* aux mains de l'ennemi! Quand même je serais rayé du contrôle de l'équipage des vivants, je ne pourrais pas oublier un coup pareil... Pourtant j'espère que notre petit midshipman saura faire sauter l'*Ariel* à temps; il ne manque point de résolution; et puis il sait bien que M. Barnstable mourrait de chagrin s'il voyait son schooner entre les mains des Anglais.

— Je connais, après tout, dit Borroughcliffe avec une sorte d'insouciance assez bien jouée, un moyen qui, je pense, pourrait vous tirer de là.

— Que faut-il faire, mon brave officier? dit le contre-maître en se levant vivement; dites, et si cela est au pouvoir d'un homme, je le ferai.

— C'est chose assez facile pour un homme comme vous, dit le capitaine racoleur en appuyant familièrement la main sur l'épaule de Tom le Long, vous connaissez l'odeur de la poudre?

— Oui, je l'avais encore tout à l'heure sous le nez.

— Eh bien! rien ne sera plus aisé pour vous! Que pensez-vous, dites-moi, de ce rosbif? était-il de votre goût?

— Oui, oui; mais parlez, monsieur le capitaine, dit le vieux marin en saisissant l'officier par le col de son habit.

— Et le grog aussi, il vous a plu?

— Oui, oui, répétait l'autre, et il secouait Borroughcliffe d'importance; que faut-il que je fasse? Commandez la manœuvre. »

Le recruteur incorrigible, loin de se fâcher de cette familiarité, crut le moment venu de démasquer sa batterie.

« Consentez à servir votre roi, comme vous avez servi le congrès, je vous montrerai les couleurs que vous devez porter. »

Les yeux de Coffin, démesurément ouverts, indiquaient assez qu'il n'avait pas saisi.

« En bon Anglais, mon brave homme, dit Borroughcliffe, je ne vois qu'un moyen de vous sauver la vie et de vous rendre la liberté : enrôlez-vous dans ma compagnie. »

Ah! cette fois il avait compris; ses traits se contractèrent, une grimace farouche tordit son visage. Ses mains, qui n'avaient point lâché le collet de l'habit du capitaine, entourèrent son cou; il tira à lui la tête de Borroughcliffe, et, quand il eut rapproché son visage du sien, le regardant bien en face, il lui dit avec une suprême expression de dégoût :

« Un camarade vaut mieux qu'un étranger; un étranger vaut mieux qu'un ennemi; un ennemi vaut mieux qu'un chien; mais un chien vaut mieux qu'un soldat! »

Ses bras nerveux, pendant qu'il parlait, serraient le cou

« Écoutez, l'ami, dit Coffin, Dieu vous pardonne d'avoir voulu faire de Tom le Long un soldat. »

du capitaine à l'étouffer; en achevant, il le repoussa si violemment, qu'il l'envoya tomber à l'autre bout de l'appartement, renversant sur son chemin une table et deux ou trois chaises.

En se relevant, Borroughcliffe, meurtri et plein de rage, tira son épée et s'avança bravement sur son adversaire, en criant :

« Drôle! attends, je vais t'apprendre à vivre! »

Le contremaître, voyant Borroughcliffe le menacer de son épée, prit son harpon, qu'il avait déposé dans un coin, et maintint aisément son ennemi à l'écart; malgré le désavantage de son arme, le capitaine, qui était réellement brave, fit une tentative désespérée pour écarter le harpon de Coffin; mais celui-ci ne lui en donna pas le temps, et lui fit aussitôt sauter l'arme des mains. Une lutte corps à corps s'engagea, car Coffin n'avait point voulu abuser de sa victoire et harponner le soldat. Ce second engagement fut encore plus vite terminé que le premier. Après l'avoir terrassé, Coffin saisit d'une main Borroughcliffe à la gorge pour l'empêcher de crier; de l'autre, il plongea dans sa poche et en ramena une provision entière de cordelettes de toute nature, et en un instant le capitaine fut ficelé le plus proprement du monde et solidement attaché à l'une des colonnes de son lit.

Cette opération terminée, Coffin parut chercher un objet qui lui manquait; ses yeux firent le tour de la chambre, et, apercevant à terre l'épée du capitaine, il la ramassa et revint vers lui, toujours avec ce sombre silence qu'il gardait depuis le commencement de la lutte.

« De grâce, s'écria le capitaine en le voyant s'approcher avec son arme à la main, de grâce, ne m'assassinez pas ainsi de sang-froid! »

Coffin ne répondit pas; mais la garde de l'épée entrait

déjà dans la bouche de Borroughcliffe démesurément ouverte pour la contenir, et deux cordes solides la fixaient derrière sa nuque en manière de bâillon.

Coffin, maraudeur et quelque peu pillard, prit alors en main la lumière, et passa l'inspection de la chambre du capitaine. Il rencontra d'abord toutes les pièces d'un équipement militaire; il les repoussa avec le dédain le plus marqué. Il s'arrêta assez longuement à considérer deux instruments qui lui parurent étranges : deux roues dentées roulant sur un pivot soutenu par deux branches allongées et recourbées; ne pouvant en deviner l'usage, il les jeta aussi de côté.

Le capitaine, rassuré sur sa vie, avait, malgré sa situation fâcheuse, retrouvé tout son calme, et il souriait intérieurement à l'embarras et à la présence d'esprit de Coffin; il fut content de le voir épargner sa meilleure paire d'éperons. Coffin trouva sous sa main deux pistolets de combat richement montés; sans une hésitation, il les glissa dans sa ceinture. La vue de ces armes lui rappela sans doute le danger que l'*Ariel* et son commandant couraient; il reprit son harpon, et, s'approchant de Borroughcliffe, il lui dit :

« Écoutez, l'ami, Dieu vous pardonne comme je le fais moi-même d'avoir voulu faire de Tom le Long un soldat ! Je ne vous veux pas de mal; d'ailleurs vous m'avez donné un bon avis; mais il faut que vous gardiez ce bouchon dans le goulot jusqu'à ce que j'aie pris le large; je souhaite qu'on vienne à votre aide aussitôt que j'aurai moi-même pu déraper. »

CHAPITRE XVI

Coffin sortit, ferma la porte à double tour et retira la clef de la serrure. Qu'allait-il faire maintenant? Il n'avait point de plan arrêté; il voulait fermement aller le plus vite possible rejoindre l'*Ariel* et partager son sort. Mais l'honnête marin, perdu dans cette vaste habitation, ne savait comment en sortir. Il se souvenait vaguement, comme il se le dit à lui-même en un silencieux monologue, qu'il avait vogué dans un embranchement étroit du grand canal qui divisait l'habitation en deux; mais avait-il tourné à tribord ou à bâbord, ce détail était complètement sorti de sa mémoire.

Il longea la muraille au hasard et sortit de l'étroit et obscur corridor où était située la chambre de Borroughcliffe; il déboucha alors dans la grande galerie à l'extrémité de laquelle était située la salle à manger. Cette pièce était encore éclairée, et une vive lumière en jaillissait par la porte entr'ouverte jusque dans le corridor. Coffin, entendant le bruit des voix de ce côté, eut d'abord l'intention de retourner en arrière; comme il hésitait, il crut entendre prononcer le nom de Barnstable, et aussitôt il se résolut à avancer dans cette direction pour se renseigner, en prêtant l'oreille à l'entretien, sans être vu, s'il était possible.

Il s'approcha donc de la porte; le colonel Howard et Dillon étaient encore attablés, et le premier disait avec l'accent le plus convaincu et les transports de la joie la plus bruyante :

« C'est une noble ruse de guerre, Dillon; vous vous en êtes tiré d'une façon aussi noble qu'ingénieuse; votre récit est tout ce qu'il y a au monde de plus intéressant. Vous méritez de la part de notre souverain une magnifique récompense; je vois déjà l'hermine sur vos épaules.

— Votre partialité vous aveugle, reprenait hypocritement Kit Dillon; la petite ruse, fort loyale d'ailleurs, que j'ai dû employer peut parfaitement se justifier. »

Il savait bien qu'il mentait indignement, aussi sa voix se faisait humble et tremblait un peu.

Coffin comprenait fort bien que Dillon avait donné, pour surprendre la bonne foi du colonel, une explication plausible à sa lâche et honteuse trahison; il le voyait en face de lui, à travers l'entre-bâillement de la porte, et plus d'une fois depuis qu'il était là il avait porté la main sur les deux pistolets de Borroughcliffe, tout chargés et prêts pour sa vengeance. Mais il craignit d'attirer par le bruit de son arme l'attention de la maison tout entière.

« Vous ne m'avez point parlé de ces dames, dit tout à coup Dillon, qui aimait autant changer le sujet de conversation; comment ont-elles supporté les vives alertes qui ont troublé durant ces derniers jours la paix ordinaire de l'abbaye?

— Pas trop mal, » répondit le colonel; et il ajouta, parlant plus bas et sur un ton confidentiel: « Ma nièce a mis de l'eau dans son vin; je crains qu'elle ne médite une nouvelle attaque pour arriver à ses fins. Mais ses cajoleries n'auront pas raison de ma volonté bien arrêtée : il faut que M. Griffith aille à la Tour, monsieur Dillon !

— Je suis de cet avis, il faut le livrer tout de suite à l'autorité civile.

— Je vais le remettre entre les mains du brave et loyal comte Cornwallis, qui commande dans cette région les sujets du roi. Je ferai mon devoir, monsieur Dillon, sans aucune hésitation. Je tiens à traiter les prisonniers avec les plus grands égards, mais la rébellion ne restera pas impunie par ma faute. Cela me rappelle, dit le vétéran en se levant avec un grand air de dignité, que je dois veiller moi-même à l'accomplissement de tous les devoirs de l'hospitalité envers eux, et je vais de ce pas m'assurer que nos hôtes sont bien traités. Il faut aussi que je donne des ordres pour le logement du lieutenant Barnstable, qui ne tardera guère, sans doute, à être amené ici.

— Vous l'aurez dans une heure au plus tard, répondit Christophe.

— Il faut donc que je me hâte; vous feriez bien, Kit, pendant mon absence, de visiter ces dames. Souhaitez donc de ma part le bonsoir à miss Cécile. Elle ne mérite guère cette attention, la petite obstinée; mais c'est la fille de mon frère Harry, et puis ce sera pour vous une occasion de plaider votre cause. »

Sur ces mots, le colonel sortit de la salle à manger par une issue opposée à la porte auprès de laquelle Coffin montait la garde. Dillon, resté seul, parut réfléchir profondément avant de suivre le conseil de son parent. Tom le Long, de son côté, pensait aussi à ce qu'il venait d'entendre : cette conversation surprise si à propos ne lui laissait plus de doutes sur la trahison de son ennemi; mais elle ne lui apportait aucune lumière sur la conduite qu'il avait à tenir pour en atténuer les effets. Borroughcliffe avait donc dit vrai : Barnstable allait peut-être être surpris, et le schooner serait sûrement coulé bas. Mais comment sortir de cette immense maison sans attirer l'attention? comment regagner la côte?

Dillon venait de prendre son parti. Peu s'en fallut qu'il ne heurtât, en passant, le vieux marin; heureusement l'obscurité du corridor, contrastant avec la vive lumière de l'appartement, servit à souhait le contremaître; peut-être aussi les préoccupations du jeune homme suffirent-elles à détourner son attention. Il se dirigea rapidement du côté de l'abbaye qu'on pouvait nommer le quartier des dames; Coffin, sans plan préconçu, le suivit; il trouva seulement que cette navigation était longue, qu'on lui faisait doubler bien des caps et franchir bien des détroits. Enfin Dillon, étant entré dans un dernier corridor, s'arrêta devant une porte, hésita un instant, puis se décida à frapper. Tom était si près de lui, qu'il lui eût suffi d'étendre le bras pour le saisir. Comme l'avait remarqué fort judicieusement le capitaine Borroughcliffe, il était chaussé de façon à ne pas faire retentir les dalles, et le bruit de ses pieds nus sur la pierre ne pouvait le trahir.

« Entrez, » avait répondu la voix de miss Howard quand Dillon avait frappé.

Il franchit le seuil d'une façon si embarrassée, qu'il ne songea même pas à refermer la porte derrière lui, et Coffin, marchant sur ses talons, put pénétrer en même temps que lui dans l'appartement.

« Je viens, miss Howard, disait Dillon, heureux d'avoir cette entrée en matière, par ordre de votre oncle et aussi pour mon propre compte...

— Juste ciel! que veut dire ceci? s'écria Cécile en se levant avec précipitation. Voulez-vous nous mettre aussi en prison ou nous assassiner?...

— Miss Howard, reprenait le malheureux Kit, pouvez-vous m'imputer un semblable dessein! » et, suivant la direction qu'avaient prise les regards de la jeune fille et de ses deux compagnes, Catherine Plowden et miss Dunscombe, il se retourna brusquement, et ce ne fut pas sans terreur qu'il aperçut le contremaître, debout dans l'embrasure de la porte et lui coupant la retraite.

Coffin, redressant sa taille gigantesque, regarda le groupe des jeunes filles en proie au plus grand effroi, et dit simplement :

« S'il y a ici un assassin, ce ne peut être que ce traître ! car quiconque connaît Tom Coffin vous dira, Mesdames, qu'il n'a jamais employé une parole incivile et ne s'est jamais conduit d'une manière brutale à l'égard d'une créature du même sexe que sa mère. C'est là la manière d'un franc marin!

— Coffin ! dit tout à coup Catherine en s'avançant résolument au milieu de la pièce. Coffin, seriez-vous Tom le Long?

— Oui, oui, Tom le Long! » Et le visage du vieux contremaître, malgré l'indignation qui lui étreignait le cœur, parut prêt à sourire en remarquant la vivacité et l'animation de la jeune fille. « Vous avez donc entendu parler de Tom le Long, ma jeune demoiselle? On vous aura raconté que j'ai harponné nombre de baleines! je me flatte d'y réussir assez proprement ; c'est mon métier.

— Tom, reprit Catherine pleine d'assurance, vous êtes le contremaître, l'ami dévoué, le compagnon fidèle de M. Barnstable. Venez-vous m'apporter un message de sa part? »

Le nom de son commandant, prononcé par la jeune fille, rappela le vieux marin aux difficultés de sa position, et en même temps ralluma son indignation contre le traître. Alors, d'un ton dur et sévère, avec un regard méprisant et un air solennel qui n'était pas sans grandeur, il dit en s'adressant à Dillon :

« Répondez, lâche menteur! Dites pourquoi Tom Coffin navigue à cette heure au milieu de ces écueils et à travers ces canaux étroits. Suis-je venu pour apporter un message? Dites pourquoi mon commandant Barnstable m'a envoyé ici. Mais, misérable, par le Dieu qui gouverne l'Océan et dirige les vents, vous coucherez cette nuit sur l'*Ariel*, et, si c'est la volonté de Dieu qu'il soit coulé à fond sur ses ancres par la batterie anglaise, eh bien! vous coulerez avec lui et vous y dormirez à fond de cale jusqu'à ce qu'il plaise au Seigneur de faire l'appel de l'équipage entier. »

Le langage du vieux marin, son attitude et l'indignation qui éclatait dans ses yeux, tout contribuait à terrifier le traître; car il l'était, cela se voyait; et les trois jeunes filles, muettes d'épouvante, se rendaient fort bien compte que le vieux marin ne disait rien qui ne fût vrai, et que le serment qu'il venait de faire, aucune puissance au monde ne l'empêcherait de le tenir. Coffin s'était avancé vers sa victime, dont chaque membre tremblait comme les feuilles agitées par le vent; il lui passa, sans que Kit osât faire la moindre résistance, les mains derrière le dos, lui noua une forte corde autour du corps, et attacha l'autre bout à sa ceinture.

Cécile Howard, un peu revenue de sa stupeur, n'écoutant que son excellent cœur, crut devoir intervenir.

« M. Barnstable, dit-elle au contremaître, vous a-t-il donc chargé de traiter M. Dillon, le parent du colonel Howard, avec cette violence? Votre ami, miss Plowden, s'il a donné cet ordre, s'est étrangement oublié. »

Catherine n'était pas d'avis de prendre le parti de Dillon, elle répondit avec une certaine vivacité:

« Ma chère cousine, mon ami, comme vous dites, n'a certainement pas donné un ordre qui fût indigne de lui. S'il s'est porté à cette extrémité, c'est qu'il avait ses raisons pour cela. Parlez, Tom Coffin, expliquez-nous pourquoi vous traitez d'une façon si outrageante le cousin de M. Howard, et cela dans sa propre maison.

— Mais, Catherine..., voulut objecter miss Howard.

— Mais, Cécile, ayez un peu de patience. Ce brave homme ne refuse pas de s'expliquer. »

Il ne refusait pas, assurément; mais la chose était difficile; il eût bien mieux aimé, le vieux marin, avoir à traverser une seconde fois les bas-fonds et les récifs de Devil's Grip que d'avoir à narrer des faits aussi compliqués. Il fut long, il fut diffus, mais celles qui lui prêtaient attention comprirent fort bien que Barnstable, après la parole donnée de Dillon, lui avait accordé sa confiance, et que Dillon voulait y répondre par la plus noire trahison. Immobiles de surprise et de dégoût, les trois jeunes filles se taisaient : ce fut encore Cécile qui éleva la voix la première.

« Il est impossible, dit-elle avec feu, que le colonel Howard, que mon oncle ait pu se prêter à une semblable lâcheté.

— Ils ont vogué de conserve, affirma Coffin.

— Mais Borroughcliffe, protesta miss Howard, tout endurci qu'il est, se croirait déshonoré par une semblable trahison.

— N'avez-vous pas dit, s'écria Catherine réussissant enfin à dominer son trouble, n'avez-vous pas dit que des soldats étaient partis pour surprendre M. Barnstable?

— Ne craignez rien, Madame, dit Tom le Long avec une sorte de sourire moqueur. On lui donne la chasse en ce moment, rien n'est plus vrai; mais Barnstable a changé d'ancrage; et puis, quand on le trouverait, on n'en viendrait pas aisément à bout; il a de bonnes piques à son service. Je ne redoute rien pour lui. C'est le schooner, Madame, le schooner! Que Celui qui commande au calme et à la tempête protège notre schooner! »

Le vieux Coffin avec ses pieds nus, son visage hâlé, sa grande taille et son harpon, faisait pitié; sa douleur était si naïve, si profonde! Il avait mis toute son âme dans ce cri, dans son appel suprême à Dieu en faveur de son bateau.

« Qu'attendez-vous, dit impétueusement miss Plowden, pour aller prévenir votre maître? Il est peut-être encore temps de sauver le schooner.

— Hélas! jeune demoiselle, c'est là la difficulté. Je suis en panne dans ce château, et je n'ai point de pilote. Je trouve des brisants de tous côtés; je crains d'échouer avant de rencontrer la passe; il me faudrait quelqu'un de sûr au gouvernail. Je ne puis demander à ce misérable de me montrer la route.

— C'est là seulement ce qui vous retient? s'écria Catherine. Suivez-moi, je vais vous conduire à l'entrée d'un sentier qui mène droit à l'Océan, et nous éviterons les sentinelles. »

Dillon n'avait encore rien dit depuis son entrée dans l'appartement; il conservait le secret espoir de prendre bientôt sa revanche : l'abbaye était pleine de soldats; la présence d'un domestique, ou la possibilité de pousser un cri, suffirait à le tirer d'embarras. Il le savait, calculait toutes ses chances, et l'espoir l'aidait à dévorer sa honte. Quand il entendit la proposition de Catherine, l'épouvante le prit; il releva la tête, et se tournant vers Cécile :

« Miss Howard, dit-il d'une voix étranglée, ne m'abandonnez pas à la fureur de cet homme! Votre oncle a approuvé mon dessein. Je me suis servi d'une ruse de guerre fort licite.

— Monsieur Dillon, reprit Cécile, vous insultez mon oncle! il n'a point approuvé une trahison, encore moins aurait-il pu y prendre part.

— Il l'a fait, néanmoins, et je jure par...

Catherine Plowden partit en avant d'un pas léger.

— Menteur ! » dit sévèrement le contremaître en lui coupant la parole.

Bouleversé jusqu'au fond de l'âme, Dillon se remit à trembler. Mais, songeant de nouveau à l'obscurité, aux rochers qu'il faudrait franchir, à la colère de Barnstable qu'il faudrait affronter, il recouvra assez de force pour dire encore :

« Je vous en supplie, miss Howard, écoutez-moi : je suis votre parent, votre concitoyen, ne me livrez pas à la brutalité de ce sauvage. Ah ! juste ciel ! si vous aviez vu le spectacle dont j'ai été témoin sur l'*Alerte*. Miss Howard, venez à mon aide ! M. Griffith sera relâché, et...

— Menteur ! dit une seconde fois Tom Coffin.

— Que propose-t-il ? murmura Cécile, comme si elle eût été tentée de céder.

— Ce qu'il ne veut pas tenir, répliqua Catherine. Tom, suivez-moi ; vous pouvez avoir confiance en ma parole à moi.

— Cruelle miss Plowden ! » reprit Dillon désespéré ; et, se tournant vers miss Dunscombe, restée muette pendant toute cette discussion : « Vous êtes douce et bonne, lui dit-il, vous ne tremblez pas comme ces dames pour un ami absent et menacé, élevez la voix en ma faveur.

— Ne me demandez rien, répondit celle-ci en baissant les yeux. J'espère toutefois que votre vie n'est pas en danger.

— Partons ! s'écria Tom en saisissant Dillon par le collet, et si vous dites un mot, si vous poussez un cri, mon harpon, dont la pointe est affilée, me dispensera de vous conduire jusqu'à l'*Ariel*. »

Catherine partit en avant d'un pas léger, et, après avoir franchi plusieurs passages détournés, elle arriva devant une porte qu'elle ouvrit. Elle traversa sans hésiter le jardin, atteignit une barrière qui séparait l'enclos d'une grande prairie, et, montrant dans l'herbe foulée un sentier au contremaître, elle lui dit adieu en priant le ciel de le protéger. Coffin reconnut vite la route qu'il fallait tenir, et il disparut dans les ténèbres, toujours suivi de Dillon, que la frayeur rendait muet, et qui conservait tout juste assez d'empire sur lui-même pour sentir la nécessité de mesurer son pas sur celui de son guide.

Tom marchait vite; il avait resserré sa ceinture et placé son harpon sur son épaule; il allait droit devant lui, s'inquiétant peu des efforts que faisait son compagnon pour le suivre. Une ou deux fois, Dillon essaya d'engager la conversation, mais le mot *silence!* énergiquement prononcé par le contremaître, le contraignit à se taire. On arriva bientôt auprès des rochers de la côte : les vagues soulevées se brisaient avec violence au pied de la falaise; ce bruit sinistre rendit Dillon plus audacieux; il voulut faire un dernier effort pour tenter de recouvrer sa liberté; il trouva même moyen d'offrir au contremaître une somme d'argent considérable. Tom ne répondit pas; il se contenta d'appuyer la pointe de son harpon sur la poitrine de Kit, et, comme celui-ci s'obstinait, il lui cria encore une fois :

« Menteur! prononcez encore une parole, et ce sera la dernière de votre vie. »

Arrivés sans encombre au bord de l'Océan, non loin de l'endroit où ils avaient débarqué, Coffin s'arrêta, fixa ses yeux sur la mer agitée, considéra ensuite l'état du ciel, et, se tournant du côté où était l'*Ariel,* poussa un sourd gémissement. Cet accablement fut de courte durée; il se releva, frappa le rocher du manche de son harpon et se remit en route; ils franchirent presque en courant les rochers, et Dillon savait que le moindre faux pas les aurait précipités dans l'abîme. Aucune difficulté n'arrêtait le vieux marin; il n'avait que deux choses en vue : retrouver l'anse où Barnstable lui avait donné rendez-vous, et arriver le plus vite possible.

Un instant Coffin crut entendre des voix d'hommes ; il s'arrêta, dit à Dillon d'une voix basse et résolue :

« Un seul mot, et vous êtes mort... Mettez-vous à plat ventre, descendez la falaise en vous aidant des pieds et des mains. Allons, vite! ou je vous jette à la mer. »

Cédant à la nécessité, Dillon se mit à descendre la rampe escarpée des rochers ; un moment il trouva sur sa route périlleuse une sorte de plate-forme où il comptait respirer au moins quelques minutes. Cet arrêt faillit le perdre ; Coffin, qui se laissait glisser à sa suite, arriva en même temps que lui sur cet étroit escarpement, et l'en délogea par son poids. Sans la corde qui l'attachait au contremaître, Kit eût été précipité d'une grande hauteur dans la mer qui grondait en bas. Ce choc fut si violent et le malheureux en ressentit un tel effroi, qu'il poussa un cri déchirant.

« Si tu recommences, dit le terrible contremaître, je coupe la corde et te voilà frété pour le port de l'éternité. »

Ce cri, répété par les échos d'alentour, avait été entendu par les soldats lancés à la recherche de Barnstable, et qui rôdaient aux environs. Le bruit de leurs voix ne tarda pas à se rapprocher ; Coffin devint encore plus immobile en constatant qu'ils s'étaient arrêtés justement au-dessus de sa tête, et que leurs paroles arrivaient jusqu'à lui.

« C'est la voix d'un homme, dit l'un d'eux.

— C'est un cri de détresse, » ajouta un autre.

Drill, le sergent de Borroughcliffe qui commandait l'expédition, fit remarquer que l'ennemi qu'ils poursuivaient ne serait pas assez imprudent pour crier ainsi. Un soldat déclara d'une voix tremblante de frayeur qu'on entendait souvent la nuit de semblables cris sur la côte, et qu'ils étaient vraisemblablement poussés par des marins noyés, à l'approche d'une tempête.

Les autres voulurent plaisanter; mais il était aisé de voir qu'ils étaient loin d'être rassurés; ils s'éloignèrent, et bientôt le bruit de leurs pas se perdit dans la nuit.

Coffin tira sa corde et ramena Dillon à lui, puis il descendit dans le ravin, traînant son captif comme un galérien traîne son boulet; ils furent bientôt à l'embouchure du petit cours d'eau désigné comme lieu de rendez-vous par Barnstable. La barque était en vue à quelque distance du rivage.

« Ohé! ho! les Ariels! » cria Tom d'une voix que les soldats de Drill durent entendre, mais dont le son ne fit que précipiter la fuite, tant les idées superstitieuses les dominaient complètement, une fois éveillées par la remarque de l'un d'entre eux.

« Qui nous hèle? répondit Barnstable lui-même.

— Votre vieux contremaître, cria Coffin.

— C'est lui! reprit le capitaine; virez de bord, mes enfants, et, vite, accostez au rivage. »

Le manque d'eau contraignit la barque à s'arrêter à une certaine distance; Coffin, saisissant son prisonnier par le milieu du corps, le jeta sans façon sur son épaule et le déposa deux minutes après dans la barque, à côté de son commandant.

« Qui avez-vous là? dit Barnstable; ce n'est pas M. Griffith?

— Levez le grappin et virez de bord, cria Coffin sans répondre et en mettant le pied sur le plancher de la barque. Si vous aimez l'*Ariel*, camarades, en avant et force de rames aussi longtemps que vous aurez des bras. »

Barnstable connaissait de longue date cet homme; il le laissa faire, sûr qu'il agissait ainsi à bon escient; la mer était rude, la barque était tantôt soulevée au sommet des vagues et tantôt menaçait de s'engloutir dans le profond sillon laissé entre elles; le lieutenant attendit pour poser une question à Coffin qu'on eût atteint des eaux plus calmes. Le contremaître, en deux mots, mais avec une passion qui ne souffrait pas de retard, lui expliqua la trahison de Dillon et le danger que courait l'*Ariel*. Le brave contremaître conclut de cette façon :

« Vous savez, mon capitaine, que ces soldats ne sont jamais bien pressés, surtout la nuit; l'exprès aura un long détour à faire pour contourner l'anse et arriver à la batterie anglaise. Tout n'est donc pas perdu; sans ce maudit vent de nord-est nous pourrions encore sortir vite de la baie et arriver à temps; que la Providence nous vienne en aide! c'est tout ce que je puis dire. Allons, camarades, du courage! tout dépend de nos bras. »

Barnstable, la tête penchée, gardait le plus profond silence; la situation était bien critique; toutes les chances mauvaises avaient tourné contre lui, et cela parce qu'il s'était fié à Dillon.

« Misérable! lui dit-il tout à coup en se levant, je ne sais ce qui me retient de vous jeter à la mer! Si le schooner est coulé, vous n'aurez jamais d'autre sépulture. »

CHAPITRE XVII

Barnstable ni Coffin ne s'occupèrent plus de Dillon : ils avaient autre chose à faire; de minute en minute le vent devenait plus violent et les vagues plus terribles. Les marins, qui savaient tout le danger que courait leur bâtiment, faisaient d'héroïques efforts pour accélérer la marche. Le capitaine ne paraissait s'inquiéter que de la tempête, et le contremaître n'ouvrait la bouche que pour jeter parfois un mot d'encouragement à ses hommes.

Une heure se passa, remplie par cette lutte toujours plus vive à mesure que l'orage augmentait : enfin le promontoire septentrional de la baie fut doublé, et la barque, s'éloignant des récifs, entra dans des eaux moins agitées. Les montagnes, plus élevées autour de la baie, jetaient au centre une ombre plus épaisse; il fut impossible de savoir si le schooner était encore à sa place.

« Tout est tranquille, dit Barnstable.

— Tranquille comme la mort, » reprit Coffin de son ton grave; puis au bout d'un instant il ajouta, mais cette fois sur une intonation plus gaie : « Regardez, Monsieur; là! là! un peu plus à bâbord; ne le voyez-vous pas? Dans cette raie blanche, je vois son pavillon; c'est lui! Dieu le protège! il semble à l'aise comme une mouette qui s'endort.

— Il est temps que nous arrivions, je crois, dit Barnstable, voilà bien des lumières en mouvement au-dessus de sa tête, là-haut dans la batterie. »

L'oreille exercée des deux marins surprenait aussi un bruit léger qui venait du schooner et leur indiquait qu'on ne s'était point endormi à son bord. Barnstable ne se sentait plus de joie : il n'était pas trop tard! Coffin ne s'était jamais trouvé si favorisé : son schooner ne coulerait pas sans lui! Tout à coup un immense sillon de lumière enveloppa tout le pourtour de la baie depuis le bas des rochers jusqu'au sommet des montagnes environnantes; tout fut illuminé dans le port, dans la batterie et sur l'*Ariel*. L'obscurité la plus complète régnait de nouveau, quand le bruit terrible d'une pièce de canon de gros calibre retentit à l'oreille de nos marins. Barnstable entendit le sifflement du boulet et put constater qu'après avoir rasé les flots il avait donné dans un rocher dont les débris tombèrent dans les flots.

« Le premier coup est manqué, dit Coffin. C'est signe de bonheur pour celui qui est attaqué.

— Ah! Merry est un garçon intelligent pour son âge. Il a changé d'ancrage pendant la nuit, et les Anglais ont visé dans la direction où se trouvait l'*Ariel* hier, à la tombée du jour. Il était perdu si ce maudit boulet l'eût atteint. »

La barque était dans les eaux du schooner, car les rames ne s'étaient point ralenties depuis qu'on était dans la baie, et le contremaître dit bientôt :

« Abordez par la proue! On nous attend. »

Barnstable reprit avec bonheur le commandement de son navire; il ne perdit pas une seconde; en mettant le pied sur le tillac, il se mit à donner, de ce ton d'autorité calme et ferme qui exerce une si grande action sur les marins, tous les ordres réclamés par une situation si périlleuse. Car il suffisait d'un seul boulet de la batterie pénétrant dans les œuvres vives du petit bâtiment pour le perdre. Le jeune lieutenant était loin d'être rassuré; mais, comme son contre-maître, il était bien heureux d'être rentré à temps à son bord.

L'ancre fut aussitôt levée, et l'équipage, réunissant toutes ses forces, parvint à conduire le schooner sur le rivage opposé à la batterie, afin de l'abriter plus complètement dans l'ombre projetée par les montagnes. Ce moyen de se dérober à l'ennemi leur réussit pendant quelque temps; mais il fallut bientôt sortir de l'obscurité pour entrer dans la passe qui devait les conduire hors de la baie. Ce fut pour eux un moment terrible; il leur fallait lutter de toutes leurs forces, avec leurs longs avirons, contre les courants rapides et les coups de vent, et passer directement sous la batterie de l'ennemi.

Barnstable, résolu à ne plus se cacher, reprit son ton de bonne humeur habituel et fit déployer toutes ses voiles; et le vent, dont la violence augmentait, commença à exercer une action sensible sur le léger navire.

Merry, s'étant trouvé près de son capitaine, lui demanda pourquoi il avait ramené Dillon, et s'il avait des nouvelles de Griffith.

« Ne me parlez pas de Griffith en ce moment! interrompit Barnstable avec une violence qui ne lui était pas ordinaire. J'ai besoin de tout mon sang-froid; je ne veux même pas y penser. Il faut aussi pour l'heure oublier ce misérable, ce traître de Dillon. Nous y reviendrons... Mais ce n'est guère le moment de menacer les autres dans une situation comme celle-ci. » Puis apercevant Tom à quelques pas de lui : « Ces messieurs font grand bruit là-haut sur la montagne, et néanmoins je n'entends plus le sifflement de leurs boulets; ils devraient pourtant voir nos voiles, ce semble.

— Ils les voient fort bien, Monsieur, répondit Coffin ; mais nous sommes directement en travers de leur feu, et nous filons dix nœuds. Tout à l'heure, quand nous aurons le vent debout et que la batterie nous prendra en écharpe, cela changera. »

Barnstable était de l'avis de son contremaître, et il donna aussitôt l'ordre de tourner la tête de son navire vers la pleine mer, manœuvre qui fut exécutée avec la plus grande précision et la plus grande rapidité.

« Ils nous tiennent maintenant, s'écria Barnstable, ou jamais ils ne nous toucheront. Je joue le tout pour le tout : si l'*Ariel* peut gagner le vent à la hauteur de cette pointe, du côté du nord, nous serons en pleine mer, et en dix minutes nous pourrons nous rire de ces Anglais et de leurs boulets.

— Voilà l'eau, répondit gravement Tom le Long, qui remplit déjà nos dalots. Le vent devient de plus en plus fort, et la lame est rude. Quand nous serons hors de la portée de ces pétarades, j'ai peur que nous ne soyons affalés à la côte par ce maudit vent du nord-est que je sens depuis hier soir. Je le redoute plus que toute la poudre et les boulets de l'Angleterre.

— Il ne faut pourtant pas trop mépriser les boulets, Tom. Je les entends siffler de nouveau ; nous allons bon train, mais ils iront plus vite que nous.

— Il ne faut jamais se remuer pour éviter un boulet ; c'est inutile. Mais il faut lutter contre le vent ; il a été fait pour qu'un marin sache s'en défendre en déployant ou en carguant ses voiles selon l'occasion. Or ce maudit vent de nord-est va nous mettre dans l'embarras, j'en ai peur. Nous avons au sud un promontoire qui s'avance à trois lieues en mer, et le côté du nord est plein d'écueils et de bas-fonds ; plaise à Dieu que l'*Ariel* ne s'y trouve pas engagé une seconde fois !

— Nous le ferons sortir de la baie, Tom le Long, » s'écria Barnstable, qui ne voulait pas se laisser envahir par les tristes pressentiments qui dominaient maintenant, avec trop de raison, le brave et expérimenté contremaître.

« Une mer houleuse, une marée montante et une côte sous le vent, sont les trois fléaux de la navigation. »

Un boulet siffla alors au-dessus de leurs têtes, et un effroyable craquement se fit aussitôt entendre : la partie supérieure du grand mât tomba sur le tillac, entraînant avec elle la grande voile.

« Voilà un coup malheureux, » dit Barnstable avec un dépit marqué; mais son sang-froid reparut aussitôt, et il donna d'une voix calme les ordres nécessaires pour qu'on arrivât promptement à débarrasser le pont. Cet accident remettait tout en cause : sans le secours de sa grande voile, le schooner pourrait-il doubler le promontoire, et, si la chose était impossible, ne serait-il pas entraîné forcément sur les récifs? Mais le petit navire était léger et bon voilier; son capitaine était énergique et intelligent; il avait sous la main un équipage dont il restait parfaitement le maître : on pouvait donc encore espérer malgré la tempête, d'instant en instant plus vive et plus impétueuse. On parvint cependant à doubler le cap, et dès lors on fut à l'abri du feu de la batterie ennemie. Barnstable ne quittait plus des yeux l'Océan en fureur, et il reconnaissait la vérité des observations que lui avait faites son vieux contremaître.

Quand on eut, autant qu'il était possible de le faire, réparé les avaries, Coffin revint se placer auprès de son commandant.

« Maudit boulet! dit Tom; comment nous maintenir loin de la côte par un vent pareil sans le secours de la grande voile! »

Barnstable pensait comme lui, et peut-être jugeait-il déjà

que son navire désemparé serait inévitablement jeté sur les brisants; mais il savait qu'un capitaine doit lutter jusqu'à la dernière minute, et il fut un peu surpris du découragement de son contremaître. Il lui répondit non sans quelque humeur :

« De quoi vous plaignez-vous? l'*Ariel* maintient assez bien sa proue en avant; un vaisseau ne peut pas voler sur les lames en dépit de l'ouragan. Pensez-vous que je doive virer vent arrière pour nous échouer plus vite? »

Tom Coffin fut désolé d'entendre son capitaine lui parler ainsi, et, comme pour s'excuser d'avoir montré ses inquiétudes, il lui dit tout naïvement :

« Je ne veux rien, monsieur Barnstable, mais excusez-moi; j'ai été trop malheureux quand cet officier, là-bas, qui voulait m'enrôler, m'a dit que le schooner serait coulé bas. Je l'ai vu en pièces, Monsieur, je l'ai vu, et j'ai souffert comme jamais je n'ai souffert de ma vie. Cela m'a retourné l'âme; j'ai eu le pressentiment que la chose arriverait; et cependant je sais bien qu'il n'y a pas un officier ayant mis les pieds sur les planches d'un tillac qui soit mieux en état que vous de le tirer de là.

— Allons, vieux corbeau de malheur! gardez vos pressentiments pour vous. Occupez-vous de la manœuvre; il ne faut pas que l'équipage se doute de notre situation. Voyez plutôt M. Merry, le voilà assis à califourchon sur votre canon et chantant à tue-tête.

— Ah! reprit Coffin, c'est un enfant; il ne connaît pas le danger et ne saurait le redouter. Mais ne craignez rien, je garderai mes inquiétudes pour moi et vous aiderai à maintenir la confiance parmi les matelots. »

Le contremaître s'en allait à pas lents; il remonta tout à coup, et rejoignant son officier :

« Capitaine, dit-il, faites taire M. Merry. L'expérience

d'une longue vie passée sur les flots m'a appris qu'il ne fait pas bon chanter pendant l'ouragan. Celui qui commande aux orages et aux tempêtes n'aime pas que l'homme mêle sa voix à la sienne. »

Barnstable, comme presque tous les marins, devait être accessible à de pareilles idées; il ne voulut pourtant point paraître partager ces chimériques frayeurs. Néanmoins, par déférence pour son vieux compagnon, il rappela le jeune midshipman auprès de lui, comme s'il avait eu des ordres à lui donner.

L'*Ariel* continua à lutter contre le vent pendant quelques heures encore; les premiers rayons du jour naissant parurent bientôt, et les marins de l'équipage purent se rendre compte de leur situation; à ce moment, la violence de la tempête fut sensiblement accrue, et tous savaient qu'il faudrait les rayons du soleil de midi pour la calmer un peu, la mer cédant parfois à l'influence de l'astre du jour, quand il atteint le sommet de sa course.

L'Océan présentait aux regards, de tous côtés, un entassement de montagnes d'eau verte, couronnées d'écume, que le vent balayait dans tous les sens; la côte offrait un spectacle encore plus effrayant: de la pointe extrême du promontoire, et s'étendant le long des récifs, une vaste ceinture d'écume blanche formait une barrière derrière laquelle aucun navire n'eût pu tenir une seconde sans être brisé.

Pourtant l'*Ariel* flottait encore assez légèrement sur les vagues; les matelots tantôt considéraient d'un air navré le peu de voiles qui leur restaient, et tantôt jetaient un regard furtif sur le rempart d'écume qui couvrait les brisants, et des deux côtés ils trouvaient des raisons trop sérieuses de craindre et même de désespérer.

Dillon, qui saisissait au passage l'expression des inquiétudes des marins, errait sur le pont sans que personne prît garde à lui, en proie au plus lâche et au plus honteux découragement. Coffin montrait, au contraire, la plus tranquille résignation; il savait qu'on avait fait tout ce qui était au pouvoir de l'homme pour éloigner le schooner de la côte, et il savait aussi qu'il y serait violemment projeté, un peu plus tôt ou un peu plus tard, par un coup de vent plus violent que les autres : sa résolution était bien prise, il voulait partager le sort de l'*Ariel*.

Barnstable, le front sombre et soucieux, se promenait seul à l'arrière, regardant tour à tour la mer et les récifs; sa voix n'avait rien perdu de sa fermeté, ni son coup d'œil de sa justesse; il donnait tous ses ordres sans négliger aucun détail, comme s'il eût pris la mer, au sortir d'un port, avec une haie de curieux sur les bernes; il était aussi précis, aussi vigilant que s'il eût manœuvré au milieu d'une flotte sous les yeux d'un amiral. Il dominait encore son équipage et redressait toutes les gaucheries que la crainte ou le désespoir faisait commettre à ses meilleurs matelots. Il voulait rester le maître jusqu'au bout, et commander l'*Ariel* tant qu'il ne serait pas en pièces. Deux des plus vieux marins, sous l'empire d'un affolement que les circonstances n'expliquaient que trop, parlèrent de noyer dans l'ivresse leur désespoir. Barnstable demanda à haute voix ses pistolets, mais il n'eut pas besoin d'y toucher; on le connaissait bien : il n'eût pas hésité à s'en servir pour réprimer un acte d'insubordination, même à l'heure où tout semblait perdu. Le schooner allait succomber, mais ni le chef ni l'équipage ne trahiraient le brave petit navire.

« Nous ne pouvons plus résister à une mer pareille, dit froidement le contremaître, qui se tenait les bras croisés sur le gaillard d'arrière; l'*Ariel* tremble comme un petit enfant transi. Nous dérivons à la côte, Monsieur, et nulle puissance humaine ne peut nous en détourner; avant une demi-heure nous serons au milieu des brisants, à moins qu'il ne plaise à Dieu de mettre fin à l'ouragan.

— Nous n'avons plus qu'à jeter l'ancre, dit le lieutenant; c'est le seul moyen de salut qui nous reste.

— Notre plus gros câble, attaché à notre ancre la plus pesante, ne nous empêchera pas de chasser, dit Tom Coffin.

— N'importe, il ne faut rien négliger; c'est un devoir à remplir envers notre patrie comme envers nous-mêmes. Tom, faites épisser les deux ancres de poste et étalinguez un câble à celle de touée; nous jetterons les deux ancres en même temps, nous filerons deux cent quarante brasses s'il le faut, et peut-être ainsi sauverons-nous le schooner. Disposez tout pour cette manœuvre; mais auparavant faites abattre tous les mâts; il ne faut plus que le vent ait de prise, si ce n'est sur le corps du navire. »

L'ordre du capitaine fut immédiatement exécuté; ce fut un spectacle navrant que celui de ces hommes jetant à la mer les mâts et les agrès; mais le bruit des vergues tombant sur le tillac ne parut plus émouvoir ces marins obéissant passivement, avec la ponctualité du devoir et l'indifférence du désespoir. Ils jetèrent promptement tous les débris à la mer et longtemps les suivirent des yeux avec une effrayante fixité; les courants et la tempête les emportèrent, et bientôt ils disparurent sous le rempart d'écume amoncelé en avant des récifs.

Dillon suivait d'un œil morne ce sinistre travail; il restait sur le pont, l'œil hagard, les poings fermés; quand il tentait de se rapprocher des matelots, leurs regards courroucés le faisaient reculer; il venait alors rôder autour de Barnstable et du contremaître. Ce dernier lui dit brusquement, mais pourtant par un sentiment d'humanité :

« Si vous n'êtes pas las de vivre, — bien que nous n'en ayons pas pour longtemps ni l'un ni l'autre, — croyez-moi, ne vous approchez pas trop de nos matelots. S'ils ne se savaient pas perdus, il y a longtemps qu'ils se seraient débarrassés de vous. »

Dillon, trouvant dans ces paroles une marque d'intérêt, voulut immédiatement en profiter.

« Voulez-vous me promettre de me sauver si le navire échoue? je m'engage à vous donner de quoi vivre dans l'aisance jusqu'à la fin de vos jours.

— Vous avez trop mal tenu vos promesses jusqu'à présent pour qu'on puisse se fier à vous. Réglez plutôt vos comptes avec le ciel: ils doivent être longs, » ajouta le vieux marin d'une voix sévère, mais sans amertume.

Le schooner s'éleva à une grande hauteur sur le dos d'une vague énorme, puis retomba lourdement dans l'abîme creusé derrière elle.

« Les câbles sont rompus, dit Tom Coffin avec sang-froid; mais il faut rendre la fin de l'*Ariel* aussi douce que possible. »

Il saisit le gouvernail d'une main ferme, et donna au schooner la direction voulue pour que sa proue s'engageât la première au milieu des écueils.

« Du calme et du courage, mes enfants, cria-t-il; l'*Ariel* est si léger, qu'il avancera fort loin, aussi près de la côte que possible. La mer baisse; préparez vos barques. »

La première qui fut lancée à la mer était celle que commandait habituellement Coffin; son équipage habituel en prit possession, et il fallut tous leurs efforts pour la maintenir sans danger près du schooner; ils appelèrent à haute voix le contremaître; mais celui-ci secoua la tête et resta la main appuyée sur le gouvernail et les yeux fixés sur les récifs, vers lesquels l'*Ariel* courait avec une impétuosité toujours croissante.

La seconde barque, qui était la plus grande, fut emportée

par une rafale à l'instant même où on essayait de la lancer à la mer. La situation générale était si horrible, que cet accident ne parut même pas impressionner l'équipage.

« Prenez garde à vous, tenez-vous fermes, » cria tout à coup le vieux contremaître, qu'aucune préoccupation ne parvenait à détourner de son but : adoucir, comme il eût fait pour la mort d'un père, la fin du schooner qu'il aimait tant. Une vague énorme venait de soulever l'*Ariel;* il resta un instant comme suspendu au-dessus de la tête des rochers, puis instantanément, la vague ayant déferlé, il tomba à pic de l'avant sur la pointe d'un écueil et y resta profondément enfoncé. Le choc fut si rude, que la plupart des hommes furent renversés sur le tillac. L'arrière plongeant un peu dans la mer, les lames se mirent à balayer le pont avec une grande violence.

« Partez, mes enfants, cria alors Barnstable; il ne vous reste plus qu'une barque, et elle peut vous conduire bien près du rivage. Hâtez-vous, mes enfants, et que Dieu vous protège. »

Les marins se précipitèrent dans la barque; ils y entrèrent tous, et s'aperçurent alors que Barnstable, Merry, le contremaître et Dillon restaient seuls sur le navire. Ils attendirent, bien que la barque parût trop chargée, avant de démarrer. Le capitaine, pensif et mélancolique, après avoir donné l'ordre de partir, semblait avoir tout oublié; il se promenait sur le tillac de son pas habituel, dans la même attitude; il était seulement plus sombre qu'à l'ordinaire, mais nullement agité; on eût dit qu'il se préparait à commander une manœuvre. Les matelots hésitants virent Merry le prendre par le bras et le supplier inutilement de quitter le navire naufragé.

Dillon, pendant ce temps, fit deux ou trois tentatives pour se faire admettre dans la barque, mais il fut impitoyablement repoussé; ce traître avait causé tout le mal, et nul n'eût voulu maintenant lui tendre la main.

Tom le Long s'était assis au pied du beaupré dans une attitude pleine de calme et de résignation; il ne répondit point aux cris répétés des marins qui le suppliaient de les rejoindre, si ce n'est en leur faisant signe de gagner le large.

« Monsieur Barnstable, disait le midshipman les larmes aux yeux, si ce n'est pour vous, si ce n'est pour moi, par l'espoir que nous devons conserver en la merci de Dieu, que ce soit au moins pour ma cousine Catherine. Descendez dans la barque. »

Le jeune lieutenant leva les yeux sur la côte, et l'aspect menaçant des rochers parut le faire hésiter un instant; mais, ayant abaissé ses regards sur le schooner, il s'écria:

« Jamais! Merry, jamais! Si mon heure est venue, c'est que Dieu l'a voulu ainsi.

— Ayez pitié de ces braves gens, reprenait Merry; ils vous attendent au risque de leur vie. Ne les entendez-vous pas crier qu'ils ne partiront pas sans vous? »

Barnstable lui montra la barque, et, d'un ton ferme, lui ordonna d'aller rejoindre les matelots; puis il se détourna en silence.

« Ah! s'écria l'intrépide jeune homme, le lieutenant doit donc rester sur le navire naufragé? Soit; c'est aussi le devoir d'un second. Moi aussi, j'ai commandé l'*Ariel* cette nuit. Partez, mes amis; partez. Je reste avec M. Barnstable; un midshipman ne peut faire moins.

— Jeune homme, reprit le commandant, je suis responsable de votre vie; » et, sans autre explication, il prit Merry dans ses bras et le remit aux matelots, qui le déposèrent malgré lui dans la barque. « Partez maintenant, et Dieu veille sur vous, car votre embarcation est trop chargée. »

Les marins hésitaient encore à partir; ils virent alors Coffin se lever et se diriger à grands pas de leur côté; ils imaginèrent qu'il avait changé d'idée, ils l'attendirent. Tom, s'autorisant sans doute de la violence exercée par son commandant sur Merry, saisit vivement à son tour Barnstable, et, malgré sa résistance, le déposa dans la barque au milieu des matelots, puis sans retard coupa la corde qui retenait encore l'esquif près du schooner. Levant alors ses deux mains vers le ciel, il s'écria :

« Que la volonté de Dieu s'accomplisse! j'ai vu clouer la première planche de l'*Ariel;* quand j'aurai vu la dernière s'en aller en morceaux, je n'aurai plus qu'à mourir. Adieu, amis, je ne veux pas survivre au schooner! »

La barque, entraînée par les vagues, trop chargée pour être dirigée, s'éloigna rapidement; Tom la suivit des yeux; il l'aperçut une dernière fois, ayant cru la voir déjà sombrer de minute en minute sur le sommet d'une vague; elle plongea vivement; puis le contremaître ne vit plus que des têtes et des bras s'agitant au-dessus des ondes.

Peu après, le vieux contremaître poussa un cri de joie : il venait de reconnaître Barnstable atteignant à la nage un banc de sable; il le vit se relever et remettre sur ses pieds le midshipman, qu'il avait entraîné jusqu'à la côte en lui tendant la main.

Tom alla se rasseoir au pied du beaupré.

CHAPITRE XVIII

Le contremaître et Dillon restaient seuls sur l'*Ariel;* ce dernier, s'approchant de Tom, lui dit d'une voix tremblante :

« Quand la mer sera tout à fait descendue, n'est-il pas vrai que nous pourrons regagner la côte? l'eau ne sera plus assez profonde pour nous arrêter.

— Il n'y a eu qu'un être qui ait eu le pouvoir de marcher sur les eaux comme sur un tillac, dit Coffin d'un ton grave et sérieux, et il faudrait avoir sa toute-puissance pour marcher d'ici jusqu'aux sables de la rive. » Puis, regardant le traître en face avec un air de profond mépris, il ajouta : « Vous seriez moins à plaindre à l'heure de la tempête, si vous aviez pensé plus souvent à lui par le beau temps.

— Tout espoir n'est pas perdu?

— Non, pour ceux qui ne craignent pas la mort. Entendez-vous ce bruit sous nos pieds?

— C'est le vent qui bat les flancs du navire.

— C'est le navire lui-même qui gémit; il se sent mourir. L'eau pénètre dans sa quille, et bientôt le plus beau schooner qui ait jamais fendu l'onde ne sera plus qu'un amas informe de débris.

— Alors pourquoi restez-vous ici?

— Pour que l'*Ariel* devienne mon cercueil, si telle est la volonté de Dieu, reprit simplement le brave Coffin; je suis né sur la mer, et je veux y trouver mon tombeau.

— Mais moi; je ne suis pas décidé à mourir ici; je ne puis pas, je ne veux pas mourir!

— Insensé! ne faut-il pas que tous les hommes meurent? Quand l'heure du quart de la mort sonne, personne ne peut refuser de répondre à l'appel.

— Je sais nager, reprit Dillon en courant vers le bord du navire échoué. Ah! si j'avais seulement une pièce de bois pour m'aider!

— Il n'y a plus rien; les vagues ont tout emporté. Si vous voulez vous sauver à la nage, aidez-vous de votre courage, d'une bonne conscience et du secours de Dieu.

— Dieu! dit Dillon en proie à un véritable accès de délire, Dieu! je ne le connais pas; Dieu ne me connaît pas davantage.

— Vous osez blasphémer à cette heure! Silence, impie! s'écria le contremaitre d'une voix puissante, silence! »

Le mugissement intérieur que Coffin appelait le dernier râle de l'*Ariel* retentissait maintenant comme le bruit de la foudre; l'affolement de Dillon en fut encore augmenté. N'écoutant plus que sa peur, il se jeta lui-même dans la mer; la violence des vagues et des contre-courants était telle autour du schooner, que Dillon n'y put résister. Il était jeune, léger et vigoureux; il était bon nageur, le désespoir et la vue des côtes doublait son énergie, et cependant il ne put s'éloigner du malheureux navire dont il avait causé la perte.

Tom l'avait d'abord suivi des yeux d'un air indifférent; mais ce vieux marin avait un vrai cœur d'homme compatissant; le voyant lutter inutilement, il chercha une corde pour la lui tendre, mais il n'en trouva point; alors il lui cria :

Naufrage de l'Ariel.

« Faites une bordée à bâbord, sortez du courant, et gouvernez vers le sud. »

Les forces du malheureux étaient épuisées; il entendit la voix du contremaître, essaya sans doute de profiter de ses indications; mais la vague était maîtresse de lui, il était jeté de droite et de gauche, et ballotté comme une épave légère, sans direction et sans but.

« Il va bientôt connaître son Dieu, dit Tom Coffin, et il apprendra sûrement que son Dieu le connaît. »

Il avait à peine murmuré ces mots, qu'une vague immense vint frapper l'*Ariel;* le choc fut si violent, que toutes les parties ébranlées du navire se désarticulèrent; les poutres et les planches désunies furent dispersées en un clin d'œil, et la mer, comme avide de saisir sa proie, entraîna rapidement tous ces débris vers les rochers avec le corps du brave et simple contremaître.

Coffin venait d'être relevé de son dernier quart, et il ne restait plus rien de l'*Ariel,* du schooner qu'il avait tant aimé.

Barnstable passa de longues et tristes heures sur la côte à rechercher, en compagnie d'une douzaine de ses hommes qui s'étaient sauvés avec lui, les cadavres des victimes; à chaque fois que la mer rejetait un noyé, on l'enterrait aussi décemment que les circonstances le permettaient. Le jeune lieutenant tenait les yeux constamment tournés vers la mer; la moindre épave l'intéressait, tous ces débris lui étaient chers; il les reconnaissait tous.

Il fit tristement l'appel de ses matelots, en tenant compte des pauvres morts déjà déposés dans le sein de la terre; il ne lui manquait plus que Coffin, son brave contremaître, et Barnstable attendait tristement que la mer le lui rendît.

Il conservait néanmoins un peu d'espoir; il aurait voulu le faire partager à Merry, qui, touché de son chagrin, le suivait pas à pas et l'aidait dans ses incessantes recherches à travers les rochers.

« Il n'est pas impossible qu'il se soit sauvé, répétait-il ; que de fois n'a-t-on pas vu des marins s'échapper après un naufrage sur les débris de leur bâtiment !

— Nous ne devons plus nous attendre à le revoir, reprenait le jeune midshipman, qui voulait préparer son capitaine à l'idée de la mort trop certaine du vieux contremaître. Je l'aimais comme vous, capitaine ; sa rude franchise, son dévouement, son habileté comme marin, le faisaient aimer et chérir de tous ; mais il a dû succomber ; nous l'aurions revu déjà. Ne savez-vous pas qu'il se soutenait une heure à la surface de la mer quand, à la pêche, une baleine avait renversé son canot ? Nos matelots assurent qu'il a bien des fois affirmé que si son bateau venait à échouer, il ne chercherait point à se sauver à la nage.

— Ne parlez pas ainsi, Merry, reprenait Barnstable ; tant qu'il me restera un peu d'espoir, je ne veux pas cesser de le chercher... Songez donc, peut-être en ce moment il nous appelle et prie Dieu de diriger nos regards vers lui ; car Tom Coffin s'adressait à Dieu fort souvent, je le sais, bien qu'il le fît, d'ordinaire, silencieusement. »

Les deux officiers aperçurent alors un marin qui du doigt montrait un objet lointain, et leur faisait signe d'approcher.

« C'est mon pauvre contremaître ! » s'écria Barnstable, et il se précipita vers le point où les flots déposaient leur victime. Ayant envisagé le cadavre, il se détourna tout à coup avec horreur.

« Voyez ce misérable, monsieur Merry ; il a lutté jusqu'au dernier moment. Ses yeux ont conservé leur éclat sinistre.

— C'est le traître, répétèrent les marins ; il faut rejeter son cadavre à la mer, en pâture aux requins.

— Silence! s'écria le capitaine; il ne faut pas déshonorer la nature humaine ni notre profession, en outrageant celui qui a déjà été jugé par Dieu.

— Enterrez-le dans le sable, dit Merry pendant que l'officier s'éloignait, toujours préoccupé de retrouver Tom Coffin; la marée prochaine se chargera de le rendre aux abîmes. »

Nos pauvres naufragés passèrent encore deux heures à errer sur la côte en recherches inutiles; Barnstable perdit alors seulement tout espoir de revoir jamais son fidèle contremaître.

Le soleil commençait à descendre derrière les rochers; les soldats s'occupaient à ramasser au bord de la mer les débris que les vagues apportaient à tout moment; ils trouvèrent plusieurs barils de vivres et une caisse d'armes.

Barnstable s'était assis à l'écart; Merry, voulant l'arracher à ses sombres pensées, lui fit observer qu'ils auraient peut-être de la besogne jusqu'à ce que le cutter, revenu de son expédition à la recherche de la frégate, pût revenir les prendre.

« Notre situation n'est pas assez désespérée pour que nous songions à nous constituer prisonniers de nos ennemis.

— Prisonniers! reprit Barnstable, nous n'en sommes pas réduits là, bien que l'Angleterre ait pu causer la perte de mon schooner. Quel charmant navire c'était, Merry, que l'*Ariel!* En connaissiez-vous un plus léger, meilleur voilier, mieux construit? Il aurait pu servir de modèle! Je l'aimais, je l'aimais tendrement, monsieur Merry; c'est le premier navire que j'aie commandé. »

Le jeune capitaine se retourna en prononçant ces derniers mots, et, saisissant le bras de son compagnon, il l'étreignit presque convulsivement, et il ajouta:

« Cependant, Merry, l'homme ne doit jamais aimer l'œuvre de ses propres mains, comme il doit aimer l'œuvre de Dieu. Le marin préfère encore à son navire les compagnons de ses travaux. J'avais votre âge quand j'ai fait voile pour la première fois avec Tom; j'avais fui la maison paternelle pour m'embarquer; je ne connaissais rien, je ne craignais rien non plus, comme je l'ai souvent entendu répéter à mon pauvre contremaître. Il fit pour moi ce qu'aucun parent ou ami n'aurait pu faire; il fut pour moi, sur la mer, et mon père et mon maître. Que de jours, que de mois, que d'années il a passés à m'apprendre notre profession! Depuis lors, il m'a suivi sur tous les navires où j'ai passé; il ne m'a quitté que pour attendre la mort où je devais la trouver moi-même; il n'a pas voulu, puisque je m'éloignais, que notre cher *Ariel* restât sans aucun témoin de ses derniers moments. »

Merry avait souvent, à l'heure du danger ou quand la discipline l'exigeait, trouvé Barnstable sévère, rude et même impitoyable; il avait plus souvent retrouvé en lui, quand le chef faisait place à l'ami, la franche cordialité, l'abandon de la confiance réciproque, malgré la différence de leur âge; jamais il ne l'avait vu tendre et affectueux comme à l'heure présente, sous l'empire d'un attendrissement presque religieux. Le jeune midshipman ne l'en aimait que davantage; il eut donc lieu d'être surpris de la brusquerie de sa parole, quand Barnstable, se levant tout à coup, lui dit sur le ton du commandement :

« Allons, Monsieur, que faisons-nous ici? nos hommes attendent des ordres. La marée va bientôt descendre; il nous faut chercher un refuge parmi ces rochers en attendant que nous puissions reprendre la mer. Faites réunir les vivres et visitez les armes pour le cas où nous serions attaqués par l'ennemi. »

C'était l'effet d'une réaction violente; Merry s'en étonna d'abord, mais ne tarda pas à s'en rendre compte; d'ailleurs, le lieutenant sembla se reprocher bientôt lui-même ce changement survenu si brusquement dans ses manières; il reprit insensiblement avec Merry le ton de franchise et de cordialité qui lui était habituel, sans dépouiller complètement cette teinte de mélancolie qui devait, longtemps encore, attrister ses pensées et assombrir son front.

« Nous avons été malheureux, Merry, mais il ne faut pas nous désespérer. Je vois que nous avons des provisions et des armes en abondance; nous parviendrons peut-être à nous emparer d'un petit bâtiment ennemi, ce qui nous permettrait de rejoindre la frégate; en attendant, il faut tâcher de nous cacher.

— J'aperçois là-bas, répondit le jeune homme, une échancrure dans les rochers, c'est l'embouchure d'une petite rivière; ne pourrions-nous pas gagner par là l'intérieur du pays, et nous cacher dans les bois durant la nuit?

— J'aurais aimé à attendre ici le quart du matin, reprit Barnstable. Si nous tentions de surprendre cette maudite batterie qui a emporté, ce matin, le grand mât de l'*Ariel?* L'entreprise n'est pas impossible : nous pourrions nous y maintenir jusqu'au retour de l'*Alerte* ou l'arrivée de la frégate.

— Si vous voulez prendre des forteresses d'assaut, capitaine, plutôt que des vaisseaux à l'abordage, j'ai, je crois, votre affaire; en postant une sentinelle au haut de ces rochers, j'ai aperçu une vaste maison bâtie en pierres de taille, et... et...

— Expliquez-vous, monsieur Merry, ce n'est pas l'heure de parler en énigme ni de plaisanter.

— Et la garnison, Monsieur, n'est pas uniquement composée d'ennemis. Nous pourrions délivrer M. Griffith et le capitaine Manuel, sans compter que...

— Eh bien! Monsieur, achevez.

— J'aurais probablement le plaisir de saluer mes deux cousines Cécile et Catherine. »

Barnstable ne put s'empêcher de sourire, malgré son chagrin; il jeta un regard vif sur la côte, et s'étonna de ne l'avoir pas reconnue immédiatement. Il n'en avait pas une seule fois relevé le gisement depuis la matinée qu'il était resté là, comptant les débris de son schooner, que les flots apportaient à ses pieds, pendant qu'il attendait obstinément le retour de son brave contremaître. Ils avaient quitté, la veille au soir, cette petite anse où Coffin les avait rejoints, apportant la triste nouvelle de la trahison de Dillon; ils n'étaient qu'à une faible distance de l'abbaye de Sainte-Ruth, que Merry avait aperçue du haut des rochers.

« Vous avez raison, dit-il au midshipman, qui le regardait d'un air un peu malicieux; nous pouvons peut-être venir en aide à nos camarades et délivrer nos soldats d'infanterie de marine; ce serait une entreprise toute militaire. Le reste, auquel nous ne pouvons songer à l'heure présente, ne viendrait que par forme d'incident. Nous allons délivrer Griffith et Manuel : voilà le but de l'attaque. Ensuite il n'est pas défendu de capturer une flotte après la défaite des vaisseaux qui la convoient.

— Si nous nous emparons de l'abbaye, le colonel Howard devra se reconnaître prisonnier de guerre.

— C'est évident, et ses pupilles de même. Votre projet a du bon, Merry, et nous allons y réfléchir. Mais d'abord occupons-nous de nos marins; il faut leur parler, les encourager, leur relever le moral, si nous voulons pouvoir compter sur eux pour notre entreprise. »

Ils se rapprochèrent alors des marins; on défonça un baril de biscuits; les hommes s'armèrent aussi complètement que possible, et l'ordre fut donné de se mettre en marche le long des rochers, pour entrer dans les terres par l'embouchure du petit ruisseau. La solitude de cette côte et le mauvais temps les protégèrent contre les mauvaises rencontres; ils ne prenaient pas, d'ailleurs, d'autres précautions que d'observer le silence.

Bientôt ils entrèrent dans le ravin. Avant de s'éloigner, Barnstable, ayant fait faire halte, grimpa à une certaine hauteur; il ne pouvait s'éloigner de la mer sans lui jeter un adieu. Merry, qui l'avait suivi, s'écria :

« Une voile, une voile au large! c'est sans doute la frégate.

— Un navire peut-il tenir encore la mer par ce mauvais temps? Aura-t-il un aussi triste destin que notre pauvre *Ariel?* » Et, prenant sa lunette, le capitaine considéra longuement le vaisseau signalé.

« Nous avons peut-être des amis en mer. Est-ce le cutter ou la frégate? demandait impatiemment le midshipman.

— Je ne sais, reprit Barnstable; c'est un vaisseau à la cape, vent dessus, vent dedans. Si l'on pouvait se montrer sans danger sur ces rochers, il serait plus aisé de reconnaître si c'est notre frégate qui est au large.

— Prenons donc patience jusqu'à demain; une barque ne saurait, par cette tempête, venir nous prendre à la côte.

— C'est impossible. Attendons; le vent diminue un peu, et la mer, d'ici à demain, tombera sûrement. Nous allons repartir et chercher un asile où ces pauvres matelots puissent se reposer à l'aise durant la nuit. »

Les deux officiers redescendirent, et, à la tête de leur petite troupe, suivant toujours le ravin, arrivèrent bientôt au milieu d'un bois épais.

« Nous devons trouver des ruines dans les environs, dit Barnstable; j'ai une carte sur moi qui indique expressément ce point de reconnaissance. »

Le lieutenant, en prononçant ces paroles, avait détourné

les yeux pour ne pas voir l'expression maligne du visage du jeune midshipman.

« Cette carte est-elle d'un homme du métier? se hasarda à dire Merry.

— Point de railleries, jeune homme. Nous sommes trop heureux d'avoir de pareils renseignements. Ne voyez-vous pas devant vous une habitation qui semble déserte?

— J'aperçois un amas de pierres, en si mauvais état et aussi sale que si c'était une caserne de soldats. »

Ils approchaient, en effet, des tours écroulées et des murs en ruine qui avaient offert un asile si perfide à Griffith et à Manuel. Après avoir reconnu les lieux, les marins prirent possession d'une des salles les moins dégradées, s'étendirent par terre et ne tardèrent pas à goûter un repos bien mérité.

Quand ils furent endormis, Barnstable éveilla Merry, lui fit signe de le suivre, et tous les deux s'enfoncèrent dans les ruines. Ils étaient bien près de Sainte-Ruth; il convient que nous nous y transportions nous-mêmes pour savoir ce qui s'y passait durant tous ces événements.

Nous avons laissé, après le départ de Coffin et de Dillon, le capitaine Borroughcliffe attaché au pied de son lit, et mâchant le pommeau de son épée; son supplice dura quatre heures à peu près. Nul n'aurait pu soupçonner que l'officier assis alors en face du colonel Howard, n'épargnant aucun mets et surtout ne rebutant aucune rasade, fût le même homme qui, la veille au soir, avait subi un pareil supplice. C'est pourtant un fait constant que Borroughcliffe occupait maintenant sa place habituelle, et qu'il n'y faisait pas trop mauvaise figure; il avait retrouvé toute sa bonne humeur, et son sourire disait assez qu'il avait pris cette aventure du côté plaisant.

Les convives étaient plus nombreux que de coutume à la table du colonel; auprès de Borroughcliffe se trouvait un jeune homme vêtu de la simple jaquette bleue du marin, qui contrastait singulièrement avec la finesse de son linge et la richesse du foulard de soie noué négligemment autour de son cou. Ses manières étaient distinguées, et son visage, quand une fine pensée ou un sourire mélancolique l'éclairait, était plein de charmes : c'était Griffith, que le colonel faisait asseoir pour la première fois à sa table. L'officier d'infanterie de marine, Manuel, jouissait du même privilège.

Sans doute en l'honneur de ces étrangers, et peut-être aussi parce que les événements qui s'étaient accomplis à l'abbaye depuis deux jours tendaient à rapprocher tout le monde, Cécile, Catherine et miss Dunscombe, prenaient part au repas du matin.

La place de Kit Dillon était seule restée vide.

« Ainsi donc, Borroughcliffe, disait le colonel Howard revenant sur une question déjà maintes fois traitée, ce vieux loup de mer vous a laissé rongeant le frein de votre colère.

— Dites le pommeau de mon épée, s'il vous plaît, colonel, » répondit le capitaine sur un ton franc et jovial. « Messieurs, ajouta-t-il en regardant Griffith et Manuel, je ne sais comment votre congrès récompense les gens habiles et robustes ; mais, si ce drôle était dans ma compagnie, je l'aurais déjà nommé sergent. Par exemple, je ne lui proposerais pas de servir dans la cavalerie, il n'a pas assez de goût pour les éperons. »

Griffith se contenta de sourire ; mais Manuel crut qu'il fallait répondre à la politesse.

« En tant que marin, il s'est assez bien conduit ; mais un vrai soldat aurait fait des prisonniers et délivré ses amis.

— Je vois que vous comptez toujours sur l'échange des prisonniers ; je suis de cet avis, et, si vous le permettez, colonel, nous boirons au prompt rétablissement des droits des deux partis.

— Volontiers, reprit le maître de la maison. Monsieur Griffith, je serais fort aise de votre délivrance. Je rends justice à la proposition que vous m'avez faite, d'autant mieux que l'échange me rendra mon brave et loyal parent, Kit Dillon. Je ne puis cependant concevoir comment il a pu se laisser emmener de l'abbaye sans aucun bruit, sans donner l'alarme. C'est un fait inconcevable. »

Nul ne releva cette parole du colonel, bien que plusieurs des personnes présentes fussent parfaitement en mesure de répondre. Cécile baissa la tête et rougit avec confusion; Catherine Plowden soutint sans broncher le regard interrogateur de son tuteur; miss Dunscombe laissa paraître sur ses traits fins et délicats un léger sourire mal dissimulé.

« Je ne sais, dit Borroughcliffe qui avait dans l'esprit plus de finesse et d'observation qu'il ne voulait le laisser paraître, mais je crois que si miss Plowden le voulait bien, elle pourrait nous dire comment M. Christophe Dillon a quitté l'abbaye. »

Miss Plowden, au lieu de répondre, se renversa sur son siège en riant aux éclats. Le colonel Howard en fut choqué.

« Qu'est-ce que cela? dit-il sévèrement. Je n'imagine pas, monsieur Griffith, qu'on ait eu l'audace de manquer de respect à mon parent? Vous savez quelles sont nos conventions : l'échange n'aura lieu que si les prisonniers ont été traités honorablement de part et d'autre.

— S'il n'est arrivé à M. Dillon d'autre malheur que d'exciter l'hilarité d'une jeune fille, je n'y vois pas grand mal.

— Je ne sais, Monsieur; je ne voudrais pas oublier ce que je dois à mes hôtes; mais vous devez vous rappeler, Messieurs, que vous êtes entrés sous mon toit comme ennemis de mon souverain.

— Cela ne veut pas dire comme votre ennemi, Monsieur!

— Je n'y veux pas voir de différence, néanmoins; un

sujet loyal, malgré l'intervalle qui les sépare, doit partager la prospérité ou le malheur de son souverain, et les ennemis du roi sont ses ennemis. »

La discussion, ainsi engagée, allait peut-être devenir trop chaude; un incident assez simple en lui-même vint en rompre fort à propos le cours.

CHAPITRE XIX

« Ce sujet est bien trop grave à débattre pour des femmes, » dit Cécile Howard en se levant; « mon cher oncle, vous nous permettrez de nous occuper d'une autre affaire, moins sérieuse, mais plus intéressante pour nous; il s'agit de notre parure. »

L'exquise politesse du colonel ne lui permit pas de continuer ses graves considérations : on venait, sur un signe de sa nièce, d'introduire dans la salle un de ces marchands ambulants, qui s'en vont de bourgades en bourgades et de châteaux en châteaux, vendre leur marchandise, d'ordinaire de peu de valeur, mais que l'on se procure difficilement à la campagne. Avec un empressement enfantin, Catherine Plowden courut auprès de sa cousine pour examiner l'assortiment du jeune colporteur.

Le panier du marchand fut placé sur la table : — le repas était à peu près achevé; c'était l'heure où, selon la vieille coutume de l'Angleterre, les dames se retirent et les flacons apparaissent; les gens de service avaient déjà fait disparaître le surtout et apportaient les bouteilles; — les trois jeunes filles se groupèrent autour du colporteur, et fouillèrent en même temps le petit bazar.

« Mon cher tuteur, dit Catherine en relevant la tête, ce jeune homme doit vous inspirer confiance, car voici un parfum dont se servent, si l'étiquette n'est pas menteuse, deux ducs de la famille royale; nous en mettrons une boîte de côté pour votre usage. Comme il est bien assorti! » s'écria-t-elle encore. « Mon enfant, vous aviez en vue l'abbaye de Sainte-Ruth quand vous avez choisi vos marchandises.

— Assurément, Milady, » dit le jeune homme avec une gaucherie trop visiblement étudiée. « J'ai souvent entendu parler des dames qui habitent l'abbaye, et je me suis écarté de plusieurs milles de ma tournée dans l'espoir d'avoir leur pratique. »

Au son de cette voix, que l'enfant n'avait pu contrefaire, les deux cousines avaient tressailli et échangé un coup d'œil. Cécile se sentit envahir par les plus vives inquiétudes; Catherine prit résolument son parti : dominant ses craintes, elle jeta un rapide regard autour d'elle.

Le colonel et Manuel avaient entrepris une discussion sur un point de discipline militaire, et tous deux y mettaient trop d'ardeur pour que le danger pût venir de ce côté. Griffith, visiblement troublé, semblait s'abîmer dans la contemplation des rosaces du plafond; miss Dunscombe étalait tranquillement sur la table la pacotille du jeune marchand. Seul Borroughcliffe, silencieux et impénétrable, considérait tour à tour le marchand et les deux jeunes filles; il avait surpris le secret de leur trouble, et ses conjectures allaient leur train.

Catherine eut aussitôt le soupçon de ce qui se passait dans l'esprit du capitaine; elle s'écria après une courte pause :

« C'est abuser trop longtemps de la patience de ces messieurs; Cécile, la nappe est enlevée; nos parfums, nos aiguilles et nos rubans ne sauraient plus longtemps prendre la place du madère et... et, le dirai-je? des cigares.

« Cela, dit le colporteur avec vivacité, s'appelle du merlin, de la cordelle et du quarantinier. »

— Jamais! dit le colonel avec un salut courtois, jamais tant que nous jouirons du plaisir de votre présence.

— Allons-nous-en, Cécile, reprit l'incorrigible miss Plowden; le colonel devient excessivement poli, c'est la preuve la plus certaine que nous sommes tout à fait embarrassantes. » Puis elle ajouta, s'adressant au petit marchand : « Suivez-nous dans le salon; nous verrons à notre aise ce qui nous convient dans vos marchandises. »

Cécile se dirigeait déjà vers la porte, à la suite de sa cousine, quand Borroughcliffe, saisissant le panier du colporteur, le plaça devant lui. Les deux jeunes filles, pour ne pas paraître y mettre trop d'empressement, durent se rasseoir.

« Approchez, jeune homme, dit le capitaine avec un air de bonhomie, faisons un peu l'inventaire de votre boutique. Voici du savon, des ciseaux, un canif, je connais tout cela; mais ceci, et il prenait au hasard un objet soigneusement enveloppé, comment cela s'appelle-t-il? Qu'y a-t-il dans ce paquet si bien ficelé?

— Ceci? répéta le marchand visiblement embarrassé, c'est... c'est...

— Capitaine, dit Catherine, voyant le trouble du jeune homme et l'impossibilité dans laquelle il était de répondre, ce n'est guère aimable à vous de retarder trois dames si désireuses de faire leurs emplettes. »

Borroughcliffe parut ne pas entendre; il continuait son manège, s'informait, demandait des noms. L'embarras du marchand ambulant devenait de plus en plus visible. Il était aisé de voir qu'il se sentait découvert et ne continuait à garder son personnage que pour la forme.

« Permettez-moi de vous dire, jeune homme, que vous connaissez assez peu votre métier et les termes courants d'un semblable commerce. » Et, en prononçant ces mots, l'imperturbable capitaine tirait de sa poche les liens dont s'était servi Tom le Long pour s'assurer de sa personne, la nuit précédente, et, les plaçant sous les yeux du marchand, il ajoutait :

« Je parie que vous connaissez mieux le nom de cela, de cela et de cela.

— Cela, s'écria le colporteur avec la vivacité d'un enfant, s'appelle du merlin, de la cordelle et du quarantinier.

— Monsieur Griffith, dit avec solennité Borroughcliffe, ce jeune homme fait partie de votre équipage.

— Je ne saurais le nier, » répondit le lieutenant, qui avait suivi toute cette scène avec beaucoup d'attention. « Quel motif, monsieur Merry, vous amène ici, et pourquoi ce déguisement ?

— Merry, s'écria Cécile, mon pauvre cousin, vous voilà donc aussi tombé aux mains de vos ennemis !

— Qu'est-ce que cela signifie ? » s'écria le colonel, qui jusque-là n'avait point interrompu son entretien avec Manuel. « Mes pupilles embrassent, sous mes yeux, un vagabond, un colporteur ! Monsieur Griffith, est-ce encore une trahison ? Quel est ce jeune homme, et que vient-il chercher ici ?

— Est-il étonnant, reprit le midshipman quittant sa gaucherie empruntée pour reprendre l'aisance naturelle à un jeune homme bien élevé, que je m'expose un peu, n'ayant ni mère ni sœurs, pour venir voir les deux seules parentes que j'aie au monde ?

— Merry ! Alors pourquoi ce déguisement, ce subterfuge ? Rien ne vous oblige à vous introduire clandestinement chez le vieux Georges Howard ; l'ami de votre père, jeune homme, peut vous recevoir ouvertement, bien qu'on ait égaré votre jeunesse jusqu'à vous faire oublier la fidélité que vous devez à votre roi.

— Il est permis, sans douter de l'hospitalité du colonel

Howard, de prendre ses précautions pour entrer chez un homme dont la loyauté envers la couronne d'Angleterre est aussi connue.

— Et j'affirme qu'en cela on ne fait que me rendre justice.

— Dès lors il n'eût pas été prudent de me mettre à la discrétion d'un homme qui pouvait considérer comme son devoir de me garder prisonnier.

— Il a raison, capitaine Borroughcliffe; cet enfant me semble raisonner assez juste et avec une grande candeur. Je crains pourtant de me tromper, et je voudrais que mon savant et ingénieux parent, Kit Dillon, fût là pour me conseiller. »

Borroughcliffe, satisfait d'avoir pénétré le secret du travestissement du jeune homme, avait repris sa place à table, n'oubliant point, malgré le désarroi général, que c'était l'heure des libations; interpellé directement par le colonel, il lui dit :

« Demandez donc, à propos, à ce jeune Américain des nouvelles de M. Dillon; c'est peut-être un ambassadeur envoyé par lui pour nous faire des propositions à l'occasion de son échange contre M. Griffith.

— Certes. Dites-moi, Monsieur, je vous prie, dit le colonel, ce qu'est devenu mon parent, M. Christophe Dillon. »

Le visage de Merry se contracta, ses traits s'altérèrent, et son insouciante gaieté fit place à un air de profonde horreur. Il répondit pourtant, mais d'une voix sourde :

« Il est mort.

— Mort! répétèrent tous ceux qui étaient autour de lui.

— Oui, mort, » reprit le midshipman.

La consternation générale fit d'abord régner le plus profond silence dans l'appartement; Griffith fut le premier à le rompre.

« Comment est-il mort, Monsieur? Qu'est devenu son corps? »

Merry ne répondit qu'à la seconde question; il ne voulait pas parler du naufrage de l'*Ariel,* dans la crainte de compromettre la sûreté de Barnstable et de ses compagnons.

« Il est enterré dans les sables, au bord de l'Océan.

— Dans les sables! dirent avec stupeur ceux qui l'entouraient.

— Vous ne m'avez pas dit comment il est mort, insista Griffith.

— Je ne saurais vous le dire, reprit Merry.

— Il a été assassiné, cria le colonel retrouvant l'usage de la voix, lâchement assassiné par des traîtres, des rebelles! »

Le jeune Américain releva la tête; sa pâleur avait disparu, et ses traits indiquaient une fermeté bien au-dessus de son âge.

« Il n'a point été assassiné, dit-il; et il est mort au milieu de gens qui ne sont ni des lâches ni des traîtres.

— Vous dites pourtant qu'il a été enterré dans les sables; pourquoi cette sépulture ignominieuse?

— Il a été enterré ainsi par mon ordre, Monsieur; si sa sépulture est ignominieuse, sa conduite ne l'était pas moins. Vous voulez savoir comment il est mort; j'ai déjà affirmé que je ne pouvais pas vous le dire.

— Calmez-vous, mon cousin, dit Cécile suppliante; songez au respect que vous devez à mon oncle, à son âge et à l'attachement qu'il avait pour Dillon. »

Le colonel Howard avait repris un peu possession de lui-même, et c'est avec sang-froid qu'il dit à Griffith :

« Je ne veux point agir avec précipitation; je vous prie, Monsieur, ainsi que le capitaine Manuel, de vouloir bien vous retirer; vous êtes prisonniers sur parole, je ne vous donne pas de gardes. »

Les deux officiers se levèrent, saluèrent les dames et leur hôte et se préparèrent à sortir. Sur le seuil, Griffith se retourna et dit :

« Colonel Howard, je livre cet enfant à votre bonté et à votre indulgence : le sang qui coule dans ses veines coule aussi dans celles d'une pupille que vous aimez tendrement.

— Il suffit, reprit le vétéran, mais je vous prie de nous laisser. Et vous, Mesdames, veuillez faire de même : votre place n'est point ici. »

Les jeunes filles parurent vouloir résister, Catherine surtout, aux ordres du colonel; elles protestèrent qu'elles n'abandonneraient point leur parent tant qu'il resterait sous le coup d'accusations pouvant tourner contre lui.

Borroughcliffe avait commencé son interrogatoire, et rappelé au jeune Américain que, ayant déjà porté les armes, il devait savoir ce que c'était qu'être aux mains de ses ennemis.

« C'est la première fois que je m'y trouve, dit fièrement Merry.

— Vous devez pourtant savoir ce que sont les droits de la guerre.

— Je sais que vous pouvez, si cela vous plaît, m'envoyer en prison ou même au gibet pour être entré, sous un déguisement, dans cette maison pour saluer mes cousines.

— Quel calme, à cet âge! murmura Borroughcliffe.

— Vous ne l'oseriez faire! dit vivement miss Plowden. Vous rougiriez d'employer la force contre cet enfant. »

Le capitaine fit observer qu'il était impossible de procéder régulièrement à un interrogatoire dans de telles conditions. Alors, d'un ton qui ne souffrait point de réplique, le colonel ordonna aux jeunes filles de se retirer, et, les prenant par la main, il les conduisit à la porte de la salle à manger.

« Vous devez comprendre, monsieur Merry, à quel danger vous vous êtes volontairement exposé; j'imagine que vous savez aussi quels devoirs m'impose également ma situation.

— Faites votre devoir, Monsieur; je sais que vous devez compte de votre conduite à votre roi, comme je dois compte de la mienne à ma patrie.

— J'imagine, reprit le capitaine, nullement troublé par l'air de fierté qu'affectait le jeune homme, que j'ai aussi une patrie et des devoirs à remplir envers elle, ce qui ne m'empêchera pas d'être indulgent pour vous si je reconnais que vous le méritez. Vous n'avez pas entrepris cette expédition tout seul?

— Si je n'avais pas été seul, le capitaine Borroughcliffe, au lieu d'interroger, aurait pu avoir à répondre.

— Je dois donc me féliciter que votre suite ne vous ait pas accompagné; pourtant le schooner ennemi, l'*Ariel*, ne peut pas être loin. Je reste convaincu que vous avez des amis dans les environs.

— Ils ne sont pas loin, en effet, » s'écria le sergent Drill paraissant sur le seuil et conduisant un jeune garçon qui apportait des renseignements. Il avait été attaqué, disait-il, auprès des ruines par un homme et un enfant, — et il n'hésita point à reconnaître Merry pour ce dernier; — ils lui avaient volé sa pacotille et même sa redingote; il avait ensuite été enfermé dans une tour; mais, comme son gardien montait souvent au haut des ruines, il avait pu s'enfuir, et il venait demander justice.

Merry s'était déjà débarrassé de la redingote; il la lui rendit d'un air méprisant, en lui montrant son panier et sa petite boutique encore étalée sur la table.

« Nous sommes assiégés, bloqués, mon cher hôte, s'écria le capitaine. Mais l'ennemi a affaire à de vieux soldats, et l'infanterie saura se tirer d'affaire toute seule; elle ne se laissera pas enlever sa gloire; car vous savez, Drill, que la cavalerie n'a pas donné. Je vous confie ce jeune marin, sergent; veillez sur lui, et surtout qu'il soit bien soigné et qu'il ne manque de rien.

« Ce jeune homme a du feu, dit Borroughcliffe resté seul avec le colonel; je l'ai deviné sous son déguisement, mais il m'a fallu de l'œil pour voir qu'il avait plus souvent manié le mousquet que l'aiguille.

— Ils ont assassiné mon parent, le loyal, le savant Christophe Dillon, répétait le colonel.

— S'ils l'ont assassiné, dit froidement le capitaine, ils en seront responsables. Mais il faut d'abord faire l'instruction complète de cette affaire. »

Il interrogea le jeune marchand, demeuré debout devant lui, heureux d'avoir retrouvé ses marchandises; il en tira peu de chose, mais assez néanmoins pour s'assurer que les rebelles méditaient un coup de main contre Sainte-Ruth.

Au sortir de la salle à manger, Alix Dunscombe salua les deux cousines et regagna sa chambre; les pupilles du colonel entrèrent dans leur cabinet de toilette, donnant, nous l'avons dit, sur la campagne.

Leur inquiétude était extrême; mais chacune d'elles l'exprimait d'une façon conforme à son caractère: miss Howard s'était assise et appuyait sa tête sur ses deux mains, paraissant complètement abattue; Catherine, au contraire, dans une agitation extrême, marchait à travers l'appartement avec une grande vivacité.

La mort de Dillon les occupait, à cette heure, plus qu'aucun des autres événements qui, depuis deux jours, avaient si profondément troublé leur solitude et leur vie. Que de fois cependant, depuis qu'on avait signalé sur les côtes la présence des deux vaisseaux américains, n'avaient-elles pas souhaité de pouvoir se retrouver avec leurs compatriotes, rejoindre leurs amis et aussi rentrer en possession d'une liberté qui leur rendrait leur patrie! L'heure semblait arrivée, et l'angoisse les saisissait de tous côtés : Griffith et Merry prisonniers, Barnstable sans doute errant sur la côte, et Dillon déjà mort.

Depuis qu'elles connaissaient la fin malheureuse de Christophe, — car elles avaient bien vu dans les yeux de leur cousin qu'il disait vrai, — elles le trouvaient moins fourbe, moins dissimulé, moins déplaisant.

Elles connaissaient assez le colonel Howard pour ne pas trop s'inquiéter de ce qui adviendrait de l'aventure de Merry ; le père du jeune marin avait été, comme celui de Griffith, l'ami et le compagnon de son frère Harry ; et Cécile, Catherine et Merry étaient enfants des trois sœurs ; cela faisait, en faveur de ce dernier, beaucoup de liens que le colonel Howard ne briserait pas. Elles reprenaient donc, tout en conversant, un peu de l'assurance que leur avait fait perdre la nouvelle de la mort de Dillon. Tout à coup Catherine poussa un léger cri et se précipita vers la fenêtre.

« Qu'avez-vous, ma cousine? » dit miss Howard en relevant la tête et en rejetant sur ses épaules ses cheveux épars.

Catherine se retourna, et, étendant le bras vers le bois qui était en face, elle montra à sa compagne de légers lambeaux d'étoffe qui flottaient dans les ruines, au sommet d'une vieille tour, et elle lui dit :

« Barnstable est là ; il se sert des signaux que je lui ai remis. Vite, notre lunette et mon petit registre, que je sache ce qu'il veut de nous. »

Pendant que Cécile regardait attentivement dans la lunette, Catherine, à l'aide de son cahier qui contenait la clef des couleurs disposées par elle, interprétait les signaux de Barnstable.

Lorsque Catherine lui eut indiqué, à l'aide du même moyen, qu'elle était à son poste; il demanda d'abord : « Mon messager est-il arrivé? » Vite on lui fit parvenir cette indication : « Il est prisonnier. » Le lieutenant parut ne pas comprendre, car il posa encore cette question : « Griffith, ou qui? — Mon cousin Merry, » lui fut-il répondu.

Les appareils n'étaient pas bien parfaits; la correspondance était lente, et puis le vocabulaire était fort incomplet; préparé par Catherine dans une heure de fantaisie, elle n'avait guère songé qu'il pourrait servir dans des circonstances si graves.

Au bout de quelques instants, Barnstable posa cette autre question : « Suis-je en sûreté ici? » Les deux cousines demeurèrent fort embarrassées; elles désiraient que Barnstable fût en mesure de délivrer ses amis, mais elles souhaitaient, avant tout, qu'il n'eût pas besoin d'avoir recours à la violence; elles redoutaient une collision sanglante dans la maison de leur tuteur; elles avaient, en un mot, toutes les craintes naturelles à deux jeunes filles élevées délicatement, et toute l'inexpérience de leur âge. Gâtées, capricieuses, un peu fantasques, excellentes au fond, elles voulaient atteindre leur but et tremblaient à l'idée des moyens qu'il fallait employer pour y arriver, comme elles redoutaient aussi les conséquences.

Elles avaient débuté dans cette voie par un jeu parfaitement innocent; elles se trouvaient tout à coup fort engagées, et elles prenaient peur, surtout depuis qu'elles avaient appris la mort de Dillon.

Catherine se décida pourtant à répondre à Barnstable : « Vous êtes encore en sûreté, mais soyez prudent, » lui dit-elle.

Une dernière question, posée par le jeune lieutenant, parut encore embarrasser davantage miss Plowden; elle refusa d'ailleurs de la traduire à son amie, qui ne faisait que lui transmettre les signaux sans en avoir elle-même la clef.

Miss Howard connaissait fort bien sa cousine; elle la savait honnête, incapable de transiger avec le respect d'elle-même; elle ne demanda point non plus à connaître la réponse, et, quittant la fenêtre, elle rentra dans l'appartement.

Barnstable, trouvant son mode de communication trop lent et trop imparfait, demandait à la jeune fille de lui indiquer un moyen de la rencontrer et de s'entretenir avec elle. Il lui fallait, pour la réussite de son entreprise, des renseignements plus précis et plus circonstanciés.

Miss Plowden crut, au point où en étaient les choses, qu'il n'y avait pas à hésiter; elle répondit donc: « Soyez à neuf heures à la porte du jardin, à l'orient; jusque-là, tenez-vous soigneusement caché. »

Catherine vint alors rejoindre dans leur salon commun sa cousine; en même temps qu'elle, y arrivait également miss Dunscombe, venant leur rappeler qu'elles étaient attendues pour le thé, car elles avaient consenti, depuis le matin, à reprendre la vie commune avec le colonel Howard et ses hôtes.

CHAPITRE XX

Ni Griffith ni Manuel ne parurent à la salle à manger. Le vétéran et Borroughcliffe accueillirent les deux jeunes filles avec beaucoup d'égards et de politesse; le visage du premier laissait percer, par moments, les traces visibles d'un sombre et morne chagrin; le capitaine gardait, au contraire, tout son sang-froid; ses soupçons étaient éveillés : l'incident de Merry avait été pour lui comme une révélation de l'entente qui existait entre les rebelles et les pupilles de son hôte. La fuite du pilote et de ses deux compagnons, la retraite du contremaître emmenant Dillon, tout lui faisait un devoir de se tenir sur ses gardes. Même le trouble, l'agitation qu'à l'heure présente les deux cousines ne parvenaient pas à cacher, lui donnaient l'idée que la nuit ne se passerait pas sans nouveaux incidents. Sa persistance à observer miss Plowden, ses yeux qui cherchaient à lire dans les siens, la réserve qu'il gardait, buvant avec plus de retenue, plaisantant, mais avec des sous-entendus, persuadèrent promptement à la jeune fille qu'elle était, sinon devinée entièrement, au moins fortement soupçonnée. Cette idée accrut encore son embarras, et l'opinion de Borroughcliffe fut faite.

Le repas ne dura pas longtemps; quelques minutes avant neuf heures, Catherine quitta la table et se dirigea, après avoir salué, vers la porte; très prompt, le capitaine s'avança avec politesse pour l'y conduire. Sur le seuil, il la salua à son tour, leurs regards se rencontrèrent; la jeune fille y lut un défi. Ce qui eût causé le découragement d'une autre raffermit sa résolution, et elle regagna ses appartements d'un pas ferme, décidée à aller rejoindre Barnstable. Ne fallait-il pas lui fournir les moyens de délivrer Griffith, Merry et Manuel? Il ne consentirait pas à retourner à son vaisseau sans eux. Quand il leur aurait rendu la liberté, ils se rembarqueraient, l'abbaye retrouverait son calme et sa sécurité. Pour le reste, ils attendraient; c'était un coup manqué; le moment n'était sans doute point encore venu. Mais il fallait à tout prix que la situation eût un dénouement; elle irait trouver Barnstable pour lui donner le moyen de le rendre plus sûr et plus prompt.

Catherine ne tarda guère à quitter de nouveau sa chambre, ayant pris la simple précaution de jeter une mante épaisse sur ses épaules; elle s'engagea vivement dans la galerie, traversa la cour en regardant à droite et à gauche, craignant toujours de rencontrer Borroughcliffe aux aguets dans un coin. Elle hésita avant d'entrer dans le jardin; mais, le voyant si sombre et si désert, elle se rassura, prit sa course, ne voulant plus réfléchir, ne voulant plus douter, et arriva à la petite porte du jardin. A peine l'eut-elle entr'ouverte, qu'un homme enveloppé d'un long manteau sortit de l'ombre et accourut au-devant d'elle : c'était Barnstable.

Avant toute autre chose, le jeune marin lui raconta le naufrage de son schooner, et la situation dans laquelle étaient placés ses compagnons et lui depuis ce triste événement. Elle y trouva l'occasion de dire qu'il ne fallait pas songer dès lors, ni pour elle ni pour Cécile, à un départ prochain pour l'Amérique ; d'ailleurs, ajoutait-elle, ni Cécile ni Griffith ne consentiraient à l'exécution d'un projet qui forcerait la main au colonel Howard ; ils sont d'accord sur ce point, et ils désavoueraient sûrement tout ce que Barnstable tenterait en ce sens, même après le succès, même après un résultat qui n'aurait point demandé l'emploi de la violence. Cécile ne voulait point quitter son oncle ; Griffith lui-même, après ce qui s'était passé, ne l'y engageait pas ; et Catherine concluait que, sa cousine ne partant point, elle-même ne pouvait songer à quitter Sainte-Ruth.

Tel n'était point le plan de Barnstable ; il chercha longuement à faire prévaloir son opinion : son schooner était en pièces, mais le cutter allait revenir à la côte, et sa prise remplacerait, quoique imparfaitement, son navire naufragé. D'autre part, si Griffith, cédant à l'influence de Cécile, ne consentait pas, comme l'affirmait Catherine, à entrer dans ses vues, qui, à la vérité, répugnaient bien un peu au bon sens et surtout aux habitudes anglaises, il n'y avait plus rien à faire ; Griffith était son officier supérieur, et, une fois libre, il reprenait de droit le commandement. Les marins de l'*Ariel* eux-mêmes, soumis à l'autorité du capitaine de la frégate, n'hésiteraient pas à obéir aux ordres du premier lieutenant, et l'on savait de reste que celui-ci n'était point homme à plaisanter quand le devoir et la discipline étaient en cause.

Ils ne savaient trop que résoudre : seuls tous les deux, plus ardents, plus obstinés, plus aventureux, ils auraient tenté le coup ; mais qui jamais eût pu prévoir qu'un plan si bien organisé par Catherine Plowden échouerait précisément par la faute de ceux dont il devait faire le bonheur ? car positivement, — elle l'affirmait, — elle avait surtout pensé à eux, à Cécile ; elle avait aussi pensé à elle, mais elle, elle n'avait pas eu à repousser les assiduités si désagréables de Dillon. Son tuteur n'avait point formé de projets pour son bonheur à l'encontre de ses goûts. En vérité, elle avait de la peine à renoncer à une campagne si longuement préparée.

Les regrets exprimés par miss Plowden ranimèrent les espérances de Barnstable, et il en vint promptement à persuader à la jeune fille que le coup de main qu'il méditait n'offrait presque pas de difficultés; qu'il rendrait la liberté à Griffith, à Merry et aux soldats d'infanterie de marine; qu'il était de son devoir de les arracher à une captivité dont les conséquences iraient pour eux peut-être jusqu'au gibet. Il lui affirma en outre que Griffith et Cécile, quelques difficultés qu'ils parussent vouloir faire par délicatesse, seraient au fond très heureux du succès; que, d'ailleurs, il ferait leur bonheur malgré eux, s'il le fallait, et qu'il ne remettrait entre les mains du premier lieutenant son commandement qu'en reprenant la mer, ce qui le laissait, lui Barnstable, maître de donner aux événements le tour qui lui conviendrait le mieux. Bref, il la décida à lui fournir tous les renseignements dont il avait besoin et à lui arracher la promesse qu'elle lui donnerait son concours pour entrer dans l'abbaye. Elle céda, demandant de nouveau qu'on eût tous les égards pour le colonel Howard et même qu'on ménageât Borroughcliffe, dont au fond nul n'avait à se plaindre à Sainte-Ruth, et qui n'avait point maltraité ses prisonniers. Elle recommanda par-dessus tout à Barnstable d'éviter soigneusement toute collision sanglante.

Ils se séparèrent; Catherine rentra dans le jardin et reprit le chemin de la maison. Un moment elle crut entendre marcher derrière elle; elle se retourna et aperçut à quelque distance une ombre qui la suivait et s'était arrêtée comme elle.

« C'est Barnstable, dit-elle, qui veut s'assurer que je ne cours aucun danger. »

Et elle rejoignit ses appartements. La cloche du souper retentissait dans la galerie, et miss Dunscombe, modèle d'exactitude, était déjà en chemin pour la salle à manger. Catherine trouva Cécile dans leur petit salon, et n'eut que le temps d'échanger avec elle quelques paroles.

« Vous l'avez vu? Vous avez bien osé aller le trouver? dit miss Howard en proie à une inquiétude mortelle.

— Je l'ai osé; j'ai vu Barnstable; dans trois heures il sera maître de l'abbaye.

— Nous allons donc avoir une nuit de sang et de carnage, reprit en gémissant la timide jeune fille.

— Nous aurons une nuit de délivrance : la liberté pour vous, pour moi, pour Griffith, Merry et leurs compagnons.

— Ah! qu'avons-nous besoin de liberté! Ne devrais-je pas prévenir mon oncle que sa maison va être envahie par ses ennemis? Ne le devrais-je pas, quand sa vie va être en danger?

— Le colonel sera respecté comme vous-même, miss Howard. Voulez-vous voir Griffith à jamais prisonnier des Anglais, ou peut-être condamné au gibet? Mais il est temps de rejoindre notre tuteur et ses hôtes. Miss Dunscombe nous a devancées. »

Le colonel, plus maître de lui, cachait soigneusement ses préoccupations et son chagrin; Borroughcliffe, très calme et très poli, faisait honneur au souper, mais gardait une grande discrétion à l'endroit du madère.

La conversation languissait; chacun s'absorbait dans ses pensées, malgré les efforts visibles du maître de la maison pour réveiller un peu l'entrain général. Il venait même de proposer un toast, priant tous ses convives de boire à ses sentiments de loyauté et de fidélité à son roi, quand, tressaillant tout à coup, il s'écria :

« Que viens-je d'entendre? Ne force-t-on pas les portes de ma maison?

— C'est un de mes drôles qui s'est laissé tomber en rejoignant sa paillasse au sortir de la table, dit Borroughcliffe, car je les régale ce soir en l'honneur de notre victoire. »

Le colonel n'était pas d'humeur à goûter les plaisanteries; il s'était levé et tenait ses yeux fixés sur la porte, comme s'il eût pressenti qu'on allait l'enfoncer.

« Je répète, Borroughcliffe, que j'entends des bruits extraordinaires dans l'enclos de l'abbaye, si même ce n'est dans les appartements eux-mêmes. C'est mon devoir de maître de maison de voir qui nous arrive ainsi, sans être annoncé, à cette heure. N'importe; si ce sont des amis, qu'ils soient les bienvenus; si ce sont des ennemis, je leur réserve le seul accueil que puisse faire un vieux soldat.

— O mon oncle, s'écria Cécile, ne vous exposez pas à de nouveaux dangers; vous n'êtes plus jeune; vous avez déjà fait beaucoup plus que votre devoir n'exigeait.

— La crainte fait délirer cette enfant, Borroughcliffe; vous serez obligé de me donner quatre hommes et un caporal pour me garder. Mais ne vous lèverez-vous donc pas, capitaine?

— Je ne saurais le faire décemment, colonel, repartit Borroughcliffe avec un sang-froid superbe, je ne saurais déserter tant que miss Plowden voudra bien me tenir compagnie et rester à table.

— Je ne suis point inquiète, dit la jeune fille d'une voix calme et tranquille, au point de provoquer l'admiration du capitaine lui-même; le bruit qui a surpris le colonel et si fort troublé ma cousine est un air que le vent nous joue fort souvent à travers les cheminées et les toits pointus de l'abbaye; mais vous me forcez à me retirer. Voulez-vous passer, Cécile? miss Dunscombe et moi nous vous suivrons.

— Vous n'avez pas l'intention de faire un tour de jardin? » dit Borroughcliffe, voyant que Catherine indiquait la porte du vestibule au lieu de prendre celle qui communiquait avec la galerie.

La jeune fille sourit, bien que la remarque l'eût fortement impressionnée, et se dirigea de l'autre côté.

Borroughcliffe continua, toujours assis tranquillement à sa place :

« Je vous assure, miss Plowden, qu'à cette heure je vous ferais accompagner, ne serait-ce que par reconnaissance pour la clause stipulée en faveur de mon digne hôte, et aussi pour un autre individu que je ne veux pas nommer. Mais je vois que c'était une distraction; vous n'avez pas l'intention de vous exposer une seconde fois aux dangers d'une expédition nocturne. »

Catherine essayait encore de faire bonne contenance; toutefois il n'y avait plus à en douter, Borroughcliffe l'avait suivie et avait entendu sa conversation avec Barnstable.

« Il y a donc du danger? s'écria Cécile; vos regards l'annoncent, ma cousine pâlit; mes craintes sont-elles donc fondées? »

Borroughcliffe se levait enfin, et, laissant de côté toute plaisanterie, il répondit gravement :

« Un soldat est toujours en danger, miss Howard, quand les ennemis de son roi sont près de lui, et ils ne sont pas loin; miss Plowden pourrait vous l'attester. Mais vous avez des partisans des deux côtés, Mesdames; veuillez vous retirer et attendre chez vous l'issue des événements qui se préparent.

— Que parlez-vous d'ennemis et de dangers, Monsieur?

dit miss Dunscombe d'une voix entrecoupée. Vos craintes sont-elles justifiées? que savez-vous?

— Je sais tout, dit Borroughcliffe sans être ému.

— Tout! s'écria Catherine.

— Tout! » reprit miss Dunscombe avec un effroi et une sorte d'horreur dont personne n'eût pu indiquer la cause. « Si vous savez tout, capitaine Borroughcliffe, vous devez savoir qu'il a un indomptable courage et un bras terrible. Croyez-en une femme qui le connaît depuis longtemps, il vaut mieux que vous cédiez.

— Arrêtez! criait de son côté Catherine affolée, vous avez pénétré mon secret, monsieur Borroughcliffe; mais il est encore temps d'empêcher l'effusion du sang. Donnez-moi votre parole d'honneur de laisser libres tous ceux qui sont entrés ce soir à Sainte-Ruth, et je réponds sur ma vie de la sûreté de l'abbaye.

— Écoutez-la, suppliait Cécile Howard, qu'il n'y ait pas de sang versé! »

Borroughcliffe n'eut pas le temps de répondre : une fenêtre fut violemment enfoncée, et Barnstable, suivi de près par quelques-uns des siens, sauta dans l'appartement. Le capitaine prit son épée et se retira avec beaucoup de calme à l'un des bouts de la vaste salle à manger.

« Vous êtes prisonniers, criait déjà le jeune marin; ne faites pas de résistance inutile, et vous serez bien traités. Que faites-vous ici, miss Plowden? vous m'aviez promis de ne pas assister à cette scène. Veuillez vous retirer avec vos amies.

— Barnstable, répondit la jeune fille en proie à la plus vive agitation, nous sommes trahis. Vous êtes libres encore, quittez ces lieux avant que les soldats anglais n'arrivent. Au nom de Dieu, je vous prie, qu'il n'y ait pas de sang versé.

— Catherine, reprit le jeune lieutenant, faites-moi la grâce de sortir d'ici; vous n'y êtes point à votre place. Quant à vous, capitaine Borroughcliffe, sachez bien que toute résistance est inutile; j'ai là dix bonnes piques contre lesquelles ce serait folie de vouloir lutter.

— L'honneur me fait un devoir de reconnaître au moins les forces dont vous disposez.

— Votre honneur sera satisfait. » Et, élevant tout à coup la voix, Barnstable cria : « En avant, les Ariels! mais n'attaquez pas sans ordre. »

A cet appel, dix marins vigoureux, les vêtements en désordre et la mine presque sauvage, se précipitèrent dans la salle à manger. Borroughcliffe, sans s'émouvoir, se contenta de mettre la table entre eux et lui; le colonel, muet, crispé, mais sans crainte, l'y rejoignit; les trois jeunes filles épouvantées se tinrent auprès d'eux.

A ce moment, deux soldats de la garnison du château, déjà garrottés, furent introduits dans la salle par quatre marins. Griffith, Manuel et Merry, redevenus libres, entrèrent en même temps.

« Vous le voyez, Monsieur, cria Barnstable après avoir serré la main à ses amis, je suis maître de la situation. Vos soldats, endormis, sont surveillés dans leur caserne; j'occupe militairement toute l'abbaye, et je suis en possession de vos personnes. Mais rassurez-vous, mes conditions seront douces et votre captivité ne durera pas longtemps. »

Borroughcliffe conservait un calme et une tranquillité qui auraient dû donner à réfléchir à ses ennemis; il ne montrait aucune inquiétude; un observateur désintéressé, — et il n'y en avait point dans la salle, — aurait pu seul remarquer qu'il prêtait l'oreille comme pour saisir au dehors quelque bruit, à son gré trop lent à se faire entendre.

« Vous parlez en maître, Monsieur, » dit Borroughcliffe

en s'armant d'un pistolet et en présentant l'autre au colonel, toujours immobile et silencieux à ses côtés. « Vous ne l'êtes pas encore; voici la mort de quatre d'entre vous.

— J'avoue que nous n'avons pas d'armes à feu, dit Barnstable, mais vos joujoux ne sont pas capables d'arrêter des hommes qui ont fait face à des pièces de trente-deux chargées à mitraille. Qu'en dites-vous, enfants? Les pistolets sont-ils faits pour vous empêcher de monter à l'abordage? »

Les marins se mirent à rire d'un air méprisant; alors Borroughcliffe, lisant dans leurs regards enflammés qu'ils attendaient impatiemment le moment d'en venir aux mains, tira vivement le cordon d'une sonnette, et vingt soldats que Barnstable avait crus enfermés dans leur caserne, et que leur capitaine avait prudemment cachés à deux pas, pénétrèrent dans la salle; ils étaient armés de leurs mousquets.

Alors Borroughcliffe, d'un ton haut et fier, dit à Barnstable :

« Vous m'avez montré vos forces; après avoir déployé les miennes, je suis en droit à mon tour de vous dire : Toute résistance est inutile; rendez-vous! »

Manuel, pendant ce temps, indifférent au débat, avait fait prendre aux marins une position régulière; il les avait formés en carré, et le petit bataillon présentait de tous côtés un front hérissé de piques d'abordage.

Griffith s'avança alors au milieu de la pièce.

« Monsieur Borroughcliffe, dit-il d'une voix ferme, je reprends la préséance sur M. Barnstable, et je vais vous proposer un arrangement tendant à écarter de la maison du colonel Howard toute collision sanglante. Sa demeure ne doit pas...

— La demeure du colonel Howard, reprit celui-ci avec une grande fierté, est la demeure du roi, ou mieux celle du plus dévoué de ses serviteurs. N'épargnez pas, à cause de moi, ces rebelles, monsieur Borroughcliffe; n'entrez pas en composition avec eux; ils doivent se rendre sans conditions. »

A ces mots, Barnstable, retenu jusqu'ici par les muettes supplications que lui adressait du regard miss Plowden, l'invitant à céder sans violence, ne put contenir plus longtemps son humeur.

« Parbleu! dit-il, n'étaient ces trois dames qui sont là, nous discuterions tout de suite les conditions à la pointe de nos piques. Faites avec M. Griffith telle convention qui vous plaira; s'il y a seulement une syllabe de soumission à votre roi, ou un mot qui déroge à la fidélité que je dois au congrès, vous pouvez la regarder comme violée. Votre traité ne m'engagera pas, ni ceux qui voudront me regarder comme leur chef.

— Il n'y a que deux chefs ici, monsieur Barnstable, dit Griffith avec hauteur, un pour l'Amérique et l'autre pour l'Angleterre. Je suis l'un d'eux, et je traite avec vous, capitaine Borroughcliffe, qui êtes l'autre. Que demandez-vous pour que nous arrivions à éviter un conflit sanglant?

— Peu de chose, reprit d'un air assez narquois le capitaine. Veuillez confier vos marins à mon sergent Drill; il leur procurera des vivres, du vin en abondance et un logement convenable. Fiez-vous à lui. Nous discuterons ensuite, autour de quelques flacons de madère, de quelle manière vous pourrez retourner dans les colonies.

— Épargnez-moi, je vous prie, de semblables plaisanteries, Monsieur, reprit Griffith tout hors de lui à cette proposition; voulez-vous nous accorder la libre sortie de l'abbaye, oui ou non?

— Non. »

Griffith, se tournant vers les trois jeunes filles, leur fit signe de se retirer; il sentait bien que, les premiers coups échangés, il ne pourrait plus maîtriser l'ardeur de ses marins. Néanmoins il voulut encore faire une tentative en faveur de la conciliation.

« Si nous consentons, Manuel et moi, à retourner en prison, nous mettant à la libre disposition de votre gouvernement, rendrez-vous la liberté à nos compagnons?

— Impossible, » répondit le capitaine anglais, devenu tout à coup plus grave, en sentant la crise approcher. « Mon gouvernement, dont je ne suis que le mandataire, peut seul décider du sort de ceux qui ont volontairement troublé la paix publique dans le royaume.

— Alors, reprit Griffith non sans émotion, que Dieu garde l'innocence et vienne en aide à la justice! »

Et, se mettant à la tête des marins, il se retourna vers la porte pour sortir de force.

« Place, misérables! dit-il aux soldats, ou gare aux piques.

— En joue! s'écria Borroughcliffe, mais attendez pour tirer que le premier coup soit porté. »

Les deux pupilles du colonel, folles d'épouvante, s'étaient couvert le visage de leurs mains; miss Dunscombe, non moins impressionnée, se jeta au milieu des combattants.

« S'agit-il, s'écria-t-elle, d'un combat entre hommes d'honneur, ou d'une boucherie entre démons altérés de sang? Ne pouvez-vous choisir un autre champ de bataille? Rendrez-vous de pauvres femmes témoins de votre barbarie et de votre cruauté? Écartez-vous, soldats anglais, et laissez les Américains sortir et prendre du champ, vous les combattrez ensuite à votre aise. Souvenez-vous, s'écria-t-elle sur le ton de la plus vive exaltation, que le premier coup qui sera tiré percera le sein d'une femme. » Et elle se plaça en avant des marins déjà tournés vers la porte sur l'ordre de Griffith. Les soldats de Borroughcliffe, interdits, subjugués, allaient s'écarter et lui livrer passage, quand elle parut tout à coup avoir perdu l'usage de ses sens; immobile sur place, toute sa vie semblait avoir passé dans ses regards, comme si elle eût vu au delà de la porte ouverte quelque objet qui l'avait glacée d'épouvante.

CHAPITRE XXI

Tous les yeux des assistants suivirent la direction des regards de miss Dunscombe : un homme, vêtu du simple costume des marins, avec un poignard à la ceinture et un pistolet dans chaque main, se montra dans la galerie ; il s'avança lentement, d'un coup d'œil parut juger la situation, et, d'un air intrépide et fier, se plaçant au centre de la salle, il dit sur le ton du commandement :

« Bas les armes, Anglais ! et vous, défenseurs de la liberté, modérez votre ardeur ; vous triomphez. » Et, se tournant vers le capitaine Borroughcliffe : « Rendez-vous, ajouta-t-il, vous êtes au pouvoir du congrès et des treize républiques.

— Votre audace sera promptement châtiée, » répondit ce dernier en armant rapidement un de ses pistolets qu'il dirigea vers le nouveau venu, celui que ses compagnons nommaient le pilote.

« Entrez, faites entrer vos gens ! cria celui-ci d'une voix accoutumée à commander à la tempête. Il faut que ce soldat reconnaisse sa faiblesse. »

Le son aigu d'un sifflet de contremaître retentit jusque dans les parties les plus reculées de l'abbaye, et une troupe de marins et de soldats, culbutant les hommes de la compagnie de Borroughcliffe se précipita dans la salle et la remplit en un instant, et la galerie apparut elle-même toute pleine de troupes accourues à cet appel.

« Il ne saurait vous voir tous ni vous compter, mes enfants, reprit le mystérieux personnage, dont l'autorité, comme l'arrivée, gardait je ne sais quelle apparence surnaturelle; il ne peut vous voir, qu'il vous entende au moins. »

Un hurrah formidable retentit sous ces voûtes jusqu'ici si paisibles et se prolongea jusque dans les longs corridors, semblable aux éclats de la foudre pendant la tempête répercutés de rochers en rochers.

Il ne pouvait plus être question de résister; l'abbaye appartenait sans conteste aux Américains, et Manuel s'occupait déjà de réunir tous les soldats de l'infanterie de marine et de les former régulièrement; puis il plaça à chacune des portes de la maison un piquet chargé de les garder.

Le colonel Howard, qui avait jusqu'alors laissé Borroughcliffe mener la discussion avec l'ennemi, jugea qu'il devait intervenir.

« Monsieur, dit-il au pilote, qui vous donne le droit d'envahir ainsi ma maison? Avez-vous une commission du secrétaire d'État de Sa Majesté?

— Je n'ai de commission de personne; je suis un simple citoyen luttant volontairement pour la liberté de l'Amérique. C'est moi qui ai conduit ces messieurs dans le péril, j'ai jugé qu'il m'appartenait de les en tirer. Ils sont maintenant en sûreté, et M. Griffith, porteur d'une commission du congrès des États-Unis, a seul le droit de commander ici. »

Cela dit, l'étrange marin alla tranquillement s'appuyer de l'épaule à la boiserie de la salle à manger, et seul, à l'écart, il n'intervint plus, se contentant d'observer ce qui se passait.

Le maître de la maison se tourna alors vers le jeune lieu-

« Rendez-vous, dit le pilote, vous êtes au pouvoir du congrès et des treize républiques. »

tenant, et réitéra sa demande à peu près dans les mêmes termes.

« Je pourrais vous répondre, colonel Howard, dit Griffith d'un ton ferme, que nous avons envahi votre demeure parce que les lois de la guerre et le droit de représailles nous y autorisent. Mais nous ne sommes pas des flibustiers : quand j'aurai réuni mes troupes et que je me serai assuré de mes prisonniers, nous quitterons votre maison et vous devrez reconnaître que nous aurons usé de la plus grande modération. Capitaine Manuel, chargez-vous des prisonniers. Et vous, piques d'abordage, formez vos rangs au dehors de l'enceinte; nous allons bientôt rejoindre nos barques. »

A peine quelques minutes suffirent pour exécuter cet ordre; les officiers et la famille du colonel demeurèrent seuls dans la salle.

« Monsieur Griffith, dit alors Barnstable, que le respect de la discipline avait retenu jusqu'alors, si nous reprenons la mer, il convient de tout disposer à l'avance pour recevoir ces dames. Voulez-vous me charger de ce soin? »

Cette proposition assez inattendue, — sauf peut-être de Catherine Plowden, qui avait depuis longtemps déjà pris le parti, malgré l'irrégularité et un peu l'inconvenance du fait, de se servir de ce moyen pour rejoindre son pays, — cette proposition parut fort mal accueillie par tous, et un silence pénible laissa quelque temps tous les esprits en suspens.

« Ne vous gênez pas, dit le colonel Howard; ma maison, ma fortune, mes pupilles, tout est à votre disposition... Ah! Griffith! Édouard Griffith, devais-je penser que le fils...!

— Ne prononcez pas ainsi ce nom avec ironie, ou vos cheveux blancs ne suffiront pas à vous protéger, » dit une voix forte et sévère. Tous se retournèrent : le pilote, agité, frémissant, reprenait avec une visible contrainte sa place le long de la boiserie.

Griffith lui-même parut ne pas comprendre l'ardeur que mettait cet homme à défendre de toute atteinte le nom de son père. Se tournant alors vers le groupe des jeunes filles, il dit :

« Nous ne sommes point des pirates, colonel Howard, et s'il se trouve ici, outre mes prisonniers, quelque personne qui veuille se confier à nous, elle peut compter sur nos égards et notre respect. »

Merry, encouragé par Barnstable, s'avança, offrant ses bons offices à ses deux cousines pour préparer leur embarquement.

« Retirez-vous, Monsieur, » dit miss Howard voyant le jeune homme s'approcher d'elle; puis, se tournant vers son oncle : « Je ne sais, ajouta-t-elle, si miss Plowden a pris à ce sujet des engagements avec M. Barnstable, mais croyez bien que tous ces événements sont aussi imprévus pour moi que pour vous-même. »

Le vieillard ne parut pas l'entendre; il la jugeait complice de tous ces arrangements pris à l'avance par Catherine.

Alors la jeune fille, tout en larmes, se tourna vers Griffith, et, avec une grande modestie et une grande dignité :

« Monsieur, lui dit-elle, vous n'avez pas cru, n'est-ce pas, que je consentirais jamais à quitter ainsi le protecteur que Dieu m'a donné? »

Barnstable essaya de décider son ami à prendre de lui-même un parti, sans s'inquiéter de ces protestations qui n'étaient, selon lui, excitées que par un désir excessif de sauvegarder les convenances.

« Allons-nous-en, monsieur Barnstable, répondit le lieutenant sur un ton qui laissait deviner tous ses regrets; allons-nous-en; donnez des ordres pour presser le départ.

— Ne fournirons-nous pas à nos compatriotes, à nos concitoyennes, les moyens de regagner leur pays?

— Nous n'avons le droit de nous mêler de ce qui les concerne que dans la mesure déterminée par elles. »

Barnstable ne l'entendait pas ainsi : il avait eu surtout en vue la délivrance des deux jeunes filles; selon lui, il fallait d'abord les rapatrier, ne pas les laisser plus longtemps sous la tutelle d'un ennemi déclaré de leur pays; elles avaient encore en Amérique une partie de leur famille, des biens confisqués qui leur seraient sûrement restitués, et puis..., et puis il songeait à un double mariage qui ne devait pas tarder trop longtemps. L'ardent et inconséquent jeune homme, depuis le commencement de cette campagne, depuis surtout la première entrevue avec Catherine au bord de la mer, n'avait pas vu d'autre conclusion à donner à cette difficile et délicate entreprise. Il dut pourtant en rabattre, et sur l'heure; car Catherine Plowden, comme sa cousine, déclara, au grand étonnement de son fiancé, qu'elle ne consentirait point à partir avec lui dans ces conditions, et qu'elle resterait volontairement sous la tutelle du colonel Howard.

Barnstable se rejeta sur un autre point, et son entêtement faillit causer les plus grands malheurs. Griffith souffrait de la détermination qu'il avait prise : lui aussi eût ardemment souhaité le retour de miss Howard en Amérique, lui aussi voyait avec chagrin son mariage indéfiniment reculé; mais sa délicatesse ne lui avait pas permis de prendre une autre résolution.

Borroughcliffe, toujours le même, brave comme son épée à l'heure du danger, mais railleur et sceptique en toute occasion, se permit de plaisanter Barnstable sur son succès. Il avait beau jeu, car, comme le lecteur l'a déjà deviné, il avait, au sortir du thé, suivi miss Plowden, et, caché derrière le mur de clôture, entendu toute la conversation des deux jeunes gens. Catherine, qui comprit alors comment le capitaine, bien renseigné, avait été amené à prendre ses précautions, devint toute honteuse de s'être ainsi trahie elle-même ; sa mauvaise humeur en fut augmentée, et Barnstable dut renoncer à l'espoir d'emmener, avec leur assentiment, les deux jeunes filles sur son vaisseau.

« Monsieur Griffith, dit-il alors, permettez-moi de vous rappeler que nos instructions nous prescrivent de faire des prisonniers, et que les États n'ont pas hésité, en plusieurs occasions, à étendre cette mesure à des femmes.

— Bravo, bravo! murmura Borroughcliffe, ces dames refusent de vous suivre, vous allez les emmener de force. Bravo! »

Personne n'était d'humeur à relever le propos.

« Allez à votre devoir, monsieur Barnstable, dit le lieutenant; je vous ai donné des ordres, exécutez-les.

— J'ai aussi, comme commandant de l'*Ariel,* à exécuter les ordres de notre supérieur à tous les deux, le capitaine Munson, et ces ordres sont précis.

— Les miens les révoquent, Monsieur, articula fièrement Griffith, comme poussé à bout. Hésitez-vous à m'obéir?

— Je résisterais au congrès avant d'oublier mes devoirs envers...

— Dites envers vous-même, et que ce soit votre dernier mot. »

Barnstable ne bougea pas : devant ce refus d'obéissance, le lieutenant ne put se contenir plus longtemps.

« Monsieur Merry, allez prier le capitaine Manuel de m'envoyer quatre hommes et un sergent. »

La colère aveuglait Barnstable; apercevant ses marins dans la cour comme Merry entr'ouvrait la porte, il s'écria :

« A moi, les Ariels! rangez-vous autour de votre capitaine.

— Le premier qui passe le seuil sans mon ordre, dit Griffith en s'avançant au-devant d'eux, est un homme mort. »

Ils accouraient déjà à l'appel de leur chef; mais, entendant le contre-ordre de l'officier supérieur, ils s'arrêtèrent.

« Rendez-moi votre épée, monsieur Barnstable; je veux vous épargner la honte de vous la voir enlever par un simple soldat.

— Je voudrais connaître l'insolent qui l'oserait faire! » s'écria Barnstable en tirant son épée du fourreau et la brandissant en l'air.

Griffith tenait lui-même une épée nue à la main. Ils étaient si animés tous les deux par l'ardeur de leur querelle, qu'ils oublièrent tout le reste en ce moment, et tombèrent en garde.

Le colonel Howard jeta sur eux un coup d'œil de mépris; le capitaine Borroughcliffe murmura entre ses dents : « Cela va devenir amusant. » Mais, au bruit sec et strident du fer touchant le fer, miss Howard et miss Plowden, poussant un cri, se jetèrent entre les deux combattants.

Le pilote s'était également élancé au milieu de l'appartement, et, dominant le tumulte, on l'entendit crier :

« Il est temps que j'use de mon autorité. Monsieur Griffith, remettez votre épée dans le fourreau; et vous, Monsieur, qui avez osé braver votre supérieur, rentrez vite dans le devoir. »

Griffith, au son de cette voix, tressaillit comme si elle eût éveillé un écho lointain dans sa mémoire ou dans son cœur; il obéit aussitôt, en saluant avec respect. Barnstable, hautain, se retourna en disant :

« Qui ose donc me donner un ordre semblable? »

A cette question arrogante et dédaigneuse, les yeux du pilote brillèrent d'un feu terrible; son visage devint pourpre et tout son corps fut secoué par le tremblement de la colère.

« Un homme qui a le droit de commander, s'écria-t-il, et qui veut être obéi. »

Barnstable fut dompté par cet accent impérieux; il s'inclina, et, comme Griffith, il remit son épée dans le fourreau.

Le pilote se tourna du côté du jeune lieutenant, et lui dit, sur un ton ferme encore, mais plus doux :

« Vous disiez, Monsieur, il n'y a qu'un instant, que nous ne sommes pas des maraudeurs ni des pirates; vous aviez raison : nous ne voulons point porter atteinte à la sécurité des gens sans défense; mais ne pensez-vous pas que cet officier anglais, que cet Américain émigré sont de bonnes prises? Il faut les conduire à bord de notre vaisseau. »

Griffith reprit, sur un ton de voix si bas que le pilote seul entendit :

« Avez-vous donc renoncé à votre expédition?

— Mon projet échoue; à l'heure qu'il est, l'alarme est peut-être donnée dans tout le pays; il est trop tard. D'ailleurs le colonel Howard n'est point un prisonnier à dédaigner; dans un échange, il rachètera quelque digne patriote maintenant dans les fers. Donnez l'ordre, Monsieur, de partir sur-le-champ. »

Miss Howard avait entendu; elle se rapprocha vivement du colonel et lui dit :

« Mon oncle, je ne vous quitterai pas; vous ne serez pas seul au milieu de vos ennemis. »

Le vieux vétéran eut un sourire équivoque : était-ce bien par dévouement pour sa personne qu'elle consentait à le suivre? Il ne lui répondit point; il n'avait jamais cru que sa nièce éprouvât un attachement sérieux pour Griffith; il y avait de la bonne foi et de la loyauté jusque dans sa partialité pour Dillon; il n'avait point cru que sa pupille pût jamais lui préférer un rebelle; pour miss Plowden, c'était autre chose; elle avait l'instinct de la révolte, et elle devait aimer ce pirate de Barnstable.

Mais quand il avait vu les deux jeunes filles se jeter résolument entre les deux combattants, il avait compris que Cécile aussi était bien engagée. En la voyant à genoux aux pieds du jeune lieutenant, le suppliant de faire taire sa colère et de ne pas s'exposer aux coups de son adversaire, ses dernières illusions étaient tombées. Mais il tint rigueur à la jeune fille, et, lui tournant le dos, il dit fièrement aux officiers américains en montrant le capitaine Borroughcliffe, beaucoup moins résigné que lui et encore abasourdi par l'écroulement de tous ses projets si piteusement renversés :

« Donnez vos ordres, Messieurs; nous étions vos maîtres il y a peu d'instants encore, et nous ne vous aurions point laissés aller; nous sommes maintenant vos prisonniers, faites votre devoir. »

Une heure plus tard, tous les préparatifs du départ étaient achevés; Griffith, qui avait repris le commandement, bien que le pilote continuât à diriger l'expédition, donna le signal de la retraite. On entendit le sifflet du contremaître, et une voix forte et enrouée poussa ce cri :

« En avant, les chiens de mer! Allons, en avant toutes les piques! »

Manuel avait rangé ses soldats en ordre de marche, et ils sortirent de l'abbaye au son du fifre.

Les précautions du pilote pour surprendre l'abbaye avaient été si bien prises, que pas un soldat, pas un valet n'avait pu s'échapper; il devenait dès lors nécessaire d'emmener tous les habitants de Sainte-Ruth jusqu'au bord de la mer et de ne les relâcher qu'au départ des barques. Vainqueurs et vaincus, formés en colonne, se dirigèrent dans l'obscurité, à travers la campagne déserte, vers les rochers; au centre étaient les soldats de Borroughcliffe et les domestiques du colonel; ce dernier, appuyé sur le bras du capitaine, marchait à leur suite; tous deux se livraient en silence à l'amertume de leurs réflexions. Miss Dunscombe et les deux cousines venaient après, à une toute petite distance; Barnstable marchait par derrière, tantôt préoccupé d'elles, tantôt rêvant aux conséquences possibles de son altercation avec son ami; celui-ci marchait seul sur le flanc de la colonne, de façon à pouvoir l'embrasser tout entière du regard. Le corps des marins et un détachement d'infanterie de marine fermaient la marche.

L'homme étrange qui dans toute cette affaire avait joué un si grand rôle avait disparu, et, lorsque l'on arriva sur la falaise au bord de la mer, Griffith était redevenu l'unique chef de l'expédition.

Manuel arrêta ses soldats au sommet des rochers pour protéger l'embarquement et garder le plus longtemps possible les prisonniers que l'on devait renvoyer chez eux. Barnstable, sans en avoir reçu l'ordre, — car les deux jeunes lieutenants n'avaient pas échangé une seule parole depuis leur altercation, — descendit dans le ravin, à l'embouchure de la petite rivière dont nous avons déjà parlé plusieurs fois, et héla les barques restées à une petite distance du rivage. Le pilote avait amené toutes les embarcations de la frégate et du cutter, ayant pris avec lui le plus de monde possible; au bout de quelques minutes, cette petite flottille fut rangée au bas de la falaise et l'embarquement commença.

« Où donc est-il? demanda miss Dunscombe à demi égarée; va-t-il aussi m'emmener avec lui, m'arracher à ces lieux que je ne dois pourtant point quitter?

— De qui parlez-vous? dit Barnstable, que le groupe des prisonniers venait de rejoindre sur la grève. Voulez-vous vous adresser à M. Griffith? peut-être vous accordera-t-il ce que vous souhaitez. »

Griffith, qui était à quelques pas en arrière, s'avança

rapidement en entendant prononcer son nom, et, s'approchant des trois dames, il leur adressa la parole pour la première fois depuis le départ de l'abbaye.

« J'espère avoir été compris, dit-il : aucune femme ne doit se regarder comme prisonnière; celles qui consentiront à se rendre volontairement sur le vaisseau y trouveront aide et sécurité, j'en donne ici ma parole d'honneur. Mais vous êtes entièrement libres, Mesdames.

— En ce cas, je ne partirai point, dit miss Dunscombe.

— Vous avez raison, lui dit Cécile, rien ne vous retient ici; allez plutôt à Sainte-Ruth, dont vous serez la maîtresse, si toutefois le colonel Howard veut bien le permettre. »

Le vieux vétéran, sans toutefois répondre directement à sa nièce, à laquelle il gardait encore rancune, bien qu'il lui en coûtât déjà beaucoup, s'en expliqua de la manière la plus aimable avec miss Dunscombe, ainsi constituée gardienne de la vieille abbaye; elle fit ses adieux au colonel, embrassa tendrement ses deux amies et remonta sur le haut de la côte.

« Messieurs, dit Barnstable, la barque vous attend. » Il avait déjà pris soin de faire asseoir les deux cousines à l'arrière du canot du vieux Munson, qu'il avait seul jugé digne de les recevoir.

« Colonel Howard, dit Borroughcliffe, vous avez confié votre maison à miss Dunscombe, j'aurais bien dû la prier de rédiger un rapport au commandant du district pour lui apprendre de quelle façon je me suis laissé jouer. Allons, cher compagnon de captivité, autrefois mon digne hôte, veuillez passer le premier.

— Capitaine Borroughcliffe, dit Griffith, ne montez pas dans cette barque.

— Comment, Monsieur ! s'écria le capitaine, voulez-vous

donc me caserner avec mes soldats? Oubliez-vous qu'un officier a droit...?

— Je n'oublie rien; je me souviens surtout de la façon vraiment généreuse dont vous m'avez traité pendant ma courte captivité: aussi, dès que je pourrai le faire sans danger pour nous, vous et vos soldats serez mis en liberté sans aucune condition. »

N'étaient les espérances de gloire et de fortune rêvées avec tant de confiance depuis deux jours, et tout à coup si misérablement perdues, Borroughcliffe eût été le plus heureux des hommes. Il eût voulu pouvoir exprimer toute sa satisfaction; mais sa déconvenue avait été trop grande.

« La barque est parée, s'écria Barnstable; elle n'attend plus que ses officiers. »

Griffith comprit bien que cet appel indirect s'adressait à lui; mais il tourna le dos et s'éloigna d'un air hautain.

Barnstable attendit quelques instants encore, par déférence pour son officier supérieur; mais, voyant que le lieutenant n'avait pas l'intention de prendre place dans son embarcation, il sauta dans le canot et donna l'ordre de prendre le large et de se diriger à force de rames du côté où devait se trouver l'*Alerte*.

Arrivée au haut de la falaise, miss Dunscombe se trouva tout à coup en présence de la troupe des soldats de Manuel.

« Qui va là? s'écria le capitaine en la voyant paraître.

— Votre chef m'a permis de retourner à l'abbaye.

— Voilà bien les officiers de marine! nulle connaissance de l'art militaire, pas de respect pour la discipline. Avez-vous au moins le mot d'ordre?

— Non; je n'ai d'autre titre que mon sexe et ma faiblesse.

— Ces titres sont suffisants, » dit une voix ferme.

Manuel se retourna vivement; un homme, à quelques pas en arrière, quittait tranquillement l'ombre d'un gros chêne.

« Qui va là? reprit Manuel. Rendez-vous, ou je vais faire feu.

— Vous allez faire feu sur celui qui vient de vous délivrer, capitaine Manuel?

— Ah! vous avez commis une grande imprudence, dit l'officier de marine en reconnaissant le pilote. Il me semble qu'un homme expérimenté comme vous, ayant conduit il y a si peu de temps une surprise avec tant d'habileté et de succès, aurait dû connaître mieux les règles militaires.

— Il n'importe, dit le pilote avec indifférence; je connais cette dame et je vais la reconduire jusqu'à l'abbaye. »

Le capitaine souleva toutes sortes d'objections contre cette conduite, à son sens tout à fait incorrecte; mais l'homme auquel il avait affaire ne s'embarrassait guère de ces scrupules, et il s'éloigna aussitôt avec miss Dunscombe.

Ils reprirent l'entretien brusquement interrompu deux jours auparavant durant la courte captivité du pilote; ils évoquèrent des souvenirs d'autrefois, presque tous tristes, et auxquels le présent, malgré la grande situation du pilote, n'offrait point, aux yeux de miss Dunscombe, de compensations. Elle s'obstinait à ne point voir en lui le grand homme dévoué envers et contre tous à la cause de la liberté des États d'Amérique; elle ne pouvait pas oublier qu'il trahissait et combattait sa propre patrie.

La faiblesse de la jeune femme, ou peut-être seulement l'horreur qu'elle avait du sang versé, la décida à révéler au pilote ce qu'elle savait du plan tramé contre les Américains. Elle ne connaissait pas le naufrage de l'*Ariel*; en l'apprenant, elle ne put s'empêcher de dire:

« Vous n'avez donc plus d'autres ressources que la frégate? Alors partez au plus vite. La trahison de Dillon, — car c'était bien, ajouta-t-elle, une trahison: il avait donné sa parole et librement consenti à un échange, — sa trahison n'avait pas seulement pour objet Barnstable et son navire, il a envoyé, en outre, un messager au port le plus voisin pour dénoncer la présence de la frégate dans ces eaux, et demander qu'on envoyât plusieurs navires pour vous couper la retraite; allez donc, et que Dieu vous conduise et vous ramène à de meilleurs sentiments. »

CHAPITRE XXII

Le tambour des soldats de marine battit le rappel, et le sifflet du contremaître annonça que, l'embarquement étant achevé, le dernier canot allait partir. Le pilote quitta aussitôt Alix Dunscombe, et se rapprocha du rivage; il rencontra à quelques pas les soldats anglais, que Griffith renvoyait, ne voulant point s'embarrasser d'un aussi grand nombre de prisonniers.

Un peu plus loin, comme il s'avançait, toujours absorbé dans ses réflexions, un homme le heurta dans l'ombre; il leva les yeux, et reconnut Borroughcliffe.

« D'après ce que j'ai vu cette nuit, vous n'êtes pas ce que vous paraissez, » lui dit le capitaine, mécontent de sa défaite, malgré la liberté qu'on venait de lui rendre, et portant avec peine le poids de sa honte et le regret de ses espérances perdues. « J'ai, par conséquent, le droit de m'en prendre à vous, et je tiens à vous dire en face, Monsieur, que j'ai été indignement traité, et je veux qu'on m'en rende raison sur l'heure. »

Borroughcliffe avait en main deux pistolets, et, en parlant ainsi, il en présentait un au pilote. Celui-ci, ayant deviné ses intentions, se contenta de hausser les épaules et de lui faire signe de s'écarter de sa route; puis il continua sa marche et disparut dans l'obscurité.

« Ce n'est pas autre chose qu'un pilote, murmura Borroughcliffe; mais voici les soldats de marine qui vont à leur tour s'embarquer, je vais m'adresser à leur chef; lui, du moins, devra me comprendre, si je juge de la délicatesse de son honneur par celle de son gosier : un homme capable de reconnaître le madère mûri dans le midi de cette île de celui récolté dans le nord. »

Il s'écarta pour laisser passer les soldats, mais Manuel était resté en arrière : la discipline ne lui permettait point de congédier les soldats anglais sans les avoir comptés et s'être assuré qu'aucun intrus ne s'était glissé parmi eux.

Cette circonstance fit qu'ils se rencontrèrent tous les deux séparés de leurs soldats, en tête-à-tête.

« Monsieur, cria aussitôt Borroughcliffe sans autre préambule, vous plairait-il de choisir un de ces deux pistolets? Je vous rends responsable de la violence de vos gens; l'un d'eux a fracassé la tête d'une de mes sentinelles avec la crosse de son fusil, l'autre m'a fait ronger à moi-même, pendant trois heures, le pommeau de mon épée; choisissez l'une de ces armes.

— J'en ai une paire qui vaut les vôtres, » dit froidement le capitaine Manuel en prenant un pistolet à sa ceinture. « Défendez-vous, et faites feu. »

Ils se rapprochèrent l'un de l'autre, le bras tendu; les deux coups partirent à la fois, et l'on n'entendit qu'une détonation. A ce signal d'alarme, les soldats des deux capitaines accoururent en toute hâte. Manuel, étendu sur le dos, ne donnait plus aucun signe de vie; et Borroughcliffe, également atteint, se tenait à demi renversé et appuyé sur le coude.

Les deux coups partirent à la fois, et l'on n'entendit qu'une détonation.

« Le pauvre diable est mort, dit ce dernier; c'était un brave, et presque un aussi grand fou que moi. »

Manuel n'était qu'étourdi; la balle lui avait labouré le crâne, sans trop l'entamer; mais la secousse avait été si rude qu'il avait perdu connaissance. Il reprit ses sens assez vite, et demanda aussitôt des nouvelles de son adversaire.

« Me voici, dit Borroughcliffe, reposant sur le sein de notre mère commune. Vous m'avez fait une bonne saignée à la jambe; je crois même l'os assez endommagé. Il n'importe! Donnez-moi votre main, capitaine Manuel; nous avons bu ensemble, nous nous sommes battus et blessés mutuellement; rien ne saurait empêcher que nous soyons à l'avenir les meilleurs amis du monde. »

Manuel lui serra cordialement la main, lui souhaita toutes sortes de prospérités, et lui fit, de la façon la plus amicale, ses offres de service.

Le sifflet du contremaître, appelant les retardataires, ne cessait de se faire entendre; il fallut abréger cette scène vraiment touchante : ces deux héros ne savaient quelles gracieusetés se faire mutuellement.

« Partez donc, dit Borroughcliffe; et si jamais vous revenez en Angleterre comme ami, comptez sur moi.

— N'ayez aucune inquiétude à cet égard. Je vous demande, en retour, la même promesse, si jamais vous mettez le pied en Amérique.

— Je m'y engage; conservez-moi toujours une place dans votre souvenir.

— Je ne vous oublierai jamais, mon digne, mon excellent ami, » repartit Manuel, portant involontairement la main à son pauvre crâne fracassé, et dont les battements étaient si vifs qu'il croyait les entendre.

Ils se serrèrent encore une fois la main, échangèrent encore des promesses et se séparèrent enfin, montrant un attachement réciproque et une cordialité qui laissaient bien loin tout ce que l'antiquité a raconté d'Oreste et de Pylade.

L'*Alerte*, demeurée sous les ordres du quartier-maître de la frégate, M. Boltrope, avait couru des bordées à peu de distance des côtes, en attendant des nouvelles de l'entreprise. La petite flottille, ayant enfin rallié les derniers traînards, s'était aussitôt mise à sa recherche, et toutes les embarcations ne tardèrent pas arriver dans ses eaux.

Boltrope s'entretenait sur le pont du cutter avec le chapelain de la frégate, quand on signala le retour de la première barque. Il donna aussitôt l'ordre de changer de bordée, et de tourner la proue vers la terre; les voiles furent disposées de manière à se neutraliser les unes par les autres, et l'*Alerte* devint stationnaire.

« Ohé! la barque! » s'écria Boltrope, quand il reconnut au bruit des rames que l'embarcation était assez proche pour qu'on pût la héler.

« Ohé! ohé! répondit une voix claire.

— Je reconnais celui-là, dit le vieux marin. Allons, sifflez donc l'aide du contremaître. A l'œuvre! Mais en voici une autre à bâbord. Ohé! la barque!

— L'*Alerte!* fut-il répondu cette fois sur un ton ferme.

— Voilà ma commission de capitaine emportée par le vent, dit Boltrope à son interlocuteur; c'est M. Griffith, il va prendre le commandement en rentrant à bord. Mais elles arrivent toutes à la fois; en voici une autre à tribord. Ohé! la barque!

— Pavillon! » dit une voix forte avec l'assurance d'un amiral au milieu de sa flotte.

« Pavillon! reprit le quartier-maître en laissant tomber son porte-voix de surprise, voilà un bien gros mot. Je veux pourtant savoir qui a le ton si haut en s'adressant à un navire tombé aux mains des Yankees. Ohé! la barque! » vous dis-je.

La barque n'était plus qu'à quelques toises de l'*Alerte;* un homme, assis à sa poupe, tressaillit à ce second appel, se leva vivement; puis, comme si une réflexion eût subitement modifié le cours de ses idées, il dit d'une voix fort tranquille :

« Non, non.

— Est-ce vous, monsieur le pilote? » s'écria le quartier-maître en levant une lanterne.

Le pilote montait déjà à bord. Boltrope ne put s'empêcher de lui dire :

« Si nous avions eu des soldats sur le pont, vous risquiez fort, avec une pareille plaisanterie, d'attraper des coups de mousquet. »

Le pilote, les yeux brillants de fierté, jeta sur lui un regard de dédain, et, sans lui répondre, se rendit à l'arrière.

Barnstable arrivait à son tour; il était mécontent et un peu déconfit. Le colonel Howard ne s'était pas départi un instant de la tenue hautaine et attristée qu'il avait prise au sortir de Sainte-Ruth; il n'avait pas une seule fois adressé la parole à sa nièce. Cécile, accablée par le chagrin que lui faisait éprouver le déplaisir évident de son oncle, gardait également le silence; et miss Plowden, quoique intérieurement charmée de la réussite de tous ses projets, jugea prudent de l'imiter pour sauvegarder les apparences. Cette situation des esprits avait exercé son influence sur Barnstable, ennemi de toute contrainte et ne comprenant pas que les deux cousines, arrivées au résultat qu'elles avaient tant souhaité et dont elles devaient être si heureuses, pussent se montrer si chagrines et si désolées. Sa mauvaise humeur ne tarda guère à se faire sentir. Griffith n'ayant pas encore abordé, Barnstable prenait le commandement du cutter.

« Qu'est-ce que cela signifie, monsieur Boltrope? s'écria-t-il. Voilà des dames qui arrivent, et vous tenez les bords de votre voile tendus comme une corde de violon. Mollissez votre martinet du pic, Monsieur; mollissez-le, vous dis-je. »

Le vieux quartier-maître obéit, mais non sans maugréer assez vivement contre l'arrivée des jeunes dames, qui, dans sa pensée, ne manqueraient pas de mettre le désordre à bord et de transformer la frégate en une seconde arche de Noé.

Barnstable fit modifier presque partout la manœuvre, donnant ainsi du champ à sa mauvaise humeur, rendue plus évidente encore par le ton incisif et sec qu'il employait, contrairement à son habitude. Mais il fut bientôt lui-même réduit au silence par l'arrivée de Griffith, revenu sur le *Tigre,* que suivaient de près les autres embarcations.

Griffith donna tout aussitôt l'ordre de tourner les voiles au vent et de s'avancer du côté de la haute mer. Le cutter, obéissant à une brise assez vive, fendit les ondes avec une grâce et une promptitude qui donnèrent aux Américains fort bonne idée de leur prise. Le jeune lieutenant, craignant de s'engager bien au delà de la frégate, fit mettre en panne après une course d'une demi-heure, sachant bien qu'il ne pourrait relever la position du capitaine Munson qu'au lever du jour.

Le succès de l'expédition sur la terre ferme autorisait un certain relâchement de la discipline : une distribution extraordinaire de grog vint encore augmenter la bonne humeur générale. Longtemps encore on entendit ceux qui avaient pris part à l'aventure raconter à leurs camarades les péripéties de la courte et intéressante campagne. La perte de l'*Ariel* fut vivement sentie; la mort de Tom Coffin fut célébrée sur tous les tons; bientôt néanmoins la fatigue eut raison de toutes les curiosités, comme de tous les enthousiasmes. Il y avait alors près de cent cinquante hommes sur le petit bâtiment, et le tillac était partout encombré. La petite cabane de l'*Alerte* fut donnée au colonel Howard, qui s'y retira avec ses pupilles et leurs domestiques. Les soldats et les marins descendirent dans la cale et cherchèrent un coin inoccupé qui leur permît de se reposer tranquillement. Boltrope fit comme les autres, et ne tarda guère à ronfler avec énergie. Deux hommes restèrent seuls sur le pont du navire : Griffith et Barnstable, qui, toujours en délicatesse, fiers et hautains, continuèrent à se promener chacun d'un côté du gaillard d'arrière.

Il faut le dire, jamais le quart du matin, le plus dur de tous, ne leur avait paru si long; l'amour-propre froissé et le ressentiment les privaient de cette cordiale intimité qui si souvent avait adouci leurs fatigues, et fait diversion aux ennuis de leur service. Une circonstance, en tout autre temps bien faite pour leur plaire, vint encore augmenter leur embarras mutuel. Cécile et Catherine quittèrent la petite cabane du cutter et vinrent respirer l'air frais sur le pont; elles allèrent s'appuyer sur le couronnement de la poupe; et, voyant les deux jeunes gens s'éviter toujours sous le coup de leurs rancunes, elles en furent si affectées, qu'à peine échangèrent-elles quelques paroles entre elles et à voix basse.

Catherine, ennemie de l'indécision, manquant de patience, ne put résister au désir de faire cesser une semblable situation; elle dit alors, sans trahir son secret dessein :

« Pendant combien de temps, monsieur Griffith, serons-nous condamnées à habiter un espace aussi étroit que l'est l'enceinte de la cabane de l'*Alerte?*

— Aux premiers rayons du jour, répondit le lieutenant, nous ne pouvons manquer d'apercevoir la frégate, miss Plowden; vous trouverez à son bord aisément plus d'espace; un bâtiment de douze cents tonneaux cube un peu plus qu'un bateau de cent cinquante, et il sera alors fort aisé de vous donner un logement qui vous convienne.

— Il nous plaira toujours, reprit fort aimablement miss Plowden, car nous sommes assurées d'y trouver le charme de l'hospitalité d'un marin et le souvenir de la patrie; il me semble que l'air de la pleine mer m'apporte déjà je ne sais quoi de frais et d'agréable qui me rappelle les brises des rivages de l'Amérique.

— Miss Plowden, reprit Griffith en souriant, si vous n'avez pas toute l'intrépidité d'un patriote, vous en avez au moins toute l'imagination. Cette brise ne nous vient point des belles et fertiles campagnes d'Amérique, elle nous arrive directement de Hollande. Il n'importe; le jour va paraître, et avant peu de temps nous aurons rejoint la frégate. »

Cette nouvelle ne pouvait manquer d'être agréable aux jeunes filles; elles virent avec plaisir l'orient se teindre peu à peu de couleurs moins sombres; une raie de lumière blanche parut élargir de ce côté l'horizon; les nuages se nuancèrent de rose et de violet; la trouée plus lumineuse s'agrandit; les nuages furent refoulés lentement d'abord vers le point opposé de la voûte des cieux, puis leurs formes plus fantastiques annoncèrent une déroute complète : l'aurore venait de paraître.

« Ohé! une voile! cria une voix descendue du haut du grand mât; la frégate est en poupe sous le vent. »

Griffith indiqua d'un geste aux deux cousines la direction annoncée, et elles aperçurent bientôt la frégate, qui, toutes voiles déployées, se tenait à une petite distance.

Tout l'équipage, éveillé par le sifflet du contremaître, était déjà monté sur le pont; l'intervalle qui séparait les deux bâtiments fut vite franchi.

« Je suis charmé de vous voir, s'écria le capitaine Munson; bonjour, monsieur Griffith; bonjour, Manuel. Soyez les bienvenus, mes enfants! Votre absence commençait à m'inquiéter. »

Ses yeux rencontrèrent alors Cécile et Catherine, demeurées sur la poupe; son visage perdit aussitôt son air de bonne humeur, et il reprit d'un ton assez dur :

« Qu'est-ce ceci, Messieurs? prétendez-vous donner un bal sur la frégate, que vous amenez des dames?

— J'en étais sûr! murmura Boltrope, le vieux n'est pas content. »

C'était à Griffith de répondre. Une vive rougeur couvrit son visage; il parut un instant embarrassé, surtout à cause du dépit que montraient déjà les deux jeunes filles.

« Monsieur, dit-il enfin, après avoir retrouvé son sang-froid, j'ai amené ces prisonniers sur l'ordre que m'en a donné M. Gray.

— De M. Gray! répéta le vieux marin, et son visage perdit toute trace de mécontentement; alors courez la même bordée que nous, je vais faire préparer l'échelle du commandement. »

Le capitaine Munson reçut ses nouveaux hôtes avec l'hospitalité un peu rude du marin, mais avec un désir très évident de se montrer aussi civil que possible à leur égard. Il leur céda les pièces qui formaient son logement particulier, et les invita à se servir de la grande cabane du navire durant le jour, autant que cela pourrait leur être agréable.

Le capitaine, le premier lieutenant et le mystérieux pilote eurent une longue conférence; puis ils reparurent sur le pont, inspectant à l'aide du télescope tout l'horizon avec un soin et une persévérance qui donnèrent à penser à tout l'équipage.

Un brouillard épais interceptait complètement la vue du côté du sud; au nord, et du côté de la terre ferme, l'horizon était parfaitement pur. Bientôt on signala à l'est, à une très grande distance, une petite voile blanche qui s'élevait graduellement sur l'Océan, et laissait déjà supposer qu'on pouvait avoir affaire à un vaisseau d'une certaine importance.

« C'est sans doute, dit Griffith, un bâtiment charbonnier que la tempête a jeté en pleine mer, et qui veut se rapprocher des côtes; avant deux heures il peut nous avoir fourni notre provision de charbon.

— Il a la proue tournée vers le nord, dit lentement le pilote; le convoi de la Baltique est précisément de ce côté; ne serait-ce pas plutôt un cutter de la côte qui s'en va lui annoncer notre présence dans ces parages? les émissaires de Dillon ont pu déjà donner l'alarme. Il faudrait que nous pussions redescendre au sud, jusqu'à la hauteur du Helder.

— Nous perdrons ainsi une marée qui porte au vent, dit Griffith non sans vivacité. Nous pouvons, en tout cas, placer notre cutter en vigie. Si nous nous enfonçons dans ce brouillard, nous allons perdre de vue l'ennemi, si toutefois c'est un ennemi; et n'est-ce pas honteux pour une frégate américaine de paraître fuir ainsi devant l'ennemi?

— Si la prudence l'exige, une frégate doit se retirer même devant le plus humble de ses ennemis, » reprit le pilote avec hauteur. Mais aussitôt, comme s'il eût obéi à un autre courant d'idées, il se tourna vers Munson et lui dit : « Je partage le sentiment de M. Griffith; remontons, si vous voulez, au vent, et que le cutter nous précède en se rapprochant de la côte. »

Griffith reçut aussitôt l'ordre de faire exécuter ces différentes manœuvres; l'*Alerte* fut placé sous le commandement du plus jeune lieutenant de la frégate, M. Somers, et il ne tarda pas à franchir la ligne du brouillard, où on le perdit promptement de vue. La frégate, à son tour, déploya ses voiles, et, suivant son petit bâtiment de conserve, s'avança contre le vent, qui, à la vérité, ne soufflait pas bien fort.

Une grande tranquillité régnait à bord; Griffith avait rejoint les deux pupilles du colonel Howard, qui s'amusaient à suivre des yeux les détails de la côte, et prétendaient reconnaître plusieurs éminences placées dans les environs de l'abbaye de Sainte-Ruth. Barnstable, chargé pour l'instant de surveiller la marche du navire, se promenait de l'autre côté du gaillard d'arrière, regrettant sans doute que ses fonctions ne lui laissassent pas plus de loisir. Tout à coup on entendit en avant un coup de canon de petit calibre.

« C'est le cutter, s'écria Griffith.

— Ce canon était chargé à boulet, reprit le pilote, qui faisait d'inutiles efforts pour percer de son regard l'épaisseur du brouillard; c'est assurément un signal. Monsieur Barnstable, ne voit-on rien dans vos hunes? »

Hélé par le lieutenant de quart, le matelot placé dans la hune du grand mât répondit qu'on ne voyait rien, à cause du brouillard, dans la direction du vent; mais en même temps il annonça que la voile signalée à l'est avait le vent largue.

A cette nouvelle, le pilote secoua la tête, mais persista pourtant à voguer encore vers le sud; pendant qu'ils conféraient avec le capitaine, on entendit un second coup de canon, assurément parti de l'*Alerte,* pour attirer l'attention de la frégate.

« Voyez, s'écria tout à coup Catherine, qui commençait à reprendre ses allures vives et un peu étourdies, voyez, Merry, regardez, Barnstable, cette vapeur qui semble former des guirlandes au-dessus de la ligne de brouillard, et qui s'élève en pyramides jusqu'au ciel.

— Guirlandes! pyramides! répéta Barnstable; mais c'est un bâtiment de haut bord toutes voiles déployées. Il n'est pas à plus d'un mille; il a le vent favorable et arrive sur nous avec la vitesse d'un cheval de course. Voilà pourquoi Somers a parlé.

— Oui, oui, reprit Griffith, l'*Alerte* a changé sa marche; il sort déjà du brouillard et se dirige vers la terre.

— Il faut faire comme lui, dit lentement le pilote après avoir attentivement regardé le navire signalé sous le vent; il est temps de changer la marche de la frégate.

— Quoi! s'écria Griffith, avant de savoir devant qui nous fuyons? Le roi Georges n'a pas un vaisseau qui, seul contre nous, puisse nous inspirer la moindre inquiétude.

— Vous n'avez donc pas vu, reprit le pilote, au-dessus du brouillard, le pavillon du vice-amiral? On ne donne point en Angleterre à un officier de ce rang le commandement d'un seul navire; en tout cas, nous sommes en présence d'un vaisseau de ligne.

— C'est ce que nous allons voir, reprit le brave Munson, que l'approche du danger électrisait toujours; c'est ce que nous ne tarderons guère à voir. Faites battre le rappel, monsieur Griffith. »

Griffith, ayant un peu modéré son ardeur trop martiale, ne put, tout en donnant cet ordre, s'empêcher de dire à voix basse :

« Si M. Gray ne se trompe pas, nous aurons peut-être occasion de remercier le ciel de la légèreté de notre quille.»

Aux premiers sons du tambour, tous les hommes montèrent sur le pont, et immédiatement toutes les dispositions réclamées par la circonstance furent prises avec le plus grand soin.

Sur un ordre du premier lieutenant, Merry conduisit en toute hâte ses cousines en lieu sûr, c'est-à-dire à fond de cale. Les cabanes établies sur le pont disparurent, ainsi que leur mobilier, en un clin d'œil; elles furent remplacées par une ligne de gros canons formant une formidable batterie navale, prête à vomir la mort au premier signal. Les caisses d'armes furent ouvertes; des dépôts de piques, de coutelas et de pistolets furent établis de tous côtés sur le pont en prévision d'un abordage. Les officiers firent l'appel des marins, et chacun d'eux se hâta de se rendre au poste qu'il devait occuper.

Le navire ennemi sortit bientôt du brouillard; le nombre de ses voiles n'avait trompé personne sur ses dimensions : c'était un vaisseau à trois ponts.

« Une, deux, trois rangées de dents, murmura Boltrope à demi-voix; Jacques Mauly [1] lui montrerait sa poupe, et le fameux pirate écossais lui-même allongerait ses jambes pour l'éviter.

— La barre tout au vent, quartier-maître, s'écria le capitaine Munson avec une ardeur toute juvénile; un coup de sifflet, monsieur Griffith, pour faire monter tout le monde en haut. Il faut couvrir le vaisseau de toile depuis la pomme des girouettes jusqu'aux bonnettes basses. Dépêchez-vous, Messieurs! La barre tout au vent, vous dis-je! Ferme au gouvernail. »

---

[1] Pirate fameux, et l'objet de nombreuses légendes ayant cours parmi les équipages anglais et américains.

CHAPITRE XXIII

La marche du vaisseau ennemi avait un peu changé; il suivait une ligne oblique, un peu divergente, qui l'écartait de la frégate américaine; celle-ci, sans dessein annoncé d'engager la lutte, poursuivait sa course et voulait éviter avec le plus grand soin, jusqu'au dernier moment, d'avoir l'air de fuir; la manœuvre commandée si vivement par Munson n'avait point trahi ses intentions; la course du bâtiment avait seulement été accélérée.

« Le brouillard s'enlève, dit Griffith; si le vent nous favorise ainsi pendant une heure, nous serons hors de portée.

— Nous aurons des amorces à brûler, dit à demi-voix le capitaine Munson. Les canons d'un pareil vaisseau ont une portée bien longue.

— Il voit déjà que nous allons le distancer, dit le pilote, qui surveillait tous les mouvements de l'ennemi; il se prépare à nous envoyer une bordée. Embardez un peu la frégate, monsieur Griffith; touchez légèrement le gouvernail; si nous sommes enfilés de long, nous sommes perdus. »

Le capitaine sauta sur le couronnement de la poupe, et reconnut aussitôt que le pilote avait raison. Le navire anglais montrait la plus grande habileté; quand il voyait ses inten-

CHAPITRE XXIII

La marche du vaisseau ennemi avait un peu changé; il suivait une ligne oblique, un peu divergente, qui l'écartait de la frégate américaine; celle-ci, sans dessein annoncé d'engager la lutte, poursuivait sa course et voulait éviter avec le plus grand soin, jusqu'au dernier moment, d'avoir l'air de fuir; la manœuvre commandée si vivement par Munson n'avait point trahi ses intentions; la course du bâtiment avait seulement été accélérée.

« Le brouillard s'enlève, dit Griffith; si le vent nous favorise ainsi pendant une heure, nous serons hors de portée.

— Nous aurons des amorces à brûler, dit à demi-voix le capitaine Munson. Les canons d'un pareil vaisseau ont une portée bien longue.

— Il voit déjà que nous allons le distancer, dit le pilote, qui surveillait tous les mouvements de l'ennemi; il se prépare à nous envoyer une bordée. Embardez un peu la frégate, monsieur Griffith; touchez légèrement le gouvernail; si nous sommes enfilés de long, nous sommes perdus. »

Le capitaine sauta sur le couronnement de la poupe, et reconnut aussitôt que le pilote avait raison. Le navire anglais montrait la plus grande habileté; quand il voyait ses intentions devinées par ses adversaires, il prenait une autre direction, décidé évidemment à n'attaquer la frégate qu'avec un grand avantage. Bientôt néanmoins une manœuvre plus décisive indiqua, à ne pas s'y méprendre, aux Américains de quelle façon ils allaient être attaqués.

Le moment était si solennel que Munson, sans élever la voix, se contenta d'un geste parfaitement clair pour son lieutenant. Les deux navires, la proue tournée vers la terre, vinrent au vent en même temps, et, à ce moment précis, la triple batterie du vaisseau à trois ponts lança sur la frégate un déluge de feu et de fumée, promptement suivi par la plus épouvantable explosion. Les boulets sifflèrent à travers les mâts et les agrès, et tous les regards se levèrent à la fois pour juger du désastre.

La bordée à peine lancée, on entendit de nouveau la voix de Munson, et son bras se leva, agitant son chapeau dans la nouvelle direction qu'il voulait qu'on suivît immédiatement :

« Au gouvernail, monsieur Griffith! au gouvernail, et reprenez... »

Griffith était trop à la hauteur des circonstances pour n'avoir pas deviné l'ordre qu'il allait recevoir, et déjà, sur ses indications, la proue de la frégate était de nouveau replacée dans sa première direction, quand le jeune lieutenant, surpris de l'hésitation de son chef, qui n'achevait pas sa phrase, se retourna et vit le vieux capitaine qui tombait à la mer, emporté par un boulet.

« Juste ciel! s'écria-t-il, — et il se précipita vers le bord du vaisseau, où il arriva à temps pour voir disparaître son chef sous les flots teints de son sang, — juste ciel! un boulet l'a atteint. Une barque à la mer, vite! la barge, le *Tigre*.

— C'est inutile, dit le pilote d'un ton ferme, il est mort comme un brave soldat, et il a trouvé la tombe qui convient à un vrai marin. La frégate a repris le vent et l'ennemi reste en arrière. »

Ces derniers mots rappelèrent Griffith à son devoir; il jeta un coup d'œil rapide sur les vergues et les agrès : les boulets avaient coupé quelques cordages, ils avaient assez fortement entamé le grand mât et troué plusieurs voiles; mais il fut heureux de constater qu'au total ils n'avaient pas fait trop de mal.

Boltrope donnait déjà des instructions pour réparer au plus vite les avaries, et il fournit dans cette circonstance, comme il l'avait déjà fait bien souvent, la preuve de son imperturbable sang-froid et de son habileté.

Griffith était encore sous le coup de la mort de son chef, et tout étourdi de se trouver subitement, à une heure aussi critique, chargé de nouveaux devoirs et d'une responsabilité qui, malgré ses mérites, l'épouvantait, quand le pilote lui dit :

« L'Anglais va sans doute se contenter de cette bordée; nous sommes meilleurs voiliers que lui; s'il est bon marin, il perd trop de temps avant de recommencer son attaque.

— Il doit voir, répondit Griffith, que nous nous éloignons rapidement, et son intérêt consiste à nous désagréer. J'ai lieu de croire qu'il va se remettre en chasse, et il nous atteindra sûrement, car, quand même il resterait sur ses ancres, il nous faut plus d'un quart d'heure pour nous mettre hors de portée.

— Il médite un plan plus sûr. La frégate que nous avons tout d'abord aperçue dans l'est appartient à la même escadre; c'est le traître Dillon qui l'a lancée contre nous. L'amiral anglais, pour nous envelopper plus sûrement, avait d'abord étendu sa ligne; maintenant qu'il connaît notre position, il la resserre. »

La justesse de cette observation frappa le jeune marin. Il

prit sa lunette, et examina longuement la situation respective des divers navires alors en vue : tous devaient prendre part d'une façon plus ou moins directe à l'action qui se préparait, et la conclusion de ce drame amènerait sûrement la défaite et peut-être la ruine du vaisseau dont il venait de prendre, d'une façon si inopinée, le commandement. On se rendra aisément compte de la situation constatée rapidement par Griffith : à l'ouest, étaient les côtes d'Angleterre, dont s'était rapproché autant que possible l'*Alerte*, qui voulait se tenir droit par le travers de la frégate et en même temps éviter le voisinage trop dangereux de l'ennemi. Du côté de l'est et à tribord était le navire signalé le premier ; il était facile dès lors de reconnaître en lui un bâtiment de guerre, et une ligne convergente l'amenait rapidement dans le voisinage du vaisseau des États. Enfin au loin, vers le nord-ouest, on distinguait un autre navire dont la manœuvre et les allures ne pouvaient laisser aucun doute sur ses intentions.

« Nous sommes enfermés, dit Griffith, et je crois que le seul parti à prendre consiste à nous rapprocher de la terre et à passer entre les côtes et le vaisseau amiral, au risque d'attraper quelques bordées.

— Il ne nous laissera pas alors un seul haillon de toile, reprit le pilote ; ce projet est irréalisable ; en dix minutes il ne nous resterait plus que les planches de la frégate. Croyez-moi, mettons entre le vaisseau amiral et nous la plus grande distance possible ; c'est ce que nous avons de mieux à faire.

— Soit ! mais que ferons-nous des frégates qui nous menacent et nous barrent le passage ?

— Les frégates, nous les combattrons, dit le pilote d'une voix déterminée. Je me suis trouvé dans des circonstances plus difficiles que celle-ci : j'en suis sorti à mon honneur.

Ne croyez pas, jeune homme, que ma fortune m'abandonne.

— Nous allons avoir de rudes combats à soutenir.

— C'est ce à quoi il faut nous attendre; j'ai vu des journées employées à livrer des combats sanglants, et je ne vous crois pas homme à trembler devant l'ennemi.

— Permettez au moins, en face de pareilles difficultés, que je proclame votre nom devant l'équipage; il sera pour nos matelots comme le gage de la victoire.

— C'est inutile, reprit le pilote, calmant d'une geste l'ardeur trop grande du jeune lieutenant. Pour me faire connaître, je veux des circonstances plus dignes de moi; je veux partager vos dangers, mais non vous ravir votre gloire. Si nous en venons à un abordage, je me ferai assez connaître, et vous verrez les Anglais trembler. »

Ils s'entendirent en quelques mots sur la conduite du navire, et le lieutenant s'en alla surveiller la manœuvre. Il rencontra bientôt sur le pont le colonel Howard, qui se promenait d'un air radieux, ravi de voir à peu de distance le trois-mâts anglais et paraissant respirer l'air de loyalisme qui devait circuler à travers ses agrès et que lui apportait la brise. Griffith lui fit remarquer que sa promenade sur le tillac pourrait devenir désagréable et dangereuse, et l'engagea à aller rejoindre ses pupilles.

« Vous connaissez bien peu le vieux Georges Howard, si vous n'êtes pas assuré qu'il braverait mille morts avec plaisir pour voir ce symbole de rébellion s'abaisser devant le pavillon de notre roi légitime.

— Tenez pour certain, dit Griffith avec humeur, que, si un pareil malheur nous arrivait, vous en seriez prévenu, et nous saurions contraindre vos mains à nous épargner cette besogne déshonorante. »

Le colonel voulut encore tenter de ramener le fils de son

ami à d'autres sentiments; il lui conseilla d'acheter le pardon de son souverain légitime au prix d'une soumission complète à l'heure où, pour lui et pour les siens, tout semblait désespéré. Les marins l'entendirent et s'avancèrent vers le vieillard d'un air menaçant. Mais Griffith les rassura en leur disant :

« Est-ce votre avis, enfants, que nous sommes perdus et que nous devons amener notre pavillon? »

Ils répondirent par des acclamations enthousiastes, et allaient peut-être faire un mauvais parti au vieux vétéran anglais; mais Griffith les dispersa d'un mot:

« Respectez ce vieillard; je le prends sous ma protection. Allez, nous aurons bientôt autre chose à faire que de l'écouter. A l'œuvre! courage, mes enfants! la journée sera rude. »

Le vaisseau de ligne était déjà loin en arrière, et il commençait à être caché par les vagues; mais il n'en offrait pas moins un obstacle infranchissable à tout projet de retraite vers le sud. D'autre part, le navire qu'on avait aperçu le premier s'était assez rapproché pour qu'on pût suivre ses mouvements et se rendre compte de son importance; c'était une frégate moins forte que celle des États, et les Américains en auraient eu aisément raison, s'ils n'avaient eu en vue en même temps deux autres vaisseaux ennemis, manœuvrant chacun de leur côté pour entrer bientôt en scène.

Au début de la chasse, la frégate du congrès était à la hauteur d'un petit cap situé en face de l'abbaye de Sainte-Ruth; en ce moment, elle se trouvait à peu de distance des brisants au milieu desquels a commencé notre histoire. La petite frégate anglaise se trouvant à portée, il devint nécessaire de faire promptement les derniers préparatifs du combat. Les voiles inutiles à la manœuvre furent carguées, et le roulement du tambour se fit aussitôt entendre. A ces signes, qui indiquaient que les Américains n'avaient plus la pensée de fuir, la frégate anglaise prit aussi très ouvertement ses dispositions pour l'attaque.

« C'est une frégate en miniature, » dit Griffith au pilote, qui étudiait avec un intérêt presque paternel la manière dont le jeune marin se préparait à engager le combat.

« Il faudrait l'écraser d'un seul coup, dit le pilote, et ne pas brûler une amorce avant que nos vergues touchent les siennes.

— La voilà pourtant qui arme ses pièces de douze; nous allons recevoir une bordée.

— Bah! après avoir essuyé le feu d'un vaisseau de quatre-vingt-dix, nous n'allons pas broncher pour une frégate de trente-deux.

— A vos pièces, canonniers! cria Griffith, mais ne tirez pas sans ordre. »

L'avertissement n'était pas inutile, car, l'ardeur des matelots les emportant, ils n'auraient pas souffert d'être prévenus une seconde fois par l'ennemi. Il fallut pourtant obéir, et, bien que la frégate anglaise couvrît leur pont de boulets et de mitraille, ils durent s'abstenir. Dix minutes se passèrent dans l'attente, pendant que les deux vaisseaux se rapprochaient rapidement l'un de l'autre : dix minutes qui parurent aux marins durer un siècle. L'influence de la discipline était si grande, que les blessés, qu'on ne pouvait songer à relever dans un pareil moment, retenaient leurs cris et leurs gémissements; si bien que les officiers pouvaient donner leurs ordres presque à voix basse et être entendus de tous. Enfin les Américains pénétrèrent dans le nuage de fumée qui enveloppait le vaisseau ennemi; le pilote, se penchant un peu, dit alors à l'oreille de Griffith :

« Maintenant.

— Feu! » s'écria le lieutenant d'une voix dont les éclats se firent entendre jusque dans les rangs ennemis.

Les marins répondirent à cet ordre par une acclamation qui parut soulever le pont de la frégate; ils avaient mis tant de hâte, qu'au lieu de tirer selon l'ordre régulier, leurs bouches à feu ne produisirent qu'une seule détonation, et le pont trembla comme une feuille agitée par le vent, sous le recul des grosses pièces d'artillerie. L'effet de cette bordée fut épouvantable, et l'explosion fut suivie d'un silence de mort, que ne tardèrent pas à faire cesser les cris déchirants des mourants et les explosions de colère des Anglais, se sentant du premier coup presque mis hors de combat. Pendant que ceux-ci cherchaient à se remettre de ce coup terrible, les Américains rechargèrent leurs canons, et leur frégate, s'avançant doucement, vint passer devant la proue du navire ennemi. Le capitaine anglais prit alors une résolution héroïque, vu l'infériorité numérique de ses forces, et que le désespoir seul pouvait lui suggérer; il fit jeter le grappin sur le vaisseau du congrès et commanda l'abordage. Griffith fut sur le point d'être surpris par la rapidité des Anglais, qui se précipitèrent aussitôt sur son gaillard d'avant. Heureusement Manuel fut en mesure de faire faire par ses soldats de marine un feu de file continu dont presque tous les coups portaient. Les Anglais furent obligés de s'arrêter, et le pilote et Griffith, oubliant les autres vaisseaux qui ne tarderaient guère à les rejoindre, échangèrent un regard de triomphe.

« Liez leur mât de beaupré à notre mât d'artimon, dit ce dernier, et nous aurons beau jeu pour balayer leur pont. »

Le pilote, entraîné par son humeur belliqueuse, seconda Boltrope avec une vingtaine de marins dans cette manœuvre décisive.

Les deux combattants tombèrent tous les deux sur les genoux, en face l'un de l'autre.

« A l'heure qu'il est, s'écria le quartier-maître, le navire est à nous, et nous le mettrons en pièces, car, de par Dieu !...

— Taisez-vous, dit le pilote d'une voix grave; ne prenez pas le nom de Dieu en vain, quand vous pouvez, dans une minute, être appelé à paraître devant lui. »

La vue des Anglais, leurs cris de rage, leur ardeur vraiment digne d'un meilleur sort, échauffèrent le sang du vieux colonel Howard, qu'on n'avait pu décider à quitter le pont; il se mit à les encourager à haute voix, pour soutenir leur valeur.

« Silence, vieux corbeau de malheur! s'écria Boltrope en le saisissant au collet; si vous ne descendez vite à fond de cale, je vous fais attacher à la bouche d'un canon.

— Soumettez-vous plutôt, rebelle, reprit le vieux vétéran, surexcité au delà de toutes les bornes par le milieu belliqueux où il se retrouvait après tant d'années. A genoux, implorez le pardon de votre souverain légitime. »

Une lutte s'engagea entre eux; ils se saisirent corps à corps, l'un et l'autre pleins de rage. A ce moment, Griffith, à la tête de ses marins armés de leurs piques redoutables, refoulait les ennemis jusque sur leur pont, pendant que Barnstable les criblait avec un canon qu'il manœuvrait lui-même. Les Anglais voulurent essayer de se défendre de la même manière; ils parvinrent, au milieu de la confusion, à armer une pièce chargée à mitraille, et tirèrent un peu au hasard. Le colonel Howard commençait à ployer sous l'étreinte brutale du quartier-maître; tout à coup il sentit son ennemi lâcher prise, et les deux combattants tombèrent sur les genoux, en face l'un de l'autre.

« J'ai mon affaire, s'écria Boltrope avec un sourire féroce; avez-vous été touché de même? »

Le colonel ne put lui répondre; tous deux demeurèrent

étendus sur le tillac, où ils furent oubliés au milieu du désordre et du tumulte du combat.

La mer, depuis le matin assez dure, avait encore augmenté de violence pendant la lutte; une vague plus forte enleva la frégate américaine et l'entraîna à quelque distance. Les liens de chanvre et de fer qui l'attachaient au mât de beaupré des Anglais furent brisés comme un fil; mais la secousse fut si violente, que la frégate anglaise fut complètement désemparée : son mât de beaupré tomba dans la mer avec toutes ses vergues, et elle s'en alla flottant au gré du vent, avec quelques cordages rattachés vaille que vaille aux tronçons de ses mâts à pible.

Le navire victorieux s'étant écarté de l'atmosphère épaisse qui pesait encore lourdement sur le théâtre de la lutte, les Américains durent se rappeler qu'ils avaient encore d'autres ennemis à combattre. Griffith jeta un regard inquiet autour de lui.

« Ce vaisseau de trente-deux n'est plus à craindre, dit-il au pilote; mais en voici un autre, de même force que nous, qui paraît vouloir entrer en lice. D'autre part, voici le quatre-vingt-dix qui se rapproche; je crains bien qu'il n'arrive trop tôt pour nous.

— Il faut avoir recours à nos voiles, répondit le pilote; dans une pareille situation, nous ne pouvons songer à aborder cette seconde frégate. Nous allons nous servir de nos ailes et de nos canons à la fois.

— Alors il faut se mettre tout de suite à l'œuvre; ne voyez-vous pas que le vaisseau anglais cargue déjà ses voiles? Si je ne me trompe, il est à portée. N'est-ce pas votre avis?

— Oui! qu'il cargue ses voiles et ralentisse sa marche; quand il croira nous tenir, nous laisserons tomber toutes les nôtres d'un seul coup, en jetant deux cents bras sur nos vergues. Nous le distancerons alors; mais il faut attendre qu'il soit dans nos eaux. »

— Votre idée a des chances de succès. Allons, camarades, s'écria Griffith revenant à son équipage, nettoyez vivement le pont, et descendez les blessés à fond de cale; quant aux malheureux qui sont morts, il faut bien les jeter à la mer, et le plus tôt sera le meilleur. »

Ces tristes soins furent vite remplis, et le nouveau commandant de la frégate, redoublant d'activité, communiqua à tous ses subordonnés l'ardeur et l'élan qui s'étaient emparés de lui depuis le commencement de l'action. L'idée de sa responsabilité, devenue tout à coup si grande, le poussait à ne rien négliger. Soudain, au milieu de ces occupations si graves et si multipliées, il entendit la voix de Barnstable qui appelait Merry et l'interrogeait avec vivacité. Il tourna la tête et aperçut son ancien ami, le corps émergeant à moitié de la grande écoutille, le visage noirci par la fumée, les bras nus et la chemise couverte de sang. Il prêta l'oreille à l'entretien, et cette phrase arriva jusqu'à lui :

« Merry, disait Barnstable, M. Griffith est-il blessé? On raconte en bas que le dernier coup de canon des Anglais a jeté bas une demi-douzaine des nôtres sur le gaillard d'arrière. »

Ses yeux, en parlant ainsi, parcouraient rapidement le tillac pour se rendre compte par lui-même de la situation; comme il parlait encore, et avant que le jeune midshipman eût le temps de lui répondre, son regard rencontra celui de Griffith, attentif à ses paroles. De ce moment, et sans explications, l'harmonie la plus complète fut rétablie entre les deux jeunes gens.

« Ah! vous voilà, Griffith! cria Barnstable; je suis ravi que vous n'ayez pas été atteint. Vous savez, on vient de descendre Boltrope dans une de ses soutes. Ah! si ce beaupré avait tenu dix minutes de plus, les Anglais auraient longtemps porté nos marques.

— Il vaut peut-être mieux qu'il en soit ainsi, dit Griffith, car voilà les autres navires qui approchent. Mais qu'avez-vous fait de ces dames que nous nous sommes engagés à protéger?

— Dans la soute aux câbles, aussi en sûreté qu'on peut l'être, entre l'eau et le feu, protégées par le fer et le bois. Elles sont au fond de la cale, et néanmoins Catherine a trouvé moyen de se montrer déjà trois fois. »

Le pilote faisait signe à Griffith de ne pas s'attarder; les confidences et les affaires privées furent remises à un autre moment. La frégate ennemie, alors bien en vue, était de même force que celle des Américains; elle avait le même nombre de bouches à feu, son équipage était aussi nombreux.

CHAPITRE XXIV

Griffith s'empressa, comme les circonstances le lui commandaient, de faire à son bord tous les préparatifs nécessaires pour soutenir la lutte avec avantage. Les voiles, pour répondre au plan du pilote et persuader à l'ennemi qu'on allait l'attendre de pied ferme, avaient peu à peu été réduites au strict nécessaire; en examinant attentivemnt le vaisseau anglais, le jeune commandant et son compagnon inséparable jugèrent qu'il n'avait plus que quelques centaines de mètres à parcourir pour se trouver à bonne portée; il fallait précisément prendre ce joint, et s'envoler à l'heure où l'adversaire, prêt pour le combat, aurait lui-même diminué sa toile.

« C'est le moment, dit le pilote, déployez toutes vos voiles! »

Griffith prit son porte-voix, et l'ennemi même put l'entendre crier :

« Laissez tomber les voiles! tout le monde à l'œuvre! toutes les voiles au vent! »

L'activité la plus grande succéda sans retard à cet ordre. Cinquante marins escaladèrent les vergues, et les voiles se déployèrent en un instant. L'oiseau n'ouvre pas plus rapidement ses ailes au vent qui l'emporte dans l'espace. Le capitaine de la frégate ennemie s'aperçut vite qu'on l'avait trompé, et donna sur-le-champ l'ordre de lâcher une bordée. Les Américains entendirent les boulets siffler sur leur tête; mais, quand ils virent que l'effet avait été à peu près nul, tous poussèrent un cri de joie: les mâts n'avaient pas été atteints.

Il y eut pourtant plusieurs marins qui furent touchés dans les agrès : on les vit tomber de cordage en cordage, essayant en vain de s'y accrocher, et ils furent précipités dans les flots. Le navire continua fièrement sa route sans s'inquiéter d'eux; il fallait forcément les abandonner à leur malheureux sort. L'Anglais, comprenant la ruse de son adversaire et voyant qu'il allait être distancé, couvrit à son tour ses vergues de marins pour déployer ses voiles. Griffith, attentif à cette manœuvre, qu'il avait prévue, emboucha son porte-voix et cria de toutes ses forces :

« Feu maintenant! il faut aussi les jeter en bas de leurs vergues et nettoyer leurs agrès. »

L'ennemi supporta courageusement ce feu de mitraille; il eut à subir des pertes, mais il continua bravement sa manœuvre, et l'exécuta avec la plus grande promptitude et la plus grande précision. Les deux vaisseaux, également parés, s'avancèrent alors rapidement sur deux lignes parallèles, se lançant avec acharnement des bordées plus ou moins meurtrières, sans que l'avantage parût plus grand d'un côté que de l'autre. Mais le plan imaginé par le pilote avait échoué; il eût fallu pouvoir laisser en arrière cette frégate, gagner le vent et disparaître avant l'arrivée du trois-mâts; d'instant en instant, la chose devenait de plus en plus difficile, car la canonnade emportait tour à tour toutes les vergues et endommageait les mâts.

« Il faudrait pouvoir marcher plus vite, dit Griffith, et

notre allure devient, au contraire, plus lente; voilà le quatre-vingt-dix qui reparaît. Que ferons-nous contre deux adversaires aussi redoutables?

— Cet amiral, dit le pilote d'un air pensif, montre de la prudence et du jugement; la frégate anglaise nous ferme la pleine mer, la côte est de l'autre côté, il faudrait... »

Il ne put achever sa phrase; Merry, accourant du gaillard d'avant, l'œil en feu et la mine renversée, lui coupa la parole :

« Des brisants! s'écria-t-il d'aussi loin qu'il aperçut Griffith et le pilote, des brisants couverts d'écume à moins de deux cents toises de notre proue, et nous sommes entraînés par un courant de foudre. »

Le pilote sauta sur un canon, et ses yeux ardents arrivèrent à percer le nuage de fumée qui enveloppait la frégate; alors, d'un accent plus fort que le bruit du canon, il jeta ces mots aux marins qui tenaient le gouvernail :

« Bâbord, la barre! le Devil's-Grip nous emporte. Passez-moi le porte-voix, monsieur Griffith. Bâbord, la barre, et feu! feu sur ces orgueilleux Anglais! »

Un instant troublé, son visage se rasséréna, et, à lui voir ce ton d'assurance, Griffith lui abandonna le commandement avec confiance. L'équipage, tout entier à la manœuvre compliquée de ses agrès et de ses canons, ne remarqua point que la frégate, dirigée par le pilote, s'engageait dans un de ces canaux étroits et dangereux qui traversaient les écueils : c'était le fait d'une audace sans nom, au milieu d'un combat qui durait toujours et dont l'issue était encore si douteuse. Les vieux marins, jetant un coup d'œil rapide sur les flots et voyant le navire environné d'écume, branlèrent la tête, ne pouvant attribuer aux boulets ennemis l'agitation furieuse de la mer autour d'eux; sortis de la fumée qui leur avait caché les débuts de cette périlleuse manœuvre, ils s'aperçurent vite que l'on voguait au milieu d'un labyrinthe d'écueils; mais, voyant le pilote chargé du commandement, ils se souvinrent de l'avant-dernière nuit et de l'habileté avec laquelle il les avait tirés d'un plus mauvais pas encore, par une effroyable tempête. Celui-ci, toujours calme et tranquille, prenait à peine le temps de respirer; il connaissait tous ces détours tortueux, toutes ces passes bordées de brisants, et il dirigeait hardiment la course rapide du vaisseau à travers ces rochers dont un seul aurait suffi pour entraîner sa perte, s'il était venu à le heurter au passage.

Dix minutes après, il remettait le porte-voix à Griffith, en lui disant avec une joie mêlée d'orgueil :

« Nous avons trouvé le salut dans ce qui devait causer notre perte. Vous voyez cette montagne couverte de grands bois, tenez-la ouverte d'un quart avec le clocher de cette église qui est à ses pieds; gouvernez ainsi est-quart-nord-est; quand nous aurons navigué dans ce chenal bordé de rochers pendant une heure, nous aurons gagné cinq lieues sur l'ennemi; il n'osera pas nous suivre au milieu de ces brisants, et il lui faudra doubler le promontoire que forme le massif de ces rochers. »

Il sauta sur le tillac, quittant l'affût du canon sur lequel il était resté depuis le commencement de la manœuvre, et, débarrassé du commandement, il reprit cette attitude calme, froide et réservée que ses compagnons avaient toujours observée en lui, sauf dans deux ou trois circonstances, depuis qu'il était au milieu d'eux.

Les officiers du bord, plus tranquilles, se réunirent en groupe sur l'arrière, et cherchèrent des yeux leurs ennemis. Le trois-mâts avait rejoint le vaisseau de trente-deux, complètement désemparé et flottant au gré des vagues; il s'était arrêté pour lui porter secours. La frégate que l'on venait de

Les deux vaisseaux s'avancèrent alors sur deux lignes parallèles, se lançant des bordées plus ou moins meurtrières.

combattre en dernier lieu gouvernait lentement au vent le long des brisants; ses voiles étaient déchirées, ses vergues en morceaux, plusieurs de ses mâts fortement endommagés; le désordre et la confusion régnaient à son bord; les avaries qu'elle avait essuyées en étaient cause, sans doute; mais son équipage était encore plus démoralisé par le stratagème surprenant et tout à fait inattendu à l'aide duquel le vaisseau américain s'était soustrait à leur poursuite. Les matelots du congrès eux-mêmes, voyant leur frégate en bonne voie, s'arrêtèrent un instant à contempler ce spectacle si bien fait pour les réjouir; puis tous ensemble poussèrent un cri de joie et de triomphe. Cette explosion spontanée amena un faible sourire sur les lèvres du pilote : tous ces hommes lui devaient, pour la seconde fois, leur salut.

Des soins pressants appelèrent promptement les matelots sur tous les points du navire, et ils oublièrent les trois vaisseaux anglais. Le tambour battit la retraite, les canons furent amarrés à leur place respective, les blessés descendus à fond de cale, les nouveaux morts jetés à la mer, et tout le monde se mit à l'œuvre pour réparer les nombreuses avaries laissées de toutes parts par le combat.

Une heure plus tard, comme l'avait dit le pilote, la frégate du congrès laissa derrière elle l'archipel d'écueils où elle s'était engagée; la manœuvre avait été difficile et délicate, mais, la clarté du jour aidant, les Américains en sortirent à leur honneur. Le soleil allait se coucher; Griffith, depuis le matin, n'avait pas pris un instant de repos; il eut alors la satisfaction de voir que sur son bord tout avait repris sa place, tout avait été remis en ordre, et, quoi qu'il advînt, il était prêt pour une nouvelle lutte. On vint le prévenir, à ce moment, que le chapelain le priait de descendre dans la cabane; il passa le commandement à Barnstable,

qui, toute la journée, l'avait secondé avec le plus grand zèle et avait montré dix fois une habileté à la hauteur de son courage. Il quitta sa jaquette pleine de sang, fit disparaître les traces du double engagement qui avait eu lieu depuis le lever du soleil, et se rendit promptement à l'appel déjà réitéré qu'on venait de lui adresser.

Si pressé qu'il fût de se rendre à l'invitation qui lui avait été faite, le jeune commandant, en passant le long de ses batteries, jeta un rapide coup d'œil et fut très fier de faire remarquer à ses braves soldats qu'après une aussi chaude journée tout avait été merveilleusement remis en ordre sur son vaisseau; et, sans s'arrêter, il constata les traces terribles laissées dans les flancs du navire par les ennemis.

Il ne faut pas s'imaginer qu'il eût, depuis le matin, complètement perdu de vue Cécile et sa cousine, non plus que le colonel Howard, — il ignorait pourtant que ce dernier eût été blessé; — tout au contraire, retenu forcément à son poste, il avait trouvé moyen de veiller de loin à leur sécurité, et, le danger passé, il avait donné l'ordre de reconstruire la cabane et d'y replacer les meubles qui en faisaient un logement non seulement confortable, mais tout à fait agréable.

Quand il frappa à la porte, ce fut le chirurgien en chef qui vint lui ouvrir, et, en s'effaçant pour le laisser passer, celui-ci lui fit un signe discret, mais qui disait clairement qu'il n'y avait plus aucun espoir à garder.

Deux gros canons étaient restés dans l'enceinte des cloisons, et donnaient, au milieu des meubles luxueux qui le garnissaient, un aspect étrange à l'appartement. Le colonel Howard, étendu sur un sopha, évidemment près de sa fin, était entouré de ses pupilles et de ses serviteurs. Cécile, à genoux, pleurait abondamment, et Catherine Plowden, non moins émue, semblait mêler aux larmes que le chagrin lui faisait verser les larmes plus amères du repentir, regrettant intérieurement d'avoir un peu conduit toute cette affaire, dont la conclusion allait être si funeste à son tuteur.

Griffith eut besoin de quelques instants pour se remettre du coup terrible que lui avait porté la vue de ce funèbre spectacle. Il s'approcha rapidement du sopha, et exprima, avec une vive sensibilité, son chagrin et ses regrets.

« N'ajoutez pas un mot, Édouard, dit le colonel : après ces derniers événements, j'en arrive à croire que la volonté de Dieu est que cette rébellion triomphe, et il n'appartient pas à un faible mortel de discuter les actes de sa toute-puissance. Ne parlons plus de ces choses, il y a là un mystère profond, un secret impénétrable de la Providence devant lesquels mes facultés demeurent confondues. J'ai désiré vous voir, Édouard, pour terminer, avant de mourir, une affaire dont je devrai compte à mon frère Harry Howard, lorsque j'irai le retrouver dans quelques instants; je ne veux pas qu'il puisse m'accuser d'avoir négligé mes devoirs, et il me semble que je les comprends mieux maintenant que je vais mourir. Édouard Griffith, ajouta-t-il en se dressant avec un grand effort sur sa funèbre couche, dites-moi, au nom de Dieu devant qui je vais paraître tout à l'heure, aimez-vous véritablement cette jeune fille qui est là pleurant à mes côtés? L'aimerez vous toujours? Vous sentez-vous de force à lui tenir lieu de tout? Elle n'a plus ni père ni mère; bientôt elle n'aura plus ni oncle ni tuteur; voulez-vous être pour la vie l'appui, le soutien constant et fidèle de sa faiblesse et de son innocence? »

Griffith, très ému, serra la main que le vieillard lui avait tendue, et murmura :

« Ai-je besoin, Monsieur, de répondre à cette question?

— Je vous crois, Édouard, reprit le vieillard; je sais que le vieux Hugues Griffith vous a inculqué tous les principes d'un homme d'honneur. J'ai confiance en votre parole. J'avais formé d'autres projets en faveur de mon parent, M. Christophe Dillon; je m'étais trompé, puisque, comme je l'ai appris depuis, il a pu commettre une lâcheté, une trahison infâme. Mais ne parlons plus de lui: il a rendu ses comptes à un maître qui m'appelle et auquel nous aurions mieux fait de songer plus souvent l'un et l'autre. Après avoir assuré le bonheur de Cécile et le vôtre, je n'ai point achevé ma tâche, Édouard; dites-moi, connaissez-vous bien ce jeune officier du congrès, M. Barnstable?

— Je puis répondre de lui comme de moi-même; nous avons navigué ensemble durant des années entières. »

Le colonel se souleva de nouveau, et, s'appuyant sur le coude, il regarda Griffith bien en face:

« Je ne vous demande pas, entendez-moi bien, ce que vous en pensez comme camarade et compagnon de plaisir; c'est un mourant qui s'adresse à votre cœur et à votre loyauté! Ma mort serait pénible si je n'emportais l'assurance d'avoir confié le sort de miss Plowden à un homme capable de l'apprécier.

— Barnstable, reprit Griffith avec chaleur, est un homme d'honneur; sa bonté égale sa bravoure; il aime votre pupille et il est en tout point digne d'elle.

— Je vous crois, encore une fois, Édouard. Néanmoins j'ai été témoin d'un fait grave; j'ai vu un officier inférieur manquer à la subordination due à son chef; j'ai vu M. Barnstable se révolter contre votre autorité. Cette scène s'est passée à l'abbaye.

— Oubliez-la, Monsieur, dit le jeune marin, défendant chaleureusement son ami; j'avais moi-même, par ma dureté, poussé Barnstable à la révolte. En tout cas, il a merveilleusement racheté sa faute par sa conduite au-dessus de tout éloge durant cette journée. Sur mon honneur et sur ma vie, je réponds, Monsieur, qu'une femme ne pourra manquer d'être heureuse avec lui.

— Je vous crois, dit une troisième fois le colonel en se laissant retomber en arrière; faites-le venir. »

Mandé aussitôt, Barnstable ne tarda guère à entrer dans la cabane; on ne lui donna pas le temps de s'étonner du spectacle qu'il eut tout à coup devant les yeux; le vieillard mourant lui adressa aussitôt la parole :

« Monsieur Barnstable, lui dit-il, je sais quels engagements vous lient déjà à ma pupille, à la fille de feu le capitaine John Plowden; vous n'avez rien à m'apprendre sur ce sujet. Je sais ce que vous souhaitez, ce qu'elle souhaite elle-même. Votre ami, M. Édouard Griffith, m'a appris ce que vous valiez; je remplirai donc mon devoir sans l'ombre d'inquiétude. »

Barnstable, surpris, hésitant, ne savait comment témoigner sa déférence au colonel, et le remercier de sa vive sympathie; d'ailleurs il n'eut pas le temps de répondre.

« Messieurs, reprenait déjà le moribond, qui sentait la nécessité de se hâter, vous touchez tous les deux au but de vos espérances. Vous allez prononcer les vœux solennels du mariage devant ce digne ministre, pendant que j'ai encore la force de les entendre. Il faut que je puisse témoigner contre vous dans le ciel, si jamais vous venez à y manquer.

— O mon oncle! s'écria Cécile en sanglotant, pas maintenant, je vous en prie; n'exigez pas cela de nous. »

Catherine ne prononça pas un mot; mais, vivement touchée de la bonté de son tuteur, elle baissa la tête et laissa couler ses larmes.

« Il le faut, chère enfant, sinon je manquerais à tous mes devoirs. Je ne mourrais pas en paix, si je vous laissais ainsi seules et abandonnées dans le monde; votre jeunesse et votre innocence réclament des protecteurs. Il plaît à Dieu de vous enlever votre tuteur; que ma charge soit remplie par ceux qu'il paraît avoir choisis lui-même pour me suppléer. »

Cécile n'essaya pas de résister; elle tendit sa main à Griffith, et Catherine, conduite par Barnstable, prit place à côté de sa cousine. Le chapelain, sur un signe du commandant de la frégate, quitta le chevet de Boltrope, qui agonisait à deux pas, de l'autre côté de la cabane, et, ayant ouvert son livre où il avait trouvé des consolations pour le mourant, commença à lire d'une voix émue la prière du mariage. Rien ne saurait rendre la simplicité et la grandeur de cette scène. Le colonel Howard prit une part active à toute la cérémonie, répondant d'une voix toujours plus faible aux prières du ministre; Boltrope, mourant, suivait du coin de l'œil tous les détails; Griffith et Barnstable, graves et recueillis, étaient vivement émus; un peu d'étonnement se mêlait à leur joie, joie tout intérieure et qu'ils se gardaient bien d'exprimer. Les deux jeunes filles prononcèrent leurs vœux d'une voix ferme; leur douleur était trop vraie, leur émotion était trop forte pour laisser place à la timidité.

Lorsque la bénédiction nuptiale eut été donnée, Cécile revint s'agenouiller auprès du sopha où son oncle était sur le point de rendre le dernier soupir, et Catherine ne tarda guère non plus à revenir auprès du colonel.

Le visage de ce dernier exprimait une vive satisfaction, et il se hâta de reprendre la parole pour faire connaître ses dernières volontés.

« Je vous remercie, mes enfants, dit-il à ses deux pupilles; je vous remercie, car je sais quel sacrifice j'ai demandé à votre délicatesse. Messieurs, toutes les pièces qui concernent la fortune de mes pupilles sont entre les mains de mon homme d'affaires, à Londres. Je crois que vous aurez lieu d'être satisfaits l'un et l'autre de ma tutelle. Vous y trouverez aussi mon testament, Griffith; vous y verrez que la dot de Cécile n'est pas tout à fait à mépriser.

— Laissons ces choses, dirent ensemble les deux jeunes filles; parlez-nous de vous, pensez à vous.

— Soit! Griffith, je souhaite de reposer, comme mes pères, dans le sein de la terre, d'une terre consacrée.

— Je prends l'engagement, colonel Howard, de faire exécuter vos volontés dernières; j'y veillerai moi-même.

— Merci, mon fils, car vous êtes vraiment devenu mon fils en devenant l'époux de Cécile. »

Une longue pause suivit ces paroles; le colonel semblait chercher dans ses souvenirs, se demandant si avant de quitter ce monde il avait bien accompli tous ses devoirs. Il reprit enfin, mais d'une voix faible et entrecoupée :

« Je ne vous avais pas compris, Édouard; nous ne nous sommes pas entendus; je m'étais trompé sur votre compte comme sur celui de Dillon; je me suis peut-être aussi trompé sur ce que je devais à l'Amérique; mais... j'étais trop vieux..., je ne pouvais pas changer mes convictions politiques..., j'aimais trop le roi...; que Dieu le protège! »

Il rendit le dernier soupir en prononçant cette parole qui rendait si bien toute l'ardeur de ses convictions.

Griffith fit immédiatement emporter le corps du vétéran dans ce qu'on nommait la grande chambre, et Barnstable conduisit les deux cousines dans l'arrière-cabane, où il les laissa en proie à la plus vive douleur.

Les deux jeunes officiers se trouvèrent réunis, quelques minutes plus tard, devant la couche funèbre de Boltrope; ils s'approchèrent de lui et lui présentèrent leurs excuses d'avoir pu paraître oublier si longtemps leur vieux compagnon blessé.

« Je savais que vous aviez été atteint, lui dit Griffith en lui serrant la main; mais vous avez déjà plus d'une fois fait connaissance avec la mitraille; nous vous verrons bientôt reparaître sur le pont.

— Oui, oui, vous m'y verrez quand vous lancerez ma vieille carcasse à la mer. La mitraille, dans d'autres cas, m'avait coupé quelques cordages et fait sauter quelques esquilles; cette fois elle a pénétré dans la soute au pain, et ma croisière ici-bas est finie. On supporte des avaries dans les œuvres mortes, mais quand les œuvres vives sont touchées, adieu la cargaison! Tourniquet, d'ailleurs, — c'est le nom que les marins donnent au chirurgien, — a jugé tout de suite que j'avais plus besoin du chapelain que de lui. Le vieux Munson a été plus heureux que moi, il a été jeté par-dessus bord; la mort a fait sa besogne d'un seul coup.

— Non, David, votre cas n'est pas si désespéré. Le capitaine a eu la mort des braves; et c'est ce à quoi nous devons nous attendre un moment ou l'autre, tous tant que nous sommes.

— C'est pourquoi, dit le chapelain, il faut toujours y être préparé, afin de ne point être surpris.

— Je n'ai peut-être pas fait tout ce qu'il fallait pour cela, dit le brave quartier-maître avec cet accent de franchise et de simplicité qui le caractérisaient, mais, monsieur le chapelain, je suis à vos ordres, et, puisque Tourniquet m'abandonne, faites ce que vous pourrez pour me procurer dans l'autre monde quelque hamac ni trop petit ni trop grand, comme celui que j'occupe dans ce navire, et tout sera pour le mieux. »

Et tout à coup, repris par les préoccupations du métier qu'il avait toujours exercé et qui avait été toute sa vie, il dit à Griffith :

« J'ai remarqué, Monsieur, qu'un des boulets de quarante-deux du vaisseau à trois-ponts, en traversant le gaillard d'avant, a coupé le câble de l'avant à une toise de l'étalingure; ordonnez donc à l'un de mes aides de changer le câble bout pour bout, et d'y faire un nouveau nœud.

— Ne pensez plus à tout cela, Boltrope; d'ailleurs, je me charge d'assurer moi-même votre service. Pensez uniquement aux intérêts plus graves de l'autre vie.

— Ma foi! monsieur Griffith, je ne sais comment vous répondre; mais j'ai dans l'idée que si l'on arrive dans l'autre monde les mains nettes de tout ce qui concerne ses devoirs dans celui-ci, on doit y être mieux reçu.

— Vous avez raison, reprit Griffith avec douceur; mais dites-moi, Boltrope, ne laissez-vous rien derrière vous qui vous inquiète? Avez-vous des recommandations à nous faire?

— Il a encore sa mère, dit Barnstable à voix basse; il m'a bien des fois parlé d'elle quand nous étions de quart ensemble.

— Oui, oui, répondit le quartier-maître, qui avait fort bien entendu, la pauvre vieille tient encore sur ses ancres. Vous vous souvenez, monsieur Barnstable, — vous étiez jeune alors, mais vous aviez déjà pêché la baleine, — que mon père périt dans le naufrage de *la Suzanne et la Dorothée,* derrière le cap Cod. Ce fut un rude coup de vent pour la bonne femme, et depuis elle n'a que moi pour la soutenir.

— Avez-vous quelque commission à nous donner pour elle?

— Ah! nous ne nous sommes jamais fait de grands compliments l'un à l'autre; elle n'était pas plus accoutumée à en recevoir que moi à en faire. Mais, si l'un de vous voulait regarder ce qu'il y a d'écrit en ma faveur en bas du livre du munitionnaire et le faire passer à la bonne femme, je l'en remercierais. Vous la trouverez en panne sous le vent, dans une maison... Attendez: n° 10, Cornhill, Boston. Elle a plus de quatre-vingts ans; aussi je lui ai trouvé un bon ancrage, sous une latitude tempérée, comme il convient pour son âge.

— Je m'en charge, dit Barnstable très ému; j'irai la voir dès que nous aurons débarqué. Le reliquat de votre solde ne doit pas être bien gros, mais je partagerai ma bourse avec elle.

— Il le ferait, Dick, — diminutif familier de Richard, — il le ferait! s'écria le vieux quartier-maître retrouvant quelque vigueur pour serrer la main de Barnstable; mais votre père vous tient serré; il y a souvent marée basse dans vos poches, et cela aura lieu encore plus souvent maintenant que vous venez de fréter un petit bâtiment de conserve qu'il faudra bien équiper. »

Les deux jeunes gens ne purent s'empêcher de sourire, et le vieux marin, qui avait suivi d'un œil attentif la double cérémonie du mariage, fut bien aise de montrer que, malgré son triste état, rien ne lui avait échappé.

« Mais moi, dit Griffith, j'ai quelque argent et je suis maître de ma fortune.

— Oui, j'ai en effet entendu dire que vous pourriez construire une frégate, la lancer et l'équiper sans demander un sou au voisin.

— Eh bien! je vous promets sur l'honneur que votre vieille mère ne manquera jamais de rien, même pas de l'affection d'un fils. »

Boltrope parut alors suffoqué; il fit un violent effort pour se relever, mais n'aboutit qu'à retomber plus épuisé sur sa couche; il luttait contre la mort imminente, s'efforçant encore de prononcer quelques paroles d'une voix rauque et faible.

« Dieu me pardonne mes offenses! Monsieur Griffith, souvenez-vous de la seconde ancre..., regardez aux surpentes des basses vergues... Il le fera, Dick, il le fera! Mes amis, je sens que je mets à la voile pour le grand voyage. Dieu vous bénisse tous; qu'il vous donne du beau temps, soit que vous ayez le vent largue, soit que vous bouliniez. »

Il se tut tout à coup; un air de satisfaction se répandit bientôt sur son visage, un instant contracté violemment par la mort.

Les deux officiers firent déposer le corps du quartier-maître dans une de ses soutes, et remontèrent sur le pont, profondément affectés de ces deux morts si tragiques dont ils venaient d'être témoins.

CHAPITRE XXV

Qu'était devenu l'*Alerte* pendant tous ces événements? On n'avait guère eu le temps d'y songer; comme le petit navire ne tirait pas beaucoup d'eau, il avait pu aisément suivre la frégate au milieu des brisants, et il en était heureusement sorti. On lui fit signe d'approcher, et il vint recevoir les ordres pour gouverner pendant la nuit. A cette heure, on n'apercevait presque plus les bâtiments anglais, et une large barrière de bas-fonds mettait les Américains à l'abri de leurs coups et même de leur poursuite.

On ne tarda guère d'ailleurs à reprendre une allure plus vive et à cingler vers la Hollande; le vent avait fraîchi; il tourna avec le soleil, et les navires voguant en silence perdirent bientôt de vue les falaises élevées de l'Angleterre.

Les deux cousines, Cécile et Catherine, passèrent la nuit dans les larmes; aux causes déjà si nombreuses de chagrin qu'elles avaient vint s'ajouter une nouvelle tristesse : d'après les ordres de Griffith, elles devaient se séparer le lendemain matin pour longtemps peut-être, peut-être pour toujours.

Dès l'aurore, le sifflet du contremaître fit monter tout l'équipage sur le pont. Il fallait rendre aux morts de la veille les derniers devoirs : Boltrope et deux officiers subalternes furent jetés à la mer avec le cérémonial accoutumé.

A midi, le corps du colonel Howard fut transporté sur l'*Alerte;* Griffith et Cécile l'y suivirent. Catherine, regardant par un hublot, fit ses derniers adieux à sa cousine, et le jeune officier envoya de la main un salut à son ami Barnstable, qui prenait le commandement de la frégate. Ce dernier avait pour mission de conduire son navire en Amérique, et il voulait se frayer un passage à travers le détroit de Douvres et de Calais, au milieu de la flotte ennemie qui couvrait la Manche; son audace fut couronnée de succès.

L'*Alerte* continua sa route vers la Hollande; arrivé à une petite distance des côtes, le petit bâtiment mit en panne; une barque, conduite par quatre rameurs, prit la mer, le pilote y descendit. Depuis le dernier combat il n'avait pas reparu sur le pont; en quittant la cabane, il dit à Griffith :

« C'est ici que nous devons nous séparer; notre campagne n'ayant pas amené le résultat que je souhaitais, promettez-moi de ne vous souvenir jamais de notre rencontre. »

Le lieutenant s'inclina devant cet homme étrange, venu on ne sait d'où et s'en allant de même.

« Ah! s'écria-t-il encore, comme emporté par un sentiment violent, si j'avais seulement à mes ordres la moitié des forces de cette république abâtardie, — et il montrait la Hollande, — je ferais trembler ces orgueilleux insulaires, — et il désignait la Grande-Bretagne, — jusqu'au fond de leurs châteaux forts. » Puis il ajouta, laissant tomber ses bras avec découragement : « A quoi bon? Ce sera toujours pareil. Après Liverpool, comme après Whitehaven, comme après Édimbourg; c'est fini, Monsieur, n'en parlons plus. »

Il étendit lui-même la voile avec une habileté et une promptitude qui montraient bien qu'il n'avait pas dédaigné les soins les plus minutieux de sa profession; puis il fit signe

Griffith resta sur le pont, regardant la légère embarcation s'éloigner.

aux rameurs de voguer vers un point de la côte qu'il déterminait. Griffith resta longtemps sur le pont, regardant la légère embarcation s'éloigner rapidement; elle se perdit bientôt dans la brume. Le jeune officier fit alors remettre à la voile pour le port le plus voisin de la Hollande.

Il conviendrait sans doute d'arrêter ici notre récit: l'histoire marine est terminée; le pilote inconnu, sorti de l'obscurité, y est rentré. Néanmoins, comme pour un dernier adieu, le lecteur aimera peut-être à savoir ce que devinrent dans la suite les principaux personnages mis en scène. Afin qu'il puisse ne pas se séparer d'eux trop froidement, nous le lui dirons en deux mots.

Barnstable fut confirmé par le congrès dans le commandement de la frégate, et il continua durant toute la guerre à servir son pays avec la réputation d'un marin loyal, aussi heureux qu'entreprenant. Plus tard, quand la marine fut reconstituée dans les États, il obtint une nouvelle commission et se distingua toujours par son courage et sa fidélité. Plus d'une fois, Catherine, qui n'eut pas d'enfants, l'accompagna dans ses courses aventureuses; elle était faite pour être la femme d'un marin.

Merry, devenu un homme, navigua pendant de longues années sous les ordres de son cousin Barnstable. Il fût certainement parvenu assez vite à un grade élevé; malheureusement il se prit de querelle avec un étranger et fut tué en duel.

Manuel quitta l'infanterie de marine et reprit du service dans l'armée de terre: il lui fallait un plancher solide pour exercer sa compagnie, et il trouvait que les marins n'avaient pas le sentiment de la vraie discipline.

Plus tard, quand les frontières furent déterminées par un accord commun entre les États et la métropole, le capitaine, devenu vieux, prit le commandement d'une petite citadelle placée sur un grand fleuve, à la limite extrême des possessions de son pays. Or, précisément en face, sur l'autre rive, l'Angleterre avait également construit un fort d'une certaine importance, et l'étendard britannique flottait à peu de distance du pavillon des États. Manuel, à cheval sur les règles de l'étiquette militaire, sachant qu'un major commandait les forces anglaises, s'en alla lui faire visite; il ne s'était point informé à l'avance du nom de son voisin; mais il n'eut aucune peine à reconnaître la mine joyeuse et comique, la face rouge de l'officier en présence duquel il fut introduit : c'était Borroughcliffe, qui, depuis son duel, portait une jambe de bois, la balle de Manuel lui ayant broyé la cuisse.

Charmés l'un et l'autre de se retrouver, ils reprirent leur ancienne liaison; ils firent construire, dans une petite île placée au milieu du courant, une cabane en planches, et sur ce terrain neutre, sans risquer de scandaliser leurs garnisons respectives, ils se livrèrent à leur goût prononcé pour le madère.

Plusieurs années se passèrent ainsi : la bonne harmonie ne fut point troublée, malgré les vexations et les rixes qui éclataient si souvent entre les autres postes placés dans les mêmes conditions sur la frontière. La mort malheureuse de Manuel vint seule briser des liens si solidement établis. Il fut victime de sa passion pour la discipline; chaque fois qu'il venait dans l'île, il établissait un poste de sentinelles afin d'éviter toute surprise. Un soir, complètement ivre, il voulut rejoindre son domicile; il avait oublié le mot d'ordre; la sentinelle, trop ponctuelle et trop fidèle aux recommandations de son chef, tira sur lui et le tua. Il vécut assez pour donner à son meurtrier un avancement de grade bien mérité par cet exploit.

Borroughcliffe ne lui survécut pas longtemps : il faisait

venir par le port de la Nouvelle-Orléans un baril de vin recueilli dans la partie méridionale de l'île de Madère; déjà le nectar précieux, qui suivait un itinéraire déterminé par la nécessité de le garder le plus longtemps possible sous l'influence des rayons du soleil, avait remonté le Mississipi et l'Ohio, quand le capitaine crut devoir, pour plus de sûreté, aller au-devant de lui. Il revint de cette expédition avec une fièvre chaude; le médecin voulut le mettre à la diète; lui, au contraire, persista à se traiter au madère. Son remède fut si efficace, qu'il mourut deux jours après. Borroughcliffe fut enterré à côté de Manuel, dans la petite île si souvent témoin de leurs parties de plaisir.

Griffith et son épouse inconsolable transportèrent le corps du colonel Howard dans une petite ville de Hollande, et, selon le vœu exprimé par lui, il fut enterré dans un cimetière béni. Ils se rendirent ensuite à Paris, où le jeune officier avait à traiter d'importantes affaires au nom du congrès. Il retourna bientôt après en Amérique, et continua à servir bravement son pays jusqu'à la fin de la guerre.

Le colonel Howard avait quitté l'Amérique uniquement pour rester fidèle à ses principes; mais il n'avait jamais porté les armes contre le gouvernement des États. Ses biens, mis sous le séquestre un peu pour la forme, n'avaient point été vendus; il fut facile à Griffith de faire mettre sa femme en possession de toute la fortune du vétéran. Le jeune ménage se trouva ainsi à la tête d'une fortune considérable; Griffith n'oublia point la vieille mère de Boltrope, mais il avait été prévenu par Barnstable, dont le père était mort, et qui, avec les biens que Catherine lui avait apportés en dot, était aussi maître d'une grande situation.

Un jour, douze ans plus tard, Griffith lisait ses journaux; sa femme le vit tout à coup tressaillir et repousser de la main les feuilles publiques.

« Qu'avez-vous? lui dit-elle; seriez-vous repris par le désir de retrouver votre cher Océan? Vous coûte-t-il trop de m'avoir sacrifié votre carrière? »

Il répondit de façon à la rassurer; il avait donné sa démission, mais il ne le regrettait pas.

« Craignez-vous pour le gouvernement de nos États? Y a-t-il quelque vive altercation entre le congrès et le président?

— Non. Le nom de Washington est une garantie, et le temps mûrira son système. Mais vous souvenez-vous, Cécile, de l'homme qui nous accompagnait, Manuel et moi, quand nous fûmes prisonniers à Sainte-Ruth, chez votre oncle?

— Parfaitement; c'était, disait-on, le pilote de votre vaisseau; le capitaine anglais qui commandait la petite garnison soutenait qu'il devait occuper une position bien plus élevée que celle-là.

— Il avait raison; c'était un homme supérieur. Je l'ai vu, moi, continua Griffith cédant sans s'en apercevoir à un entraînement dont sa femme ne devait point soupçonner la cause, je l'ai vu durant cette nuit effrayante, où, malgré la tempête, il nous a fait traverser les écueils du Devil's-Grip. Quel courage, quelle habileté il a montrés encore quand, une seconde fois, il nous dirigea au milieu des brisants, lorsque nous étions poursuivis par une frégate et un vaisseau de ligne! »

Cécile, émue de l'accent de son mari, lui dit:

« Pourquoi me parlez-vous de cet homme? Avez-vous vu son nom dans vos journaux? Il s'appelait Gray, je crois?

— C'est bien le nom qu'il avait pris... C'était une âme romanesque qui se faisait une fausse idée de la gloire. Il cachait son véritable nom quand il ne croyait pas retirer assez d'avantages pour sa renommée des entreprises qu'il poursuivait. Je n'ai jamais parlé de lui depuis cette époque déjà reculée; il m'avait fait promettre solennellement d'agir ainsi. Maintenant il est mort.

— J'ai toujours pensé, reprit Cécile, qu'il y avait entre lui et miss Dunscombe un lien mystérieux sur la nature duquel je n'ai jamais été fixée. Dans cette nuit dont vous parliez tout à l'heure, et où nous allâmes, Catherine et moi, vous trouver, elle eut un entretien particulier avec lui, et ma cousine me dit à l'oreille qu'ils se connaissaient depuis longtemps. Je m'explique maintenant pourquoi la lettre que j'ai reçue hier de miss Dunscombe est encadrée de noir, et pourquoi elle y parle d'une façon si douce et si mélancolique à la fois du passage de cette vie à l'éternité. »

Griffith parut puiser une lumière inattendue dans cette simple remarque de sa femme.

« J'ai lieu de croire, Cécile, que vous ne vous trompez pas. Je me rappelle maintenant mille circonstances, ajouta-t-il après quelques instants de réflexion, qui confirment en tout point vos conjectures. Il connaissait bien cette côte redoutable; les environs de l'abbaye lui étaient familiers; l'expédition qu'il avait projetée, la façon habile dont il l'a conduite, la confiance que lui accordait, selon les ordres du congrès, le vieux Munson, tout s'accorde avec vos soupçons. C'était bien..., c'était un homme d'un grand caractère.

— Pourquoi ne l'avons-nous pas revu en Amérique? Il semblait entièrement dévoué à la cause de notre pays. »

Griffith, sans répondre directement, continua pourtant comme se parlant à lui-même :

« Le dévouement de cet homme à la cause de notre patrie avait uniquement pour objet l'ambition, sa passion dominante. Peut-être aussi avait-il souffert de quelque grande injustice, et sans doute ses rancunes l'armaient contre son propre pays. Quel homme est sans faiblesses? Plusieurs de ses exploits sont dus à son indomptable orgueil; mais il était souvent digne d'admiration, et ses ennemis l'ont trop attaqué. Aimait-il véritablement la liberté? S'est-il battu pour elle? Il est mort.

— Vous en parlez avec une telle chaleur, reprit Cécile; qui donc était-il?

— Je lui ai promis le secret: sa mort ne me dégage pas.»

Griffith ramassa à la hâte les journaux anglais qu'il venait de feuilleter; puis il sortit de l'appartement, et jamais plus la jeune femme ne revint sur ce sujet de conversation.

FIN

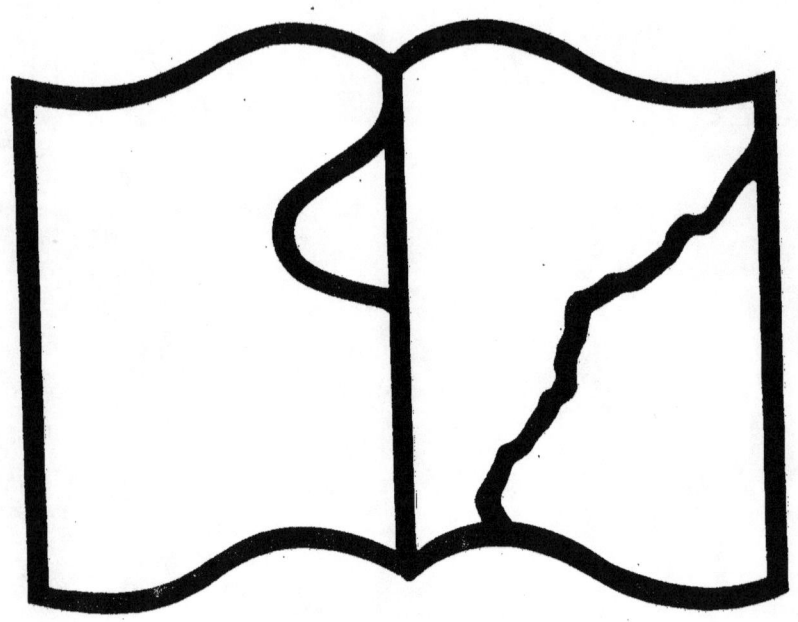

Texte détérioré — reliure défectueuse

NF Z 43-120-11

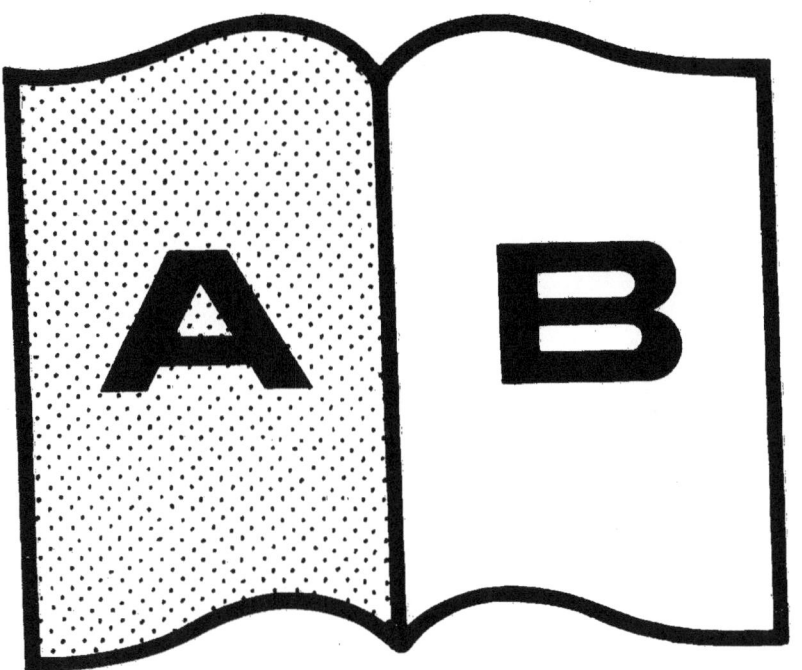

Contraste insuffisant

NF Z 43-120-14

www.ingramcontent.com/pod-product-compliance
Lightning Source LLC
Chambersburg PA
CBHW050539170426
43201CB00011B/1484